KB197257

나만의 진로 가이드북
: 직업을 알면 학과가 보인다

예체능계열

머리말

'좋아하는 일을 할까요, 잘하는 일을 할까요?'

많은 학생들이 진로 상담을 할 때 하는 질문입니다. 물론 좋아하는 일을 잘 할 수 있다면 더할 나위 없이 좋겠지만, 그것이 아니라면 누구나 진로를 선택할 때 이와 같은 고민을 할 것입니다. 이런 학생들을 만날 때마다 '우선 너의 적성과 흥미에 맞는 일을 찾아라. 그러면 열심히 하게 되고, 비록 당장은 아니더라도 결국에는 잘하게 될 거야.'라고 답을 합니다. 그런데 자신이 좋아하는 일이 무엇인지 알고 있는 학생이라면 그나마 다행입니다. 그러나 많은 학생들은 자신이 무엇을 좋아하고, 어떤 일을 하고자 하는지조차 파악하지 못한 채, 자신의 성적에 맞춰 대학이나 학과를 선택하는 경우가 허다합니다.

'선생님, 제가 꿈꾸었던 학과가 아니에요. 전공을 바꿔야겠어요.'

자신의 적성과 흥미에 적합할 것으로 예상되는 학과에 무난하게 진학한 경우라도 한 학기가 지나면 전공 적합성으로 고민하는 학생들이 많습니다.

이는 진학한 학과에 대한 정확한 정보가 아닌, 피상적인 지식과 선입견으로 학과를 선택한 결과입니다.

입시 준비에 열중하느라 바쁜 학생이 혼자서 학과에 대한 구체적인 정보를 찾기에는 어려움이 있을 뿐만 아니라, 비록 찾았다고 하더라도 진학을 위해 어떤 노력을 해야 할지 막막한 것이 사실입니다.

이 책은 자신에게 적합한 전공 선택을 하고자 하는 중·고등학생들의 고민과 어려움을 해결하는 데 조금이라도 도움을 주기 위해 만들어졌습니다.

  대학 전공을 인문, 사회, 자연, 공학, 의약, 예체능, 교육 등 7개 계열로 나누고, 계열별로 20개의 대표 직업과 그 직업에 연관된 학과를 제시하여, 총 140개의 직업과 학과를 안내하고 있습니다. 해당 직업의 특성은 무엇인지, 하는 일은 무엇인지, 어떤 적성과 흥미를 지닌 학생에게 적합한지, 어떻게 진출할 수 있는지, 미래의 직업 전망은 어떤지, 어떤 자격증이 필요한지 등을 상세히 풀어놓았습니다.

  또한, 직업과 연관성이 큰 대표 학과에 대해 소개하면서 학과의 교육 목표, 학과에 적합한 인재상, 취득가능 자격증, 배우는 교과목, 졸업 후 진출 가능 직업을 제시하였습니다. 더불어 진로를 선택하는 데 도움이 되는 도서와 전공에 도움이 되는 고등학교 과목을 안내하였습니다. 마지막으로 원하는 학과에 진학하기 위해 중·고등학교 시절에 무엇을 어떻게 준비해야 하는지 알 수 있도록 수상, 자율, 동아리, 봉사, 진로, 교과, 독서 등의 항목으로 나누어 구체적으로 정리하였으니 이를 바탕으로 '학교생활기록부'를 잘 관리한다면 '학생부 종합 전형'을 대비하는 데 많은 도움이 될 것입니다.

  진로 계획을 잘 세우려면 시대의 변화에 관심을 가지고 그 흐름을 잘 파악해야 합니다. 평생직장의 개념이 사라진 현 시점에서는 자신에게 필요한 경험, 지식, 자격증, 학위를 쌓아가는 것이 좋습니다. 사회적으로 어떤 직업이 유망하고 안정적일 것인가에 초점을 두고 직업과 학과를 좇기보다는 자신이 어떤 일을 가장 즐겁게 할 수 있는가를 먼저 살피고, 그에 맞는 직업을 선택하여 꾸준히 능력을 개발하는 것이 중요합니다.

  '일을 즐기면 일의 완성도가 높아진다.'라고 한 아리스토텔레스의 말처럼, 좋아하는 일을 하게 되면 스스로 열심히 하게 되고, 어느 순간 그 분야의 전문가가 되어 있는 자신을 발견하게 될 것입니다. 그러나 그 과정이 순탄하지만은 않을 것입니다. 열심히 노력하더라도 극복해야 할 어려움들은 분명히 찾아올 것입니다. 그때마다 자신의 꿈에 대해 확신을 갖길 바랍니다. 간절히 원하는 만큼 노력한다면 무엇이든 이룰 수 있습니다. 그러한 여러분들을 열렬히 응원하겠습니다.

  끝으로, 이 책이 자신에게 적합한 진로를 찾아, 성공적인 직업 생활, 나아가 행복한 삶을 살아가는 데 조금이라도 도움이 되길 진심으로 기원합니다.

– 저자 일동

이 책의 구성

책은 인문, 사회, 자연, 공학, 의약, 예체능, 교육 등 총 7개 계열로 구성되어 있으며,
계열별 20가지 대표 직업과 각 직업과 관련된 학과를 소개하고 있습니다.
각 직업과 학과에 대해 보다 심도 있게 이해할 수 있으며, 실질적인 직업 진출 계획을
세우는 데 도움이 될 수 있도록 구성하였습니다.

Jump Up

직업 관련 토막 상식,
세부 직업 소개,
자격시험(자격증),
용어 해설 등
다양한 관련 정보를
자유롭게 다루는 코너입니다.

직업

직업의 유래와 정의는
물론, 우리 주변에서
볼 수 있는 직업의 모습과
직업이 하는 일
등을 관련 이미지와 함께
소개합니다.

커리어맵(1p)

준비 방법, 관련 교과, 적성과 흥미, 흥미 유형, 관련 학과, 관련 자격,
관련 직업, 관련 기관 등 직업 진출을 위해 점검해야 할 요소들을
맵 형태를 활용하여 소개하였습니다.

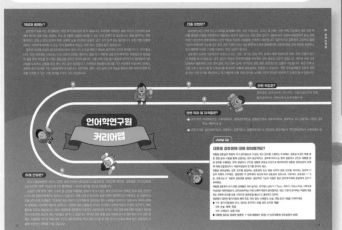

커리어맵(2p)

직업에 요구되는 적성과 흥미, 관련 학과와 자격증,
관련 직업, 직업의 진출 방법과 미래 전망을
객관적인 시각에서 상세하게 다루었습니다.

학과 전공 분석

각 직업과 관련되는 학과의 역할과 성격, 상세한 교육 목표와 교육 내용 등을 소개합니다.

주요 교육 목표

학과의 인재상을 통해 학과의 주요 교육 목표를 살펴봅니다.

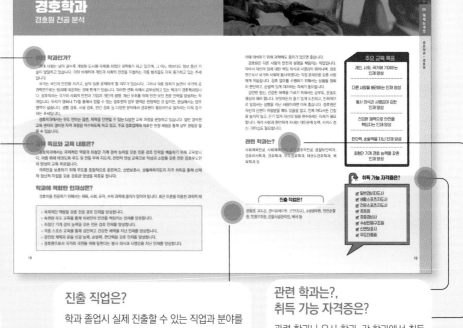

추천 도서는?

학과 공부에 도움이 되는 주요 추천 도서 목록을 제시하였습니다.

진출 직업은?

학과 졸업시 실제 진출할 수 있는 직업과 분야를 보다 폭넓게 생각해 볼 수 있도록 다양하게 제시하였습니다.

관련 학과는?, 취득 가능 자격증은?

관련 학과나 유사 학과, 각 학과에서 취득할 수 있는 자격증 등을 제시하였습니다.

학교 주요 교과목은?

각 학과 진학 시에 배우게 되는 다양한 교과목을 기초 과목과 심화 과목으로 분류하여 제시하였습니다.

학교생활기록부 관리는?

희망 학과 진학과 희망 직업 진출을 위해 중·고등학교 학교생활에서 어떠한 계획을 수립하고 실천해야 할지를 항목별로 정리하여 제시하였습니다.

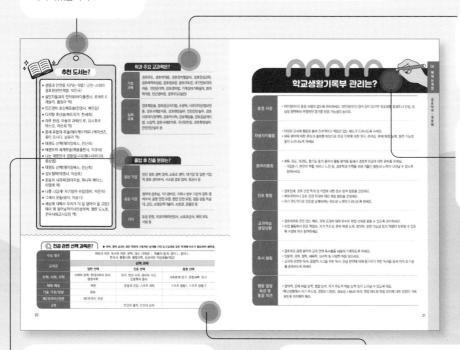

졸업 후 진출 분야는?

학과 졸업시 실제 진출할 수 있는 직업과 분야를 보다 폭넓게 생각해 볼 수 있도록 다양하게 제시하였습니다.

전공 관련 선택 과목은?

희망 학과 진학을 위한 전공 관련 선택 과목에는 무엇이 있는지 확인할 수 있도록 표로 정리하였습니다.

Contents 예체능계열

보석디자이너
금속공예학과

사진작가
사진학과

생활스포츠지도사
사회체육학과

42

52

62

성악가
성악과

72

안무가
무용학과

악기조율사
기악과

스포츠트레이너
체육학과

102

92

82

작곡가
작곡과

큐레이터
서양학과

피부관리사
뷰티케어학과

CF감독
영화예술학과

172

182

192

202

PART 06

예체능계열 소개

1. 예체능계열은?

예체능계열은 첨단화·전문화되어 가고 있는 예술 환경의 변화에 대처할 수 있는 창의적인 전문 예술인과 신체 활동을 통해 개인의 건강 유지 활동을 지도할 수 있는 체육인을 양성하는 것이 교육 목표입니다. 창조적인 아름다움을 중심 개념으로 하여 미적 감동을 추구하는 음악, 미술, 연극, 영화, 공연 등과 운동, 스포츠 및 신체 활동과 관련된 분야를 대상으로 우수한 실기 능력을 추구하는 체육 등이 포함됩니다.

2. 예체능계열의 분야는?

예체능계열은 디자인, 응용 예술, 무용·체육, 미술·조형, 연극·영화, 음악 분야로 분류됩니다.

3. 무엇을 배울까?

예체능계열에서는 이론과 실기 과목을 병행하여 배우게 되는데, 그 내용은 전공 영역에 따라 다릅니다. 전공에 따라 시각디자인론, 일러스트레이션, 컴퓨터그래픽스, 제품조형, 환경디자인, 공업디자인, 패션디자인, 실내디자인, 조명디자인, 디스플레이, 동양화과목, 서양화과목, 기초조소, 조각실기, 영상, 애니메이션, 피아노, 관현악, 타악, 성악, 화성법, 예술가곡, 작곡, 국악, 국악실기, 무용론, 무용연기법, 운동생리학, 스포츠생리학, 체육교육, 기초 연기, 연극개론, 영화개론, 공연영상예술개론, 작품분석, 발성과 화술 등을 배울 수 있습니다.

4. 졸업 후 진로는 어떨까?

졸업 후 진출 분야는 전공 영역에 따라 다릅니다. 음악·미술 관련 학과의 경우에는 순수 전문 예술인이나 작가, 기업의 디자인부서나 홍보부서, 광고 회사, 방송국, 기획사 등으로 진출이 가능합니다. 무용·체육의 경우에는 전문 무용수나 안무가, 체육인 또는 생활체육강사, 스포츠에이전트, 운동감독 등으로, 연극·영화의 경우에는 배우, 영화감독, 촬영감독, 공연기획자 등으로 진출할 수 있습니다. 또한 예체능계열은 재학 중 교직 과목을 이수하면 중등교사나 대학원에 입학하여 석·박사 자격을 취득하면 대학교수로도 진출할 수도 있습니다.

예체능계열의 분야

가. 디자인

디자인이란 형태, 색채, 재질, 차원, 비례 등과 같은 여러 조형 요소 중에서 의도적으로 몇 가지를 선택하여 주어진 목적에 맞게 구성하는 창조 활동을 말합니다. 시각디자인, 산업디자인, 자동차디자인, 환경디자인, 의상디자인, 제품디자인 등이 포함됩니다.

나. 응용 예술

응용 예술이란 회화, 조각 등의 순수 예술과는 달리 실생활에서 응용될 수 있는 실용성, 유용성 등을 강조한 예술을 말합니다. 공예 미술과 장식 미술을 비롯해 과학 기술의 산물인 각종 매체를 활용하여 제작한 사진, 영상, 애니메이션 등이 포함됩니다.

다. 무용·체육

음악이나 박자에 맞추어 역동적인 움직임으로 감정과 의지를 표현하는 행위 예술인 무용과 인간의 신체적 활동을 통해 사회가 요구하는 지(知), 정(情), 의(意) 및 신체 각 측면이 조화로운 인간을 기르는 것을 목적으로 하는 체육 등이 포함됩니다.

라. 미술·조형

미술이란 작가의 인간상, 세계상을 평면 또는 입체적으로 표현하여 다른 사람에게 전달하는 방법입니다. 시각으로 파악할 수 있는 미적 표현 일체를 뜻하며, 회화, 조각, 건축, 서예, 공예 등이 포함됩니다

마. 연극·영화

말과 몸짓으로 표현하는 무대 예술인 연극, 움직이는 모습을 연속적으로 찍은 필름을 스크린에 비춰 영상을 보는 영화가 있습니다. 실제 공연을 보여 주는 공연 예술과 영상을 보여 주는 복제 예술의 성격을 띠는 영상 예술이 포함됩니다

바. 음악

시간의 흐름에 따라 생성, 전개되는 시간예술로 분류되며, 이론적 음악, 작곡과 같은 창작적 음악, 연주와 같은 실천적 음악이 포함됩니다. 기능과 용도에 따라 구분되는 실용 음악과 자유 음악 그리고 표현 매체에 따라 구분되는 성악, 기악이 포함됩니다.

전공 관련 선택 교과 활용의 유의점

　본 책에서 제시된 학과의 선택 과목 추천은 2022 개정 교육과정 고등학교 보통교과에 한정되어 있습니다. 광주광역시교육청 발간 〈2024 진로연계 과목 선택을 위한 학과 안내서〉, 부산광역시교육청 발간 〈청소년을 사로잡는 진로디자인5〉 자료집과 2024학년도 서울대 권장 이수과목 목록, 고려대 외 5개 대학이 제시한 자연계열 핵심 권장과목, 부산대에서 제시한 2024 이후 학생부위주전형 모집단위별 인재상 및 권장과목 자료를 참고로 2022 개정 고등학교 교육과정 교과에 맞게 재구성하였습니다.

　본 책에서 **국어 교과와 영어 교과의 일반 선택 과목은 도구 교과(다른 과목을 학습하기 위한 기본적인 수단이 되는 교과 과목)인 성격을 고려하여 모든 학과 선택 과목에 포함하지 않았음**을 안내합니다. 아울러 **수능 필수 지정 교과인 국어(화법과 언어, 독서와 작문, 문학), 수학(대수, 미적분I, 확률과 통계), 영어(영어I, 영어II), 한국사, 사회(통합사회), 과학(통합과학), 성공적인 직업생활(직업) 교과는 필수 선택 과목 영역으로 구분하여** 제시하였습니다.

　본 책에 제시된 학과 관련 선택 권장 과목은 절대적인 것이 아니라 하나의 예시 자료입니다. 본 자료가 절대성을 의미하는 것은 아니므로 최종 과목 선택시 단순 참고자료로 활용하기를 바라며, 학생 개인의 희망과 진로 등을 고려하여 최종 선택하는 것이 바람직합니다

학생들의 이해를 돕기 위해 〈직업과 학과〉 시리즈 영상을 제작하고 있습니다. QR코드를 스캔하여 유튜브 페이지에서 영상을 확인하세요.

현직 교사가 알려주는
찰나의 예술을 만드는 직업
#사진작가
#내 마음속에 저장

06

예체능계열

직 업	학 과
경호원	경호학과
공연기획자	공연예술학과
공예원	공예학과
보석디자이너	금속공예학과
사진작가	사진학과
생활스포츠지도자	사회체육학과
성악가	성악과
스포츠트레이너	체육학과
악기조율사	기악과
안무가	무용학과
연극배우	연극영화학과
웹디자이너	시각디자인학과
웹툰작가	만화애니메이션학과
음반기획자	실용음악과
일러스트레이터	미술학과
자동차디자이너	산업디자인학과
작곡가	작곡과
큐레이터	서양학과
피부관리사	뷰티케어학과
CF감독	영화예술학과

경호원이란?

　현대 사회는 점점 더 복잡해지고 다양화되고 있습니다. 이러한 상황에 따라 강력 범죄, 테러 등 사회 불안 요소는 시간이 갈수록 증가하고 있습니다. 박람회장, 콘서트장, 영화 시사회장, 유명인의 기자 회견장 등에는 많은 사람들이 몰리게 되고, 사고의 위험이 도사리고 있습니다.

　이로 인해 자신의 안전을 지키기 위해 사람들을 통제하여 질서를 유지시키고, 돌출 행동을 예방하는 일을 하는 경호원을 고용하는 사람들이 점점 늘어나고 있습니다. 경호원은 정치인, 기업의 중역, 연예인 등 중요 인물의 신변을 보호하고, 유괴나 암살과 같은 외부의 위협으로부터 의뢰인을 지키는 사람입니다. 일반적으로 의뢰인은 자신에게 일어날 수 있는 여러 가지 위협으로부터 생명과 재산을 보호하고, 심리적 안정을 유지시켜 정상적인 활동을 하기 위해 경호원을 고용합니다.

　경호원은 경호하는 대상과 역할에 따라 시설 보안 경호원, 요인 경호원, 아동 경호원, 행사 경호원으로, 경호 위치에 따라 대상자 가까이에서 경호하는 측근 경호원, 멀리 떨어진 곳에서 경호하는 외곽 경호원으로 구분할 수 있고, 다른 관점으로는 청와대 경호원과 사설 경호원 등이 있습니다.

경호원
경호학과

Jump Up

연예인 경호원에 대해 알아볼까요?

➡ 영화나 텔레비전 등에서 스타들이 이동할 때면, 늘 정장 차림의 경호원들이 함께하는 것을 볼 수 있어요. 우리나라의 '경비업법'에는 신변 경호, 호송 경비, 시설 경비, 기계 경비, 특수 경비에 대해 명시되어 있는데, 연예인을 지키는 이런 경호는 신변 경호에 해당돼요.

➡ 연예인 경호원이 되려면 일반적으로 사설 경호업체에 소속되어 일을 하다가 연예인 관련 경호를 의뢰받아야 해요. 사설 경호업체의 입사 기준은 고졸 이상의 학력에, 무도 단증을 소지하고 있다면 입사할 수 있다고 해요.

청와대 경호원은 청와대 경호실에 소속되어 대통령과 가족, 국무총리 등 국가 주요 인사를 보호하는 일을 합니다. 사설 경호원은 국가 조직에 속하지 않은 사람들을 보호합니다. 대통령 후보자, 연예인, 정치인, 일반인 등 누구든지 경호원에게 자신의 신변 경호를 의뢰할 수 있습니다.

경호 업무를 하다 보면 언제 어느 곳에서 위험한 상황이 발생할지 알 수 없습니다. 경호원에게 가장 중요한 것은 의뢰인의 안전이기 때문에 의뢰인의 생명과 재산을 지키기 위해서 자기 자신을 희생해야 할 때도 많습니다.

일반적으로 사설 경호원의 임금과 복리 후생 수준은 낮은 편입니다. 또한 근무 시간이 길고 불규칙하며, 정신적·육체적인 스트레스가 심한 편입니다. 경호원들은 이런 힘든 일을 하면서도 임무를 마친 후 의뢰인이 만족할 때에는 큰 보람을 느낀다고 합니다.

경호원은 개인의 능력을 개발할 기회가 많고, 능력에 따라 승진이나 직장 이동이 수월한 편이며, 경력이 쌓일수록 전문성을 인정받기 때문에 경호원을 희망하는 사람들이 계속 늘어나고 있는 추세입니다.

경호원이 하는 일은?

경호원의 최종 목적은 경호를 의뢰한 사람의 생명과 재산을 보호하는 것입니다. 경호원이 의뢰인을 보호하기 위해 제일 먼저 해야 할 일은 의뢰자의 신상명세와 요구 사항을 확인하고, 위험 요인이 무엇인지 파악하여 경호 계획을 수립하는 것입니다. 경호의 대상이나 위험 상황을 고려하여 필요한 경우에는 경호 대상 및 목적, 투입 인원, 경호 지역 등을 경찰하게 알리고 협력하여 일을 하기도 합니다.

» 경호 행정, 지휘 작전, 정보 수집, 보안 수립, 인원 장비 운용, 수행 경호, 경호 경비 수립, 인질·납치 협상, 경호 운전, 경호 컨설팅, 경호 조사 등 경호 계획을 수립합니다.
» 필요할 때 방문자의 출입을 점검하고, 불법 침입 및 도난 등의 위험을 방지합니다.
» 사전 정찰 및 안전 조사를 실시하여 경호 지역의 위해 요소를 제거하고, 안전을 확보합니다.
» 경호 대상자와 함께 이동하고, 신변에 위협을 줄 수 있는 모든 요소를 확인하며 안전을 확보합니다.
» 박람회나 전시회, 콘서트 등의 행사장을 경호할 때는 행사장의 질서를 유지하고, 사람들의 출입을 통제하며, 특정인의 돌출 행동을 막는 업무를 수행합니다.
» 테러, 도난 등에 대한 정보를 입수하고, 사전에 정찰하여 각종 위험 요소를 제거합니다.
» 인적·물적 위해 요소, 위해 유형 및 유해 수준 등을 확인합니다.
» 위해 시설을 확인하고 유해 물질, 유해 인물, 유해 환경 지형, 범죄성 여부 등을 확인하는 등 경호 조사를 합니다.
» 경호 관련 법 등을 적용하여 유관 기관에 협조를 구하거나 고객과의 상담, 계약 체결, 경호원 선발, 직무 교육 실시, 현장 배치 등 경호 행정에 관한 업무를 처리합니다.
» 수행 경호, 의전 비서 등 경호 업무를 수행합니다.
» 국가 및 민간의 주요 시설, 기계, 물품 등을 경호하고 경비합니다.
» 주차 유도 관리, 출동 순찰 경비, 교도 경비 등 경호 경비를 합니다.
» 통신 장비, 탐지 장비, 방호 장비, 호송·수송 장비, 호신 장비 등을 배치·지급하며 회수합니다.
» 방어 운전, 긴급 피난 운전, 미행 추적 등을 합니다.
» 인질 석방, 납치 석방, 공갈 협박 위해 감소 및 손실 축소 등에 대해 협상합니다.
» 인원, 시설, 문서, 정보 통신, 산업 정보 등의 경호 보안 업무를 합니다.
» 안전 진단, 취약 요소에 대한 대응 기술 자문 등 경호에 대해 자문합니다.

경호원
커리어맵

관련기관

- 한국경호경비학회 www.kssa96.or.kr
- 한국경호경비협회 wwww.ss112.com
- 대한경호협회 bodyguard.so
- 세계경호무술협회 koreatops.kr

준비방법

- 체육 교과 역량 키우기
- 체육 관련 동아리 활동
- 체육 분야 교내외 행사 참가
- 경호 관련 기업이나 학과 탐방 활동
- 경호원 직업 체험 활동

적성과 흥미

- 순발력
- 공간 지각 능력
- 상황 판단 능력
- 자기 통제력
- 책임감
- 사명감
- 민첩성
- 희생정신
- 협동심

관련학과

- 사회체육전공
- 사회체육학과
- 경찰경호학전공
- 경찰보안학과
- 경호비서학과
- 경호학과
- 무도경호학과
- 태권도경호학과
- 체육학과

경호원

흥미유형

- 현실형
- 진취형

관련교과

- 영어
- 과학
- 기술·가정
- 체육

관련자격

- 경호지도사
- 생활체육지도사
- 경비지도사
- 무도단증
- 운동처방사
- 신변보호사
- 경비지도사
- 산업보안관리사
- 위험물안전관리사

관련직업

- 청원경찰
- 용역경비원
- 신변경호원
- 보디가드
- 건물시설관리원

적성과 흥미는?

경호원이 일을 하는 현장에서는 어떤 일이 일어날지 알 수 없습니다. 경호원은 의뢰인은 물론 자신의 신변까지 보호해야 하므로 경호무술, 태권도, 유도 등 위험한 상황에 대처할 수 있는 무술 실력이 꼭 필요합니다. 몸을 움직이는 것을 좋아하고, 운동 신경이 있어야 하며, 정확한 상황 판단력과 순발력, 공간 지각 능력 등도 필요합니다. 또한 어떤 상황에서라도 의연하게 대처할 수 있는 자기 통제력과 책임감, 사명 의식, 민첩성 등도 중요합니다.

경호원 직업에 관심이 많다면 어려서부터 여러 가지 운동을 배우고 열심히 훈련하여 강인한 체력을 만드는 것이 좋습니다. 또한 경호원은 나보다는 다른 사람의 안전을 책임지는 일을 하기 때문에 남을 먼저 배려하는 희생정신과 팀원들과 힘을 합쳐 작업을 완수하는 협동심을 갖추고 있어야 합니다. 이를 위해 각종 봉사 활동에 적극적으로 참여하여 다른 사람을 도와주는 경험을 많이 하는 것도 좋은 방법입니다. 진취형과 현실형의 흥미를 가진 사람에게 적합하며, 인내심, 성취욕 등의 성격을 가진 사람들에게 유리합니다. 또한 체육, 영어, 국어 등의 교과 학습을 열심히 하여 대학의 관련 학과를 입학할 수 있는 기초 실력을 키우는 것도 중요합니다.

경호원 커리어맵

미래 전망은?

한국고용정보원의 '2015-2025 중장기인력수급전망(한국고용정보원, 2016)'에 따르면, 경호원은 2015년에서 2025년까지 향후 10년간 약 2천 명(연평균 1.4%)이 증가될 것으로 전망됩니다.

요즘은 강력 범죄, 테러, 스토킹 등 신변을 위협하는 범죄가 국가나 집단, 특정 정치인이나 연예인 등과 같은 공인만이 아니라 일반인에게까지 일어나고 있습니다. 이에 비해 우리나라의 경찰 인력이 절대적으로 부족하고, 또 경찰의 도움을 받으려면 오랫동안 기다려야 하는 경우가 많기 때문에 경호원을 찾는 사람들이 많아지고 있습니다. 우리나라에서 개최되는 국제적인 행사도 늘어나고, 안전에 대한 사람들의 인식이 커지면서 경호원 직업의 전망은 앞으로도 계속 좋아질 것으로 예상됩니다. 또한 대중에게 경호원의 이미지가 긍정적으로 비치고, 여성 경호원에 대한 인식이 개선되면서 경호원이 되고자 하는 여성들도 늘어나고 있습니다. 하지만 경호 관련 교육 기관의 증가로 경호원이 되기 위한 경쟁은 치열해질 것으로 예상되며, CCTV 설치의 확대, 무인 경비시스템 및 지문 인식 시스템의 확대 등은 경호원의 고용에 부정적인 영향을 미칠 것입니다.

진출 방법은?

경호원이 되기 위해 반드시 대학을 졸업해야 하는 것은 아닙니다. 그러나 최근에는 전문 대학 이상에서 경호 관련 학과를 졸업한 사람을 경호원으로 채용하는 경우가 많습니다. 최근 경호 업무가 전문화되어 경호비서행정학과 등의 관련 학과가 생기면서 경호업체에서 관련 학문을 전공한 사람들을 선호하기 때문입니다. 일반적으로 경호원은 고등학교 졸업 이상의 학력이면 가능합니다. 정규 교육 기관이 아닌 사설 학원이나 관련 협회에서도 경호원 양성 교육 과정을 운영하고 있기 때문에 이러한 기관을 이용하는 것도 도움이 됩니다.

경호원이 되려면 기본적으로 태권도나 유도, 검도, 합기도 등의 무도 능력이 매우 뛰어나야 하며, 무도 단증이 있으면 취업할 때 유리합니다. 경호 업무의 특성상 운전면허증을 취득하는 것이 필수인 경우가 많습니다. 대부분 사설 경호업체에서 활동하며, 보안 경비 업체, 무인 경비 업체, 대기업의 경호 전문 요원 등으로 진출이 가능합니다. 특정 신체 조건을 갖추고 필기시험 및 신체검사를 통과하면 대통령 경호실에도 진출할 수 있습니다. 전문 경호업체들은 교육과 훈련을 받은 전문 인력을 확보하려고 하기 때문에 이를 위한 준비와 노력을 꾸준히 한다면 취업에 큰 도움이 될 수 있습니다.

관련 직업은?

청원경찰, 용역경비원, 보디가드, 건물시설관리원, 위험물취급관리사, 신변보호사, 보호관찰직 등

관련 학과 및 자격증은?

➡ 관련 학과 : 사회체육전공, 사회체육학과, 경찰경호학전공, 경찰보안학과, 경호비서학과, 경호학과, 무도경호학과, 태권도경호학과, 체육학과 등

➡ 관련 자격증 : 일반경비지도사, 경찰무도, 경호지도사, 생활체육지도사, 무도단증, 운동처방사, 무인경비관리사, 신변보호사 등

Jump Up

대통령 경호원에 대해 알아볼까요?

대통령 경호실은 특정직 국가 공무원으로 구성된, 특수 임무를 수행하는 부서예요. 경호실 요원은 특별 제한 경쟁 공채 시험을 통해 선발하는 것이 일반적이고, 경우에 따라서는 현직 경찰이나 군인도 대통령 경호 임무를 수행해요. 현직 경찰이나 군인을 대통령 경호실 요원으로 배치하려면 대통령 경호실장의 요청에 의해 경찰청장이나 국방부장관의 인가를 받아야 해요.

대통령 경호실에는 경호 임무를 담당하는 경호원과 일반 행정 사무와 관련 업무를 처리하는 일반직·기능직 직원이 근무해요. 경호원은 각 공무원의 직급에 따라 경호관과 경호사로 구분되며, 경호관은 1~5급, 경호사는 6~9급의 경호원을 말해요. 일반직과 기능직 직원은 일반 공무원직제와 동일하게 급수가 부여돼요. 대통령 경호원이 되기 위한 경쟁률은 아주 높아요. 과거에는 남자 키 175cm, 여자 키 165cm이상, 시력 0.8 이상으로 제한하였으나, 2018년부터는 이런 신체적 제한이 없어졌어요. 대신 '드론이 공격하는 위협에 대응하는 과학적 사고를 갖춘 스마트한 경호원'을 뽑는다고 홍보하고 있어요.

경호원이 되려면 필기시험과 체력 검정, 인성 검사, 신체검사, 논술, 면접 등의 시험을 거쳐야 해요.

▶ 1차 : 필기시험(일반 상식, 영어는 토익이나 토플 공인 성적표 제출)

　2차 : 논술, 체력, 면접

　3차 : 신체검사, 심층 면접

▶ 대통령 경호실 경호원 임명권 : 1~5급(대통령이 임명), 6~9급(대통령 경호실장이 임명)

경호학과
경호원 전공 분석

어떤 학과인가?

현대 사회는 날이 갈수록 개방화·도시화·국제화·최첨단 과학화가 되고 있으며, 그 어느 때보다도 정보 통신 기술이 발달하고 있습니다. 이와 비례하여 개인과 사회의 안전을 위협하는 각종 범죄들도 더욱 증가하고 있는 추세입니다.

국가는 국민의 안전을 지키고, 삶의 질을 윤택하게 할 의무가 있습니다. 그러나 각종 범죄가 늘면서 국가의 공권력만으로는 범죄에 대응하는 것에 한계가 있습니다. 이러한 변화 속에서 급부상하고 있는 학과가 경호학과입니다. 경호학과는 국가와 사회의 안전과 기업과 개인의 생명, 재산 보호를 위해 안전·보안 전문 인력을 양성하는 학과입니다. 우리가 영화나 TV를 통해서 접할 수 있는 경호원의 업무 영역은 한정적인 것 같지만, 현실에서는 업무 영역이 넓습니다. 생활 경호, 시설 경호, 민간 경호 등 다양한 분야에서 경호원이 필요하므로 일자리는 더욱 증가하는 추세입니다.

경호학과에서는 무도 연마는 물론, 체력을 단련할 수 있는 다양한 교육 과정을 운영하고 있습니다. 일반 경비원 교육 센터의 경비원 자격 과정을 이수하도록 하고 있고, 주요 경호업체와 제휴한 현장 체험을 통해 실무 경험을 쌓을 수 있습니다.

교육 목표와 교육 내용은?

경호학과에서는 국제적인 역량과 최첨단 기계 경비 능력을 갖춘 전문 경호 인력을 배출하기 위해 교육합니다. 이를 위해 태권도와 무도 및 전통 무예 지도론, 전인적 인성 교육으로 덕성과 소양을 갖춘 전문 경호무도인의 양성이 교육 목표입니다.

의뢰인을 보호하기 위해 무도를 중점적으로 훈련하고, 신변보호사, 생활체육지도자 자격 취득을 통해 신체적·정신적 자질을 갖춘 경호관 양성을 목표로 합니다.

» 국제적인 역량을 갖춘 전문 경호 인재를 양성합니다.
» 숙련된 무도 교육을 통해 의뢰인의 안전을 책임지는 인재를 양성합니다.
» 최첨단 기계 경비 능력을 갖춘 전문 경호 인재를 양성합니다.
» 각종 스포츠 교육을 통해 강인하고 건강한 체력을 지닌 인재를 양성합니다.
» 강인한 체력과 운동 신경 능력, 순발력, 판단력을 갖춘 인재를 양성합니다.
» 경호원으로서 국가와 국민을 위해 일한다는 봉사 의식과 사명감을 지닌 인재를 양성합니다.

학과에 적합한 인재상은?

경호학을 전공하기 위해서는 체육, 사회, 도덕, 수학 과목에 흥미가 있어야 합니다. 최근 드론을 이용한 과학적 테러에 대비하기 위해 과학에도 흥미가 있으면 좋습니다.

경호원은 다른 사람의 안전과 생명을 책임지는 직업입니다. 따라서 자신의 일에 대한 책임 의식과 사명감이 뛰어나며, 경호원으로서 국가와 사회에 봉사하겠다는 직업 윤리관을 갖춘 사람에게 적합합니다. 경호 업무를 수행하기 위해서는 상황을 정확히 판단하고, 순발력 있게 대처하는 자세가 중요합니다.

강인한 정신, 건강한 체력을 기르기 위해서는 공부도, 운동도 열심히 해야 합니다. 무엇이든지 용기 있게 도전하고, 진취적으로 앞장서는 성향을 지닌 사람이라면 더욱 좋습니다. 경호원은 자신의 신변이 위협받을 때도 있음을 알고, 언제 어디서든 긴장을 놓치지 않고, 끈기 있게 자신의 일을 완수하려는 자세가 필요합니다. 여러 사람과 원만하게 지내는 대인관계 능력, 서비스 정신, 리더십도 필요합니다.

관련 학과는?

사회체육전공, 사회체육학과, 경찰경호학전공, 경찰보안학과, 경호비서학과, 무도경호학과, 태권도경호학과, 체육학과 등

진출 직업은?

경찰관, 교도관, 경비업체요원, 군인(장교), 소방공무원, 안전순찰원, 인명구조원, 건물시설관리인, 비서 등

주요 교육 목표

개인, 사회, 국가에 기여하는
인재 양성

- - - - - - - - - - - - - - - - -

다른 사람을 배려하는 인재 양성

- - - - - - - - - - - - - - - - -

봉사 의식과 사명감이 강한
인재 양성

- - - - - - - - - - - - - - - - -

건강한 체력으로 안전을
책임지는 인재 양성

- - - - - - - - - - - - - - - - -

판단력, 순발력을 지닌 인재 양성

- - - - - - - - - - - - - - - - -

최첨단 기계 경호 능력을 갖춘
인재 양성

취득 가능 자격증은?

☑ 일반경비지도사
☑ 생활스포츠지도사
☑ 전문스포츠지도사
☑ 경호원
☑ 경호경비사
☑ 수상인명구조원
☑ 신변보호사
☑ 무도단증 등

추천 도서는?

- 생명과 안진을 지키는 직업1:군인-스파이 경호원(빈빈책방, 박민규)
- 살인자들과의 인터뷰 (바다출판사, 로버트 K. 레슬러, 황정아 역)
- 민간경비 호신체포술(진영사, 채인길)
- 디지털 호신술(북트리거, 한세희)
- 하루 한권, 무술의 과학 (드루, 요시후쿠 야스오, 이선희 역)
- 중세 유럽의 무술 (에이케이커뮤니케이션즈, 류타 오사다, 남유리 역)
- 태권도 산책(메이킹북스, 전난희)
- 태권도와 세계무술(하움출판사, 이규석)
- 나는 대한민국 경찰입니다(메디치미디어, 류삼영)
- 태권도 산책(메이킹북스, 전난희)
- 검도철학(박영사, 이상호)
- 운동의 뇌과학(현대지성, 제니퍼 헤이스, 이영래 역)
- 나를 나답게! 자기방어 수업(창비, 박은지)
- 그래서 운동(글이, 이슬기)
- 세상에 대해서 우리가 더 잘 알아야 할 교양2 : 테러 왜 일어날까? (내인생의책, 헬렌 도노호, 전국사회교사모임 역)

학과 주요 교과목은?

기초 과목	경호무도, 경호학개론, 경호경비발달사, 경호인성교육, 경호체력육성법, 경호정보론, 경호무도론, 국가안보대테러론, 안전관리학, 경호경비법, 기계경비기획설계, 범죄학개론, 민간경비론, 경호무도(실전)
심화 과목	경호제압술, 경호응급처치법, 소방학, 시큐리티산업보안론, 경호사례분석론, 경호현장실무, 안전진단실무, 경호시큐리티정책학, 경호비서학, 경호제압술, 경호응급처치법, 소방학, 경호사례분석론, 국내인턴쉽, 경호현장실무, 안전진단실무, 경호실무, 경호무술, 생활테러학, 행정학, 범죄학, 탐정학, 보안론 등

졸업 후 진출 분야는?

일반 기업	민간 경호 경비 업체, 스포츠 센터, 대기업 및 일반 기업의 경호·경비부서, 시스템 경호 업체, 항공사 등
공공 기관	청와대 경호실, 101경비단, 국회나 정부 기관의 경호·경비부서, 공항 안전 요원, 항만 안전 요원, 검찰·경찰 특공대, 군인, 소방공학기술자, 소방관, 경찰관 등
기타	도장 운영, 레크리에이션강사, 스포츠강사, 해외 무도사범 등

🔍 전공 관련 선택 과목은?

▶ 국어, 영어 교과는 모든 학문의 기초적인 성격을 가진 도구교과로 모든 학과에 이수가 필요하여 생략함.

수능 필수	화법과 언어, 독서와 작문, 문학, 대수, 미적분Ⅰ, 확률과 통계, 영어Ⅰ, 영어Ⅱ, 한국사, 통합사회, 통합과학, 성공적인 직업생활(직업)		
교과군	선택 과목		
	일반 선택	진로 선택	융합 선택
수학, 사회, 과학	사회와 문화, 현대사회와 윤리, 물리학, 생명과학	정치, 법과 사회, 윤리와 사상, 인문학과 윤리	사회문제 탐구, 융합과학 탐구
체육·예술	체육1, 체육2	운동과 건강, 스포츠 과학	스포츠 생활1, 스포츠 생활 2
기술·가정/정보	기술·가정, 정보		
제2외국어/한문	제2외국어		
교양		인간과 심리	

학교생활기록부 관리는?

출결 사항	• 미인정(무단) 출결 사항이 없도록 관리하세요. 미인정(무단) 결석 등이 있으면 학교생활 충실도나 인성, 성실성 영역에서 부정적인 평가를 받을 가능성이 높아요.
자율·자치활동	• 다양한 교내외 활동을 통해 진취적이고 책임감 있는 태도가 드러나도록 하세요. • 체육 분야에 대한 관심과 흥미를 바탕으로 전공 진학에 대한 의지, 리더십, 문제 해결 능력, 발전 가능성 등이 드러나도록 하세요.
동아리활동	• 체육, 유도. 테권도, 합기도 등의 동아리 활동 참여를 통해서 경호학 전공에 대한 준비를 하세요. • 가입동기, 본인의 역할, 배우고 느낀 점, 경호학과 진학을 위해 기울인 활동과 노력이 나타날 수 있도록 참여하세요. • 교내외 행사의 질서 유지, 진행 등과 같은 봉사 활동에 적극 참여하세요.
진로 활동	• 경호업체, 경호 관련 학과 및 직업에 대한 정보 탐색 활동을 권장해요. • 체육대학이나 경호 관련 학과에 대한 체험 활동을 권장해요. • 자기 주도적으로 진로를 설계하려는 태도와 노력이 드러나도록 하세요.
교과학습 발달상황	• 경호학과와 관련 있는 체육, 과학 교과에 대해 우수한 학업 성취를 올릴 수 있도록 관리하세요. • 수업 활동에서 전공 적합성, 자기 주도성, 문제 해결 능력, 창의력, 발전 가능성 등의 역량이 발휘될 수 있도록 수업에 적극 참여하세요. • 경호학과 관련 분야의 교과 연계 독서 활동 내용이 기록되도록 하세요.
독서 활동	• 인문학, 과학, 철학, 체육학, 심리학 등 다양한 책을 읽으세요. • 교과와 관련한 독서, 융합적 사고를 위한 독서, 관심 분야에 대해 탐구하기 위한 독서를 통해 지적 호기심을 충족하도록 하세요.
행동 발달 특성 및 종합 의견	• 창의력, 문제 해결 능력, 협업 능력, 자기주도적 학습 능력 등이 드러날 수 있도록 해요. • 학교생활에서 자기주도성, 경험의 다양성, 성실성, 나눔과 배려, 학업 태도와 학업 의지에 대한 장점이 기록되도록 관리해야 해요.

Jump Up

공연마케터에 대해 알아볼까요?

➡ 공연마케터는 국내외의 공연이나 문화를 널리 소개
하여 최대한 많은 관객이 관람할 수 있도록 하는 일
을 담당해요. 우리나라의 뮤지컬 〈난타〉 공연이 외
국 시장으로 진출해서 선풍적인 인기를 얻기까지는
공연마케터의 역할이 컸다고 할 수 있지요. 공연마
케터들은 자신이 담당한 공연에 관객들이 몰릴 때
가장 큰 보람을 느낀다고 해요. 그래서 다른 공연을
볼 때도 공연 자체를 즐기기보다는, 손익 계산부터
따지고, 마케팅 전략을 살피는 일부터 한다고 해요.

➡ 공연마케터는 주로 상품으로써의 문화를 판매하는
일을 해요. 또 공연 예술 단체의 경영 및 마케팅 활
성화를 위한 기업의 내부 경영을 돕고, 진행 중인 공
연의 마케팅 전략을 세워 해외 수출 등을 담당하며,
특정 기업의 후원을 받아 공연이나 전시를 하면서
기업의 이미지를 높이기 위해 홍보하는 등 업무의
영역이 다양해요.

➡ 공연마케터는 예술적 감각과 사업성을 따질 수 있
는 눈을 가져야 해요. 고객이 어떤 공연을 보고 싶어
하는지, 그리고 성공한 공연은 어떤 방법으로 관객
을 끌어 들이는지도 분석해야 해요. 〈명성황후〉처럼
해외로 수출되는 공연이 점점 늘고 있어서 외국어를
잘하면 더욱 유리하다고 할 수 있어요.

공연기획자란?

최근 문화 예술에 대한 대중의 관심이 높아져 뮤지컬과 오페라 공연, 국내외 유명 가수들의 콘서트 공연이 늘어나고 있습니다. 이런 분위기에 힘입어 기업들도 많은 후원을 하면서, 공연 문화는 앞으로도 점차 발전할 것으로 보입니다.

공연기획자는 작품을 무대에 올리기 위해 작품을 선정하고, 공연 시기와 장소를 결정하며, 예산을 세우는 등 공연이 완성되기까지의 전 과정을 책임지는 총지휘자입니다. 사람들이 원하는 공연은 무엇이고, 비슷한 공연이 이미 진행되었는지, 우리의 정서와 어울리는지, 성공한 공연들은 어떤 방법으로 관객을 끌어 들였는지에 대해 철저한 분석을 합니다.

공연기획자가 기획한 공연을 무대에서 현실화하는 사람들은 스태프들입니다. 그렇기 때문에 공연기획자는 연출, 안무, 음악, 무대 디자인, 조명, 의상, 분장 등을 맡을 각 스태프들을 구성하고, 준비 과정의 비용 확보, 준비 사항 체크, 장면을 연출하는 연출자를 지도하기도 합니다. 작품이 무대에 오를 준비를 마치면 공연기획자는 더욱 바빠집니다. 공연이 성공하기 위해서는 홍보와 광고가 필수적이기 때문입니다.

그러나 큰 규모의 공연을 기획하는 곳에서는 공연을 홍보하고 관객을 모으는 홍보 및 마케팅 분야, 관객이 편안하게 공연을 관람할

공연기획자
공연예술학과

수 있도록 하는 현장 운영 및 관리 분야로 나누어서 일하기도 합니다.

공연 전체를 책임지는 공연기획자는 최소 5년 이상의 현장 경험을 통해 공연 제작의 전 과정을 경험하고 이해한 후 전문가로 거듭나게 됩니다.

글로벌화는 공연 산업에서도 예외가 아닙니다. 공연기획자는 순수 국내 창작 작품을 해외 무대로 진출시키기도 하고, 해외 작품을 가져와 국내의 무대에 올리기도 합니다. 만일 해외 판권이 있는 작품을 국내 무대에 올리려면 공연권을 먼저 얻어야 합니다. 판권을 가지고 있는 해외 기획사와 계약을 한 후 국내 공연을 진행해야 하는데, 이 과정에서 해외 기획사와 협업하는 경우가 있기 때문에 공연기획자가 외국어에 능통하다면 많은 도움이 됩니다.

공연기획자에게는 남이 나와 다름을 인정하고 받아들일 줄 아는 열린 마음, 소통하는 능력과 포용력이 필요합니다. 공연은 음악, 미술, 문학, 철학 등 모든 분야가 어우러져 완성되는 만큼 여러 사람들이 함께 일하는 과정에서 의견의 대립이 종종 일어나기 때문입니다.

공연기획자가 하는 일은?

공연기획자는 흥행 가능성이 있는 작품을 만들고, 관객을 만족시키기 위해 많은 고민을 합니다. 공연의 주제가 정해지면 '언제, 어디서, 어떤 배우와 어떤 공연을 하게 될 것인지'와 같은 세부적인 내용이 담긴 계획서를 만들게 됩니다. 그리고 제작비를 지원할 투자자를 찾아야 합니다. 예술 작품 하나를 무대에 올리기까지 드는 비용은 수백만 원에서 수십억 원에 이릅니다. 작품의 장르, 공연 장소, 배우 등에 따라 제작비는 천차만별이기 때문에 적절한 투자자를 찾는 것은 공연기획자의 중요한 역할입니다. 많은 작품들이 이 과정에서 무산되거나 연기되기도 합니다. 제작비가 마련되었다면 배우와 연출, 무대, 조명, 음향, 의상, 세트, 분장, 소품 등의 스태프를 선정하고, 그들을 통솔합니다.

» 국내외 공연 시장 동향, 대중의 기호 및 성향, 사회 트렌드 등을 조사하여 뮤지컬, 오페라, 연극, 콘서트 등 공연할 대본이나 음악을 개발합니다.
» 외국 작품의 판권을 구입하거나 국내의 창작 작품의 저작권 및 공연권을 구입하여 공연 작품을 제작합니다.
» 투자자와의 협의 하에 공연 일정 및 공연 장소를 결정합니다.
» 예산을 책정하며, 출연 배우 및 제작 인력을 섭외합니다.
» 제작 일정 및 진행 사항에 대해 제작진과 협의하고 총괄합니다.
» 공연의 홍보 및 마케팅, 티켓 판매, 관객 개발 등과 관련된 업무를 담당합니다.
» 외국 공연팀(배우 및 제작 인력)의 국내 공연을 기획하기도 합니다.
» 필요한 비용을 파악하고, 구체적 소요 내역을 산출하는 등 재정 관리 업무를 합니다.

Jump Up

로봇공연기획자에 대해 알아볼까요?

로봇공연기획자는 로봇이 하는 공연을 기획하는 사람으로, 하는 일은 공연 기획, 제작, 수정, 현장 리허설, 실제 공연 등 크게 다섯 가지예요. 기획 단계에서는 시나리오 구성과 장면을 이미지화할 수 있는 스토리보드 작업을 해요. 제작 단계에서는 무대 영상 및 사운드, 그리고 가장 중요한 로봇의 모션을 제작해요. 이러한 제작이 끝나면 테스트와 수정 작업을 하고, 현장 리허설을 거쳐 실제 공연에 들어가요. 로봇의 모션 제작은 로봇공연기획자로서 빼놓을 수 없는 중요한 작업이에요. 훌륭한 애니메이션 작업을 위해서는 시간과 공간에 대한 이해 능력이 있어야 하고, 수많은 프레임을 작업해야 하므로 반복 작업을 잘 견디며, 세밀하고 꼼꼼한 성격이면 좋아요. 문화 예술적 소양을 갖춘 이공계 전문 인력이나 과학 기술적 사고와 지식을 겸비한 문화 예술 콘텐츠 산업 종사자 등과 같이 춤과 연극, 로봇에 대한 관심과 기본적인 지식을 갖춘 사람에게 적합해요.
관련 학과로는 애니메이션학과, 공연예술학과, 미디어아트학과, 컴퓨터공학과, 로봇공학과 등이 있어요.

공연기획자

커리어맵

관련기관

- 한국공연예술경영인협회 pamakorea.inames.kr
- 한국공연예술경영협회 artsmanagement.or.kr
- 문화체육관광부 mcst.go.kr

준비방법

- 학교 홍보나 교내 공연 관련 동아리 활동
- 문화 예술 분야의 다양한 독서 활동
- 미술, 전시, 콘서트, 연극, 뮤지컬 등의 공연 관람
- 공연 기획 관련 직업 체험 활동
- 공연기획경영학과, 공연예술과 등 관련 학과 탐방
- 교내 축제나 체육 행사 프로그램 기획 및 진행

적성과 흥미

- 강인한 체력
- 순발력, 융통성
- 사명감, 인내심
- 배려심, 리더십
- 분석적 사고
- 정직성
- 봉사 의식
- 분석적 사고
- 위기 대처 능력

관련학과

- k-컬처공연기획학과
- 공연기획경영학과
- 공연영상학부
- 공연예술전공
- 공연예술학과
- 미디어영상공연학과
- 음악공연기획과
- 연극영화학과
- 영상예술학과
  (영상기획제작트랙) 등

공연기획자

흥미유형

- 예술형
- 진취형

관련교과

- 국어
- 영어
- 사회
- 음악
- 미술
- 정보
- 제2외국어

관련자격

- 무대전문예술인
- 컨벤션기획사 1, 2급
- 멀티미디어콘텐츠제작전문가
- 방송통신산업기사

관련직업

- 경영컨설턴트
- 광고지획자
- 홍보전문가
- 마케팅전문가
- 파티플래너
- 행사기획자
- 이벤트전문가

적성과 흥미는?

하나의 공연이 완성되기까지 수많은 사람의 노력이 필요합니다. 따라서 완성도 높은 공연이 되려면 공연기획자는 스태프들과 원활하게 의사소통을 하고, 원만한 관계를 유지하는 것이 중요합니다. 공연 전반을 기획하고 이끌어 가는 입장에서 작은 것 하나 놓치지 않는 세심함이 필요합니다. 최근 국내의 창작 공연이 해외 진출을 활발하게 하고 있으므로 외국어 실력을 갖추는 것이 좋습니다.

공연기획자라면 다양한 문화 예술에 대한 관심과 경험도 중요합니다. 독서와 음악을 좋아하고, 미술, 전시, 콘서트, 연극, 뮤지컬 등 전반적인 문화 예술을 두루 접하면서 예술적 감각을 키우는 것이 도움이 됩니다. 예술성과 대중성을 두루 이해하기 위해 공연 관람 후 자신의 느낌을 글로 써 보거나 관련 후기나 기사를 읽으며 다른 사람과 내 생각을 비교해 보는 것도 필요합니다. 또한 의사 결정을 위한 문제 해결력, 추리력, 판단력과 다른 사람의 행동에 맞추어 적절히 대응할 수 있는 행동 조정력이 필요합니다. 또한 총감독으로서 독창성과 종합적인 사고력, 판단력, 그리고 강력한 리더십이 필요해요. 공연을 무대에 올려 많은 관객을 모으려면 홍보나 마케팅에도 능해야하고, 경영자적 마인드가 필요합니다. 스폰서를 찾아가 투자나 후원을 하도록 설득해야 하므로 설득력과 호소력도 필요합니다. 예술형, 사회형의 흥미를 가진 사람에게 적합합니다.

공연기획자 커리어맵

Jump Up

특수효과기술자(오퍼레이터)에 대해 알아볼까요?

특수효과기술자는 텔레비전이나 영화에서 연출 효과를 높이기 위해 컴퓨터 그래픽 프로그램을 사용하여 다양한 배경과 특수 효과들을 만드는 일을 해요. 촬영이 끝난 영화나 텔레비전 영상 파일을 받아, 장면 하나하나를 넘기면서 특수 효과를 덧입힐 부분을 찾아요. 의뢰인과의 협의를 통해 의뢰인이 원하는 특수 효과가 무엇인지를 파악하고, 컴퓨터 그래픽 프로그램을 활용해 현실에서 촬영이 불가능한 액션이나 화면을 구성해요.

특수효과기술자는 영상 언어와 영화 및 방송 편집에 대한 지식과 이해력이 있어야 하고, 창의력, 독창성, 미적 감각, 공간 지각 능력 등이 요구돼요. 특수 효과의 과정은 거의 컴퓨터로 이루어지기 때문에 컴퓨터 그래픽 등의 프로그램을 원활히 활용 할 수 있는 능력과 장시간 동안 컴퓨터 작업을 할 수 있는 인내심과 집중력이 필요해요.

진출 방법은?

공연기획자가 되는 데 학력이나 전공은 제한이 없습니다. 그러나 대학에서 예술 경영, 공연 기획, 연극 영화 등을 전공하면 공연 기획에 대한 이론과 기획 실습을 익힐 수 있어 도움이 됩니다. 또한 공연 기획사, 극장 및 극단의 직원으로 시작해 실무를 익히거나, 방송 아카데미와 사설 교육 기관의 공연 기획 프로그램에서 교육을 받고 공연기획자가 되기도 합니다. 공연 기획을 하기 위해서는 무대, 조명, 음향, 의상 등 공연 전반에 대한 지식을 갖추어야하며, 관객을 모으려면 홍보

나 마케팅 능력도 필요합니다. 요즘은 공연 기획사에 취업하는 것 외에도 프리랜서로 활동하거나 협동조합을 창업하는 등 활동 형태가 다양해지고 있습니다.

공연기획사에서는 업계 관계자에게 추천을 받아 채용하는 편이나, 인력이 필요할 때 수시로 공개 채용을 하기도 합니다. 한편 경력자를 선호하는 편이라서 공연 기획사에서 경력을 쌓거나 공연장에서 아르바이트를 하는 것이 취업에 도움이 됩니다.

관련 직업은?

경영컨설턴트, 광고기획자, 홍보전문가, 마케팅전문가, 파티플래너, 행사기획자, 이벤트전문가 등

관련 학과 및 자격증은?

→ 관련 학과 : k-컬처공연기획학과, 공연기획경영학과, 공연영상학부, 공연예술전공, 공연예술학과, 미디어영상공연학과, 음악공연기획과, 연극영화학과, 영상예술학과(영상기획제작트랙) 등

→ 관련 자격증 : 무대전문예술인, 컨벤션기획사 1, 2급(국가기술), 멀티미디어콘텐츠제작전문가 등

미래 전망은?

최근 대중 문화 예술에 대한 사람들의 관심이 높아지고 있고, 뮤지컬, 콘서트, 연극, 독주회, 무용 등 다양한 공연들도 활발히 개최되고 있습니다. 과거에는 쉽게 접할 수 없던 뮤지컬과 오페라 등의 공연도 늘어나고, 기업들의 후원도 증가하면서 공연 예술 분야는 계속 발전할 것으로 예상됩니다. 공연은 기획력에 따라 콘텐츠의 질과 관객의 반응이 달라지는 만큼 공연기획자의 역량은 무척 중요합니다. 따라서 기존과 차별화된 작품을 기획할 수 있고, 마케팅, 홍보 등의 역량을 갖춘 전문가에 대한 수요가 증가할 것으로 전망됩니다.

반면, 공연 기획과 광고 홍보 분야에서 경력을 쌓은 사람을 선호하는데다 여러 대학에서 공연 기획 관련 학과가 많이 개설되면서 매년 배출하는 인력도 늘어나 공연기획자로 취업하는 데에는 경쟁이 치열할 것으로 예상됩니다. 공연 기획이라는 일의 특성상 업무량에 비해 보수가 낮아 이직과 전직이 많은 편입니다.

또한 문화 예술 산업 분야는 경기 흐름에 크게 영향을 받기 때문에 경기 침체가 계속될 경우 일자리 형성에 부정적인 영향을 미칠 수도 있습니다.

Jump Up

행사기획자에 대해 알아볼까요?

행사기획자는 특정 기업이나 지역의 이미지를 높이기 위해 전시회, 시사회, 축제, 자동차 시승회, 국제회의 등 다양한 행사를 기획해요. 행사를 기획하기 위해 설문 조사, 시장 조사, 데이터 분석 등 필요한 자료를 수집하고 분석한 후 행사의 틀을 잡아요. 행사 의뢰자를 만나 행사 범위와 형식을 계획하고, 예산을 세운 후 일할 사람들을 고용해요. 프로그램 홍보 자료를 준비하고, 행사 참가자를 구성해요. 그리고 참가자들의 숙박 및 이동, 연회, 디스플레이, 통역, 장비, 인쇄물 및 보안 등의 일도 조정해요.

행사기획자에게는 기획력, 창의력, 마케팅 능력, 순발력, 추진력, 리더십이 필요해요. 행사 의뢰자 및 행사 진행자들과의 원만한 대인 관계가 요구되며, 체력 소모가 많은 직업이므로 강인한 체력도 갖추어야 해요. 예술형과 진취형의 흥미를 가진 사람에게 적합해요.

공연예술학과

공연기획자 전공 분석

어떤 학과인가?

공연 예술이란 무대와 같이 공개된 자리에서 연주하거나 공연하거나 노래를 부르는 것과 그 밖의 방법으로 연출되는 음악, 무용, 연극 등 기타 예술적 관람물을 말합니다. 공연 예술은 무대라는 공간적 제약과 공연 시간이라는 시간적 제약, 그리고 제작상의 여러 가지 제약 때문에 그대로의 재현은 불가능하므로 가장 적합하고 적절한 표현 기법이 요구되는 예술입니다. 오늘날은 문화 예술에 대한 관심이 확대되면서 방송, 연극, 영화, 뮤지컬 등에 대한 학과도 늘어나고 있습니다.

공연예술과에서는 현대 사회에 있어 중요한 화두가 된 문화 예술을 위해 연기, 무용 등을 중심으로 한, 공연 예술을 선도하는 예술인을 양성합니다. 기본에 충실하면서도 창의적인 공연을 목표로, 기량과 이론을 균형 있게 습득한 창의적인 공연 예술인을 양성하기 위해 교육합니다.

교육 목표와 교육 내용은?

대중문화의 꽃이라고 할 수 있는 연극 예술 분야에 꼭 필요한 인재들을 발굴하여 교육시키는 예술 교육을 위한 학과입니다. 연극을 기반으로 한 공연 예술의 연기자, 연출자, 스태프 등을 양성하는 것 외에, 생활 연극의 활성화를 위한 연극 지도자와 교육 연극 지도자를 양성하는 데 그 목표를 둡니다.

학과에 적합한 인재상은?

공연예술과에서는 무대 위에서 이루어지는 모든 종류의 공연에 대해 교육합니다. 연극, 뮤지컬, 무용 등 무대 위에서 직접 공연이 가능하도록 하는 실습 교육뿐만 아니라 무대 감독, 연출, 기획 등 공연 예술을 활성화시키기 위한 이론 교육도 합니다. 일상에서 벌어지는 사건들에 관심이 많으면서, 문학, 미술, 음악, 공연, 영화 등 예술에 관심이 많은 사람에게 적합한 학과입니다.

» 공연 문화를 이끌어 갈 창조적인 감각을 지닌 예술인을 양성합니다.
» 이론과 실기를 겸비한 창의적 인재를 양성합니다.
» 비평적 사고와 예술적 비전을 갖는 미래 지향적 리더십을 갖춘 인재를 양성합니다.
» 현장 실무를 선도하는 인재를 양성합니다.
» 자신의 경험과 관찰을 토대로 미적 감각을 지닌 인재를 양성합니다.
» 사물을 관찰·분석하고, 그것을 창조적으로 표현할 수 있는 상상력을 지닌 인재를 양성합니다.
» 한국 공연의 세계화에 이바지할 수 있는 창조적인 전문 예술인을 양성합니다.

평소 인간과 세상에 대한 깊은 이해와 공감을 바탕으로, 자기 표현에 적극적이고 인간관계가 원활하면 도움이 됩니다. 독특한 개성과 창의력, 풍부한 예술적 감수성으로 자신의 감정을 신체로 표현할 수 있어야 합니다. 특히 연기 전공자들은 문화 예술적인 소양과 끊임없는 자기 변신의 노력이 필요합니다.

공연예술학을 전공하려면 문화 예술에 대한 열정으로 자기의 재능을 발휘하고자 하는 의욕이 있어야 하고, 꼼꼼하고 책임감이 있어야 하며, 힘든 상황을 견딜 수 있는 인내심, 끈기, 지구력이 있어야 합니다.

관련 학과는?

공연영상학부, 공연예술전공, 미디어영상공연학과, 연극영화학과, 미디어&엔터테인먼트학과 등

주요 교육 목표

창의적·능동적인 인재 양성

예술적 실험 정신을 가지고,
자기표현에 적극적인
연기자 양성

공간에 대한 인식을 바탕으로
무대를 형상화 하는 연출 및
스테프 양성

21세기 공연 예술 문화를
꽃피울 수 있는 미래지향적
인재 양성

창의적인 사고를 바탕으로
각 예술 분야에서 융합능력을
발휘할 수 있는 인재 양성

한국 공연의 세계화에
이바지하는 인재 양성

진출 직업은?

감독, 연극배우, 가수, 성우, 영화기획자, 영화배우, 탤런트, 무대감독, 공연기획자, 리포터, 방송기자, 작가, 비디오자키, 사진기자, 방송기술감독, 촬영감독, 광고감독, 무용수, 방송PD, 무대디자이너, 분장사, 평론가, 연출가, 예술치료사, 연주가 등

취득 가능 자격증은?

☑ 멀티미디어콘텐츠제작전문가
☑ 무대예술전문인
　　(무대 기계, 조명, 음향)
☑ 방송통신산업기사
☑ 컨벤션기획사2급 등

추천 도서는?

- 공연예술발성(범문에듀케이션, 한국공연예술발성연구재단)
- 예술한류와 코리안 디아스포라 공연예술 (북코리아 , 한국예술종합학교 전통예술원)
- 예술의 주름들(마음산책 , 나희덕)
- 아무도 지켜보지 않지만 모두가 공연을 한다 (바다출판사, 비비언 고닉, 서제인 역)
- 저는 무대 뒤에 있습니다.(뜰북, 명승원)
- 연출가를 위한 핸드북 (태학사, 케이티 미첼 저자, 최영주 역)
- 뮤지컬의 탄생(마인드빌딩, 고희경)
- 케이팝 시대를 항해하는 콘서트 연출기 (달, 김상욱)
- 공연기획자의 ChatGPT 활용법 (사회적협동조합 문화공장, 인승현)
- 아무튼, 무대(코난북스, 황정원)
- 동아시아의 연극과 영화 : 계승과 도전 (연세대학교출판문화원, 연세대학교 공연예술연구소)
- 나의 첫 배우수업(지식의편집, 제러미 크루즈)
- 배우의 힘(퍼스트북, Ivana Chubbuck , Elise Moon 역)
- 이성식의 연기수업(커튼콜북스, 이성식)
- 연기하지 않는 연기(도레미, 해럴드 거스킨, 이은주 역)

학과 주요 교과목은?

기초 과목	방송학개론, 매스컴의 이해, 카메라연기, 호흡과 발성, 움직임, 발음화술, 분장, 작품분석, 연극개론, 무대기술실습, 기초연기 및 신체훈련, 연극창작기초, 세계연극사, 가창, 뮤지컬발성테크닉, 소리와 리듬훈련, 뮤지컬실습, 장면연기실습, 영상콘텐츠제작실습 등
심화 과목	뮤지컬발성테크닉, 소리와 리듬훈련, 뮤지컬실습, 장면연기실습, 영상콘텐츠제작실습, 문화예술론, 연극사, 무대디자인, 의상디자인, 무대기술, 무대미술, 작가연구, 글로벌문화예술의 이해, 연출론, 공연제작, 공연제작워크샵, 연극평론, 전통연희, 연극영화교육론, 연기론, 매체연기법, 극작법, 뮤지컬, 마임, 작품제작실습, 공연예술비평, 오디션테크닉, 무대창작실습 등

졸업 후 진출 분야는?

일반 기업	영화 제작 배급사, 방송사, 연예 기획사, 음악 기획사, 기업 홍보팀, 마케팅회사, 광고 회사, 엔터테인먼트사, 극단 등
공공 기관	한국문화예술교육진흥원, 전통공연예술진흥재단, 한국콘텐츠진흥원, 서울문화재단, 영화진흥위원회, 한국방송공사, 국립극단 등
기타	중고등학교, 대학교, 사설 학원 등

전공 관련 선택 과목은?

▶ 국어, 영어 교과는 모든 학문의 기초적인 성격을 가진 도구교과로 모든 학과에 이수가 필요하여 생략함.

수능 필수	화법과 언어, 독서와 작문, 문학, 대수, 미적분 I , 확률과 통계, 영어 I , 영어 II , 한국사, 통합사회, 통합과학, 성공적인 직업생활(직업)		
교과군	선택 과목		
	일반 선택	진로 선택	융합 선택
수학, 사회, 과학	세계사, 사회와 문화, 현대사회와 윤리	윤리와 사상, 인문학과 윤리	여행지리, 사회문제 탐구
체육·예술	음악, 미술, 연극	음악 연주와 창작, 음악 감상과 비평, 미술 창작, 미술 감상과 비평	음악과 미디어, 미술과 매체
기술·가정/정보			지식 재산 일반
제2외국어/한문			
교양		인간과 철학, 인간과 심리	

학교생활기록부 관리는?

출결 사항	• 미인정(무단) 출결 사항이 없도록 관리하세요. 미인정 출결 내용이 있으면 학교생활 충실도나 인성, 성실성 영역에서 부정적인 평가를 받을 가능성이 높아요.
자율·자치활동	• 다양한 교내외 활동을 통해 창의적이고 개성적인 사고력이 나타나도록 하세요. • 공연 예술에 대한 관심과 흥미를 바탕으로 인성, 나눔과 배려, 협동심, 창의력, 의사 결정 능력, 리더십 등이 드러나도록 하세요.
동아리활동	• 교내 연극부, 무용부, 합창부, 밴드부 등의 동아리 활동에 참여하여 자신의 예술적 감수성이 입증될 수 있도록 하세요. • 동아리 가입 동기, 동아리 내 자신의 역할, 동아리 활동으로 변화된 자신의 모습, 전공과 관련된 자신의 소질 계발 경험 등이 드러나도록 하세요. • 장애인, 노약자, 소외 계층을 위한 공연 봉사 활동에 참여하세요.
진로 활동	• 배우, 가수, 무용가 관련 학과 및 직업에 대한 정보 탐색 활동을 권장해요. • 방송국이나 영상 예술 관련 학과에 대한 체험 활동을 권장해요. • 교내 축제에서 무대에 올릴 수 있는 공연을 기획하고, 참여하여 자신의 진로 역량이 나타날 수 있도록 하세요.
교과학습 발달상황	• 미술, 음악, 무용, 체육 등의 교과에서 우수한 학업 성취를 올릴 수 있도록 관리하고, 수업 활동에서 전공 적합성, 자기주도성, 문제 해결 능력, 창의력, 발전 가능성 등의 역량이 발휘될 수 있도록 수업에 적극 참여하세요. • 문화와 예술 관련 분야의 교과 연계 독서 활동 내용이 기록되도록 하세요.
독서 활동	• 미술, 음악, 체육, 인문학, 심리학 등 다양한 분야의 책을 읽으세요. • 전공과 관련된 책을 정독하면서 평소에 자신이 궁금했던 점들을 탐구하는 능동적인 독서 활동을 하세요.
행동 발달 특성 및 종합 의견	• 창의력, 문제 해결 능력, 협업 능력, 자기주도적 학습 능력 등이 드러날 수 있도록 해요. • 학교생활에서 자기주도성, 경험의 다양성, 성실성, 나눔과 배려, 학업 태도와 학업 의지에 대한 장점이 기록되도록 관리해야 해요.

조각보와 퀼트에 대해 알아볼까요?

→ 예로부터 우리 선조들은 헝겊 자투리 하나도 아껴 다시 사용하는 생활의 지혜가 있었어요. 이런 절약 정신으로 탄생한 것이 조각보예요. 조각보는 여러 조각의 자투리 천을 이어 만든 보자기로, 천이 귀하던 시절에 옷이나 이불을 만들고 남은 자투리 천을 모아 붙여 물건을 싸거나 밥상을 덮는 데 사용했어요. 그 당시의 대부분의 조각보는 비단이나 모시 등 쉽게 상하는 천연 소재로 만들었기 때문에, 현존하는 조각보는 주로 조선 후기에 만들어진 것들이에요.

→ 우리나라에 조각보가 있다면, 서양에는 헝겊을 일정한 모양으로 잘라 이어 붙인 퀼트(quilt)가 있어요. 퀼트는 겉감과 안감 사이에 솜 등을 넣고 바느질하여 무늬를 두드러지게 하는 기법이나 또는 그렇게 박음질한 천을 말해요.

→ 조각보와 퀼트의 공통점은 한 평면을 빈틈없이 겹치지 않게 채운다는 것이에요.

공예원이란?

오색 빛깔 한지로 만든 예쁜 인형, 대나무 살에 한지를 붙여 만든 부채, 은으로 만든 화려한 귀걸이, 돌을 조각해 만든 등, 점토로 만든 도자기 그릇… 이런 것들을 보면서 '누가 이렇게 멋진 작품을 만들었을까?'라는 의문과 함께 한참을 살펴보았던 기억이 누구에게나 있을 것입니다.

이처럼 종이, 점토, 금속, 나무, 돌 등 다양한 소재를 가지고 손이나 도구를 이용해 각종 공예품을 만드는 사람을 공예원이라고 합니다.

공예원은 다루는 재료에 따라 목공예원, 석공예원, 도자기공예원, 칠공예원, 금속공예원, 종이공예원으로 구분합니다. 목공예원은 수분을 제거한 나무를 디자인에 따라 톱, 대패, 끌 등의 수공구와 각종 목공 기계를 사용하여 원하는 형태로 깎습니다. 그 후에 조각칼 등으로 세밀하게 깎고 다듬어 목기 제품, 실내 장식장, 일반 가구 등을 제작합니다. 석공예원은 석재를 도면에 따라 절단, 연마, 광내기 등의 작업을 하여 석탑, 석등, 석불, 비석, 벼루 등을 제작합니다. 도자공예원은 고령토, 점토 등을 혼합하여 소지토를 만들고, 소지토로 원하는 모양을 만들어 건조시켜 유약을 칠해 장식합니다. 그런 후에 가마에서 고온으로 구워 식기류, 타일, 액자, 장식용품 등

공예원
공예학과

을 제작합니다. 칠공예원은 목재, 금속 등에 옻, 래커 등을 칠한 후 전복, 소라, 진주 등의 자개를 부착하여 각종 칠기 제품을 제작합니다. 금속공예원은 금속을 가공하여 쟁반, 주전자, 잔, 수저, 칼 등의 생활용품이나 경첩, 자물쇠, 문고리 등의 가구 장식품, 그리고 조명, 철제 기구 등의 실내 장식품 및 건축 용품 등을 제작합니다. 섬유공예원은 실을 이용해 직조하거나 잡아매 원단을 만들고, 원단에 날염이나 쪽물을 들여 컵받침, 머플러, 넥타이, 노리개 등의 장식품이나 장신구 등을 제작합니다. 종이공예원은 종이나 닥종이등을 가공해 인형, 액자 등 각종 종이 수공예 제품을 제작합니다.

공예원은 다른 직업과 비교하여 임금이 낮은 편입니다. 또한 회사에 고용되어 일하는 직업이 아니므로 일자리 창출과 성장성은 낮은 편입니다. 그러나 최근 문화 수준이 향상됨에 따라 공예품의 부가 가치가 높아지고, 다양한 공예품에 대한 수요가 많아진 것도 사실입니다. 이에 따라 개인의 발전 가능성은 높다고 볼 수 있습니다. 근무 시간이 일정하지 않고, 자신이 원해서 하는 경우가 많아 정신적 스트레스가 적고, 성별에 따른 차별도 없는 편입니다.

공예원이 하는 일은?

공예원은 다루는 재료나 만드는 제품에 따라 구분되기도 하지만, 요즘은 한 가지 재료만을 사용하지 않고, 다양한 재료와 기법을 활용하는 새로운 개념의 수공예 전문가들이 많이 활동하고 있습니다. 수공예 전문가들은 지점토, 구슬, 와이어, 리본, 합성수지, 폐품 등 생활 주변에서 흔히 볼 수 있는 재료를 개별적으로 또는 혼합하여 사용합니다.

» 작품의 주제, 메시지 등을 구상합니다.
» 작품의 종류에 따라 재료를 선별하고, 크기 및 수량에 따라 일정한 형태로 절단합니다.
» 작품의 형태에 따라 줄, 가스 용접기, 사포 등을 사용하여 원하는 형태로 제작합니다.
» 점토 등을 반죽하여 작품을 만들고, 별도의 페인팅 작업을 거치기도 합니다.
» 창작품으로 개인 전시회를 엽니다.
» 개인, 기업, 전시 단체 등이 의뢰한 작품을 제작하기도 합니다.

Jump Up

공예원의 근무 환경에 대해 알아볼까요?

공예원은 나무, 돌, 흙, 금속 등의 재료를 각종 공구로 가공하기 때문에 작업장에 분진과 소음이 많이 발생하므로 환기와 청결에 유의해야 해요. 목공예원이나 석공예원은 망치, 정, 톱, 대패 등의 무겁고 날카로운 도구를 사용하여 작업하므로 항상 위험하고 체력 소모가 큰 편이에요. 도자기공예원은 도자기를 구울 때 가마 내부의 높은 열로 인해 화상을 입을 수 있으므로 주의해야 하며, 앉아서 하는 작업이 많으므로 허리에 무리가 가지 않도록 해야 해요.

공예원
커리어맵

관련기관

- 한국공예디자인문화진흥원 www.kcdf.or.kr
- 대한공예협회 www.koreahand.or.kr
- 한국공예협동조합연합회 www.kohand.or.kr

준비방법

- 미술 및 기술·가정 교과 역량 키우기
- 미술 및 디자인 분야 교내외 대회 참여
- 공예 관련 회사나 공방, 학과 탐방 활동
- 공예원 직업 체험 활동
- 미술관 및 공예 전시관 관람

**적성과
흥미**

- 미적 감각
- 창의력
- 인내력
- 표현력
- 집중력
- 손재주
- 섬세함
- 디자인 능력

공예원

관련학과

- 공예디자인학과
- 공예학과
- 금속공예학과
- 도자기공예과
- 산업공예학과
- 도예과
- 산업디자인과

흥미유형

- 탐구형
- 예술형

관련교과

- 국어
- 영어
- 사회
- 기술·가정
- 정보
- 미술

관련자격

관련직업

- 목공예기능사
- 목공예산업기사
- 칠기기능사
- 패세공기능사
- 석공예기능사
- 도자기공예기능사
- 도자기공예산업기사
- 조화공예기능사

- 수공예원
- 한지공예가
- 도자기제조원
- 표구제조원
- 장제품공예원
- 점토공예가

적성과 흥미는?

공예원은 디자인에 남다른 감각이 있고, 손으로 무엇인가를 만드는 것을 좋아하거나 손재주가 있어야 합니다. 그러므로 공예원이 되기 위해서는 창의력, 표현력, 예술적 감각을 갖추는 것이 중요합니다. 손이나 손가락을 이용해 복잡한 부품을 가공하거나 조립하는 등의 정교한 작업을 해야 하므로 일에 몰입하는 집중력도 중요합니다. 하나의 예술 작품이 완성되기까지는 긴 시간이 걸리며, 같은 일을 반복적으로 해야 하는 경우가 많으므로 끈기와 인내심이 필요하고, 성실하고 차분하게 자신에게 주어진 일을 끝까지 완수하는 책임감이 필요합니다.

물건을 들어 올리거나 내리고, 밀고 당기며, 운반해야 하므로 신체적 강인함도 중요합니다. 예술형과 탐구형의 흥미를 가진 사람에게 적합하며, 혁신, 독립성, 리더십, 창의력 등을 갖춘 사람에게 적합합니다.

미래 전망은?

공예 산업은 제조업, 명품 산업, 관광, 디자인, 농업 등 연관된 산업 분야가 다양하여 이런 분야와의 연계를 통해 고부가 가치를 창출할 수 있는 잠재력이 높은 산업입니다. 국민 소득이 증가하고, 생활이 윤택해질수록 공예품에 대한 소비가 증가하는 경향이 있습니다. 또한 정부에서도 공예 산업을 미래 성장 동력 산업으로 지목하여 발전 방안을 모색하고 있습니다. 지역 공예 마을 육성, 공예 트렌드 페어, 해외 한국공예전, 한지 프로모션 등을 통해 지역의 공예 산업을 육성하고, 전통 공예의 해외 시장 진출을 위해 각종 지원을 강화할 것으로 보입니다.

특히 정부에서는 2015년 '공예문화산업진흥법'을 제정하여 공예 문화 산업 전문 인력 양성 기관의 지정 기준과 국제 교류 및 해외 시장 진출 활성화 지원, 우수 공예품의 지정 및 지원 방안 등을 마련하여 공예 문화 산업에 대한 체계적인 지원과 육성이 이루어질 수 있도록 하고 있습니다. 하지만 기술의 발전으로 대량 생산이 가능해지고, 해외 저가 공예품의 국내 유입 확산, 가격 경쟁력이 떨어지는 국내 공예 제품의 수출 감소 등은 향후 공예원의 일자리 창출에 부정적인 영향을 미칠 수도 있습니다.

진출 방법은?

공예원으로 일하는 데는 특별한 학력이나 자격이 필요하지 않고, 숙련된 공예원에게 기능을 배우는 것이 일반적입니다. 보다 전문적인 업무를 수행하기 위해 대학에서 관련 학문을 전공하기도 합니다. 관련 학문에는 금속공예학, 도자기공예학, 도예학, 도예디자인학, 생활도예학, 공예디자인학, 귀금속공예학, 디지털공예학, 산업공예학 등이 있습니다. 공예학과에서는 공예론, 조형원리, 기초디자인 등의 기초 과목과 금속공예, 도자공예, 목칠공예 등의 전공과목을 배우게 됩니다. 그 외 사설 교육 기관을 통해 공예 과정을 이수할 수도 있습니다.

공예원이 되는 방법에는 여러 가지가 있습니다. 숙련 공예원의 문하생이 되어 기능을 습득하거나 취업 후 현장 경험을 통해 기술과 감각을 익히기도 합니다. 또 관련 교육을 받은 후 공방을 직접 창업하기도 합니다. 일반적으로 목공예원, 칠공예원, 죽공예원 등은 토산물 제조 업체, 실내 장식 업체, 인테리어 업체 등으로 취업하는 경우가 많습니다. 석공예원은 비석, 석탑, 석불 등을 제작하는 업체에 취업하는 경우가 많습니다. 도자공예원은 도자기 생산 업체, 타일 및 변기 같은 위생도기 생산 업체 등에, 금속공예원은 금속을 재료로 하는 실내 장식품 업체, 생활용품 업체 등에, 종이공예원은 종이를 재료로 하는 실내 장식 업체 등에 취업합니다.

관련 직업은?

수공예원, 한지공예가, 점토공예가, 장제품공예원,
돌실나이, 도자기빚기원, 한산모시짜기원,
표구제조원 등

관련 학과 및 자격증은?

→ 관련 학과 : 공예과, 공예디자인과, 공예디자인학과, 공예전공,
　　　　　　　귀금속보석공예전공, 금속공예디자인학과,
　　　　　　　금속공예학과, 도예유리과, 도예과, 도예학과,
　　　　　　　도자공예학과, 도자예술전공, 디지털공예전공,
　　　　　　　목조형가구학과 등

→ 관련 자격증 : 목공예기능사, 목공예산업기사, 칠기기능사,
　　　　　　　　패세 공기능사, 석공예기능사, 도자기공예기능사,
　　　　　　　　도자기공예산업기사, 조화공예기능사
　　　　　　　　(화훼장식기능사) 등

Jump Up

설탕 공예의 역사에 대해 알아볼까요?

설탕 공예란 설탕가루를 가공해 여러 가지 꽃, 동물, 과일, 카드 등의 장식물을 만드는 기술이에요. 일반적으로 케이크 장식에 널리 사용되면서 발달했고, 현재는 테이블 세팅, 액자, 집안을 꾸미는 소품 등으로 다양하게 활용되고 있어요.

설탕 공예는 영국의 웨딩 케이크 역사에서 그 유래를 찾을 수 있어요. 영국에서는 200여 년 전부터 케이크 시트 위에 설탕 반죽으로 만든 여러 가지 장식물을 얹어 케이크를 아름답게 장식했어요. 현재 영국의 여러 대학에는 설탕 공예 강좌가 개설되어 있으며, 설탕 공예를 전공한 사람만 자격증 시험에 응시할 수 있어요. 오늘날과 같이 예술성이 담긴 설탕 공예가 등장하기 시작한 것은 1900년대부터예요. 당시 룩셈부르크의 제과 요리사로 활약하던 쥬르 페리아와 프랑스의 제과장이었던 토리니아 에띠앙에 의해 설탕 공예의 기술과 기법은 크게 발전하게 되었어요. 그러다가 2차 세계 대전이 끝나고, 식문화가 비약적으로 발전하면서 설탕 공예는 전 세계로 전파되었어요. 프랑스 제과장 시험에 설탕 공예가 필수 과목으로 자리 잡을 정도로 아직도 중요하게 여겨지고 있어요.

현재는 유럽뿐만 아니라 세계 여러 나라에서도 설탕 공예에 대한 관심을 가지고 나름대로 발전시켜 나가고 있어요.

공예학과
공예원 전공 분석

어떤 학과인가?

공예 관련 학과에서는 다양한 재료를 바탕으로 조형물을 디자인하고 창작하는 것을 배웁니다. 실생활에 사용되는 제품을 대량으로 만드는 것뿐만 아니라 재료와 기술에 대한 전문성을 바탕으로 수공 방식에 의해 조형물을 제작합니다. 수공 방식으로 생산된다는 점에서 대량 생산에 의존하는 디자인과 구분되며, 일상생활과 밀접한 공예품을 제작한다는 점에서 조각과 차이가 있습니다.

금속 공예, 도자 공예, 목칠 공예, 염직 공예를 중심으로 이론과 실기를 조화롭게 교육하여 수공예품의 영역을 시대 변화에 맞춰 지속적으로 넓혀 나가는 전문 공예가를 육성하는 학과입니다. 대학에 따라 금속 공예, 도자 공예 등 재료별로 세분화되어 학과가 개설되어 있습니다. 다양한 재료 체험과 표현 기법을 체득하여 현대 사회가 요구하는 종합적 사고 능력을 갖춘 공예디자이너를 양성하며, 공예품의 디자인 및 제작, 마케팅 관련 업체에서 활동할 수 있는 전문 기술 인력을 육성하는 데 중점을 두고 있습니다.

교육 목표와 교육 내용은?

공예학과는 공예 분야의 산업 디자인 현장에서 종사할 인력 양성을 위해 기초 조형 능력을 기르는 것을 목표로 합니다. 또한 공예 분야의 일반적인 지식을 체계적으로 습득하고, 금은 세공이나 도자 조형 등 전문 교과 실습을 실시합니다. 금속 전공, 도자 전공, 목칠 전공, 섬유 전공을 중심으로 이론과 실기를 조화롭게 교육하여 현대적 감각의 조형 의식을 갖춘 전문 공예가를 육성합니다.

» 다양한 재료로 조형물을 만드는 능력을 지닌 인재를 양성합니다.
» 학문과 실제 간의 결합을 통해 체계적이고 통합적인 인재를 양성합니다.
» 심미성과 조형성, 현대적 조형 감각을 지닌 인재를 양성합니다.
» 공예가로서 갖추어야 할 독창적이고 창의적인 사고와 표현 능력을 지닌 인재를 양성합니다.
» 새로운 공예 문화를 창조할 공예가로서 인성, 사명감, 봉사 정신을 갖춘 인재를 양성합니다.
» 창조적 디자이너로서의 소양과 지도자적 인품을 갖춘 인재를 양성합니다.
» 최종 작업을 완성해 내는 끈질긴 근성과 꼼꼼함을 지닌 인재를 양성합니다.
» 최신 트렌드를 읽고, 디자인에 적용할 수 있는 인재를 양성합니다.

학과에 적합한 인재상은?

　공예학과는 실생활에 필요한 공예품을 만드는 데 필요한 이론과 방법을 연구하는 학과로, 디자인의 이론과 실기를 조화롭게 교육하여 현대적 감각을 지닌 공예디자이너를 양성합니다. 공예를 전공하기 위해서는 자유로운 사고와 창의력, 표현력, 예술적인 감각을 갖추어야 합니다. 그림을 잘 그리거나 손재주가 남다르거나 무엇인가를 만드는 작업을 좋아하는 사람에게 적합하고, 꾸미고 장식하는 것에 미적 감각을 발휘할 수 있는 사람에게 적합합니다.

　어떤 대상에 대해 호기심을 가지고 깊고 폭넓게 공부하는 학습 탐구 능력과 협업을 하는 경우가 있기 때문에 다른 사람들과 의견을 조율하는 데 도움이 되는 의사소통 능력이 필요합니다. 훌륭한 공예품을 만들기 위해서는 오랜 숙련 기간이 필요한데, 이를 위해서는 끈기, 인내심, 성실함이 필요합니다.

　예술형과 탐구형의 흥미를 가진 사람에게 적합하며, 혁신, 독립성, 리더십, 사회성 등의 성격을 가진 사람에게 유리합니다.

관련 학과는?

공예디자인학과, 공예전공, 귀금속보석공예전공, 금속공예디자인학과, 금속공예학과, 도예유리과, 도예학과, 도자공예학과, 디지털공예전공, 목조형가구학과 등

주요 교육 목표

다양한 재료로 조형물을
만들 수 있는 인재 양성

- - - - - - - - - - - - - - - - - - -

새로운 공예 문화를 선도할
인재 양성

- - - - - - - - - - - - - - - - - - -

창조적 디자인을 끊임없이
연구하는 인재 양성

- - - - - - - - - - - - - - - - - - -

디자인, 제작, 마케팅까지
가능한 인재 양성

- - - - - - - - - - - - - - - - - - -

독창적이고 창의적인
시각을 지닌 인재 양성

- - - - - - - - - - - - - - - - - - -

종합적 사고 능력을 갖춘
인재 양성

 ### 취득 가능 자격증은?

☑ 목공예기능사
☑ 석공예기능사
☑ 도자기공예기능사
☑ 귀금속가공기능사
☑ 가구제작기능사
☑ 금속도장기능사
☑ 보석감정사
☑ 컬러리스트산업기사
☑ 문화예술교육사 등

진출 직업은?

공예원, 도자기제조원, 제품디자이너, 귀금속 및 보석세공원, 점토공예가, 시각디자이너, 예체능강사, 교사, 교수, 잡지기자, 광고 및 홍보전문가, 인테리어디자이너, 컬러리스트, 패션디자이너, 팬시 및 완구 디자이너 등

추천 도서는?

- 누구나 가죽공예 예술가가 될 수 있다
  (좋은 땅, 이장노)
- 유홍준의 한국미술사 강의(눌와, 유홍준)
- 공예란 무엇인가(유아당, 하워드 리사티, 허보윤 역)
- 처음 시작하는 라탄 공예
  (지금이책, 라탄 바구니 교실 쓰무기, 김한나 역)
- 한국 전통 쓰개와 복식공예(이담북스, 이미석 외)
- 한국도자제작기술사(아카넷, 방병선)
- 도자기로 본 세계사(살림. 황윤)
- 일본 도자기여행:규슈의 8대 조선가마
  (도도,조용준)
- 디자인 사고와 감각을 일 우는 디자인수업
  (교문사, 황정혜 외)
- 한국미술:전통에서 현대까지
  (성균관대학교 출판부, 고연희 외)
- 한국의 미술들:개항에서 해방까지
  (위크롬프레스, 김영나)
- 민화의 즐거움(종이나라, 윤열수)
- 다시 보는 우리 것의 아름다움(삼인, 박삼철)
- 생성예술의 시대(동아시아, 김대식 외)
- 살아가다 일하다 만들다
  (퍼블리온, 미나가와 아키라, 김지영 역)

학과 주요 교과목은?

기초 과목	조형원리, 금속조형, 공예재료학, 공예개론, 공예사, 색채와 표현, 발상과 표현, 물레성형, 도자예술, 목필 조형, 기초도자공예 등
심화 과목	도자재료기법, 미술과 공예, 공예와 디자인, 공예표현 기법, 전통도자공예의 이해, 현대공예디자인론, 제품도자 공예, 금속조형디자인, 장신구조형, 염색공예, 직조조형, 공예마케팅 등

졸업 후 진출 분야는?

일반 기업	장신구 제조 회사, 공예품 제작 업체, 도자기 공방, 가구 제작 회사, 대형 금속 벽화 제작 업체 등
공공 기관	한국공예디자인문화진흥원, 서울문화재단, 한국콘텐츠 진흥원, 미술관, 중 고등학교, 대학교 등
기타	잡지사, 신문사 등 언론 기관, 학원, 개인 공방 등

🔍 전공 관련 선택 과목은?

▶ 국어, 영어 교과는 모든 학문의 기초적인 성격을 가진 도구교과로 모든 학과에 이수가 필요하여 생략함.

수능 필수	화법과 언어, 독서와 작문, 문학, 대수, 미적분 I, 확률과 통계, 영어 I, 영어 II, 한국사, 통합사회, 통합과학, 성공적인 직업생활(직업)		
교과군	선택 과목		
	일반 선택	진로 선택	융합 선택
수학, 사회, 과학	확률과 통계, 세계사, 사회와 문화, 화학		여행지리, 사회문제 탐구
체육·예술	미술	미술 창작, 미술 감상과 비평	미술과 매체
기술·가정/정보	기술·가정, 정보	생활과학 탐구, 인공지능 기초	지식 재산 일반
제2외국어/한문			
교양		인간과 심리	

학교생활기록부 관리는?

출결 사항	• 미인정(무단) 출결 사항이 없도록 관리하세요. 미인정(무단) 결석 등이 있으면 학교생활 충실도나 인성, 성실성 영역에서 부정적인 평가를 받을 가능성이 높아요.
자율·자치활동	• 다양한 교내외 활동을 통해 공예, 디자인 부분에 대한 재능과 다양한 활동 참여, 창의적인 사고력이 드러나도록 하세요. • 미술 분야에 대한 관심과 흥미를 바탕으로 인성, 나눔과 배려, 협동심, 의사 결정 능력, 리더십 등이 드러나도록 하세요.
동아리활동	• 디자인, 공예 관련 동아리 활동에 참여하여 자신이 가지고 있는 우수성이 입증될 수 있도록 하세요. • 동아리 활동을 꾸준히 하면서 자신의 노력과 리더십 등이 드러나도록 하세요. • 교내외 행사를 통해 미술, 디자인, 공예와 관련된 봉사 활동(벽화 그리기 등)에 적극 참여하세요.
진로 활동	• 공예, 디자인 관련 학과 및 직업에 대한 정보 탐색 활동을 권장해요. • 공예 관련 학과에 대한 체험 활동을 권장해요. • 미술 관련 진로 활동을 통해 자신의 진로 역량이 나타날 수 있도록 하세요.
교과학습 발달상황	• 공예학과와 관련성이 높은 미술, 예술 교과의 우수한 학업 성취를 올릴 수 있도록 관리하고, 수업 활동에서 전공 적합성, 자기주도성, 문제 해결 능력, 창의력, 발전 가능성 등의 역량이 발휘될 수 있도록 수업에 적극 참여하세요. • 수업 참여 과정에서 예술적인 부분에 대한 관심과 흥미를 실제 생활에 적용하여 의미 있는 결과를 이끌어 낼 수 있도록 하세요.
독서 활동	• 인문학, 철학, 역사, 심리학 등 다양한 분야의 책을 읽으세요. • 전공과 관련된 분야의 독서 활동을 통해서 공예학과와 관련된 기본적인 지식을 쌓는 것이 중요해요.
행동 발달 특성 및 종합 의견	• 창의력, 문제 해결 능력, 협업 능력, 자기주도적 학습 능력 등이 드러날 수 있도록 해요. • 학교생활에서 자기 주도성, 경험의 다양성, 성실성, 나눔과 배려, 학업 태도와 학업 의지에 대한 장점이 기 록되도록 관리해야 해요.

보석감정사에 대해 알아볼까요?

⮕ 보석감정사는 보석의 진품 여부를 감별하고, 보석의 색깔과 가공 상태 등의 품질에 따라 등급을 매겨 그 가치를 평가하고, 보석 감정서를 발급하는 일을 해요. 구체적으로 보석의 종류에 따라 가치에 영향을 미치는 특성과 결함을 찾아내기 위해 보석의 내·외부 구조를 검사해요. 광학 기계나 화학 용액을 이용해 보석을 식별하며, 물리적·화학적 특성을 확인하고, 색상과 연마 가공도에 따라 등급을 매겨 가격을 결정하며, 보석 감정서를 발급해요. 또한 시장 변동, 경제적 변동에 따른 보석의 도·소매가격을 결정해요.

⮕ 보석감정사는 감정 대상물의 특성과 차이를 살펴볼 수 있는 예민한 시각과 형태 감각이 있어야 해요. 꼼꼼하고 차분한 성격을 가진 사람에게 유리하며, 이해관계에 따라 감정 평가의 결과가 좌우되지 않도록 공정성과 신뢰성, 책임감 등이 필요해요. 예술형과 탐구형의 흥미를 가진 사람에게 적합하며, 정직성, 신뢰성, 꼼꼼함 등의 성격을 가진 사람들에게 적합해요.

보석디자이너란?

　영화나 텔레비전, 잡지 등의 대중 매체를 통해 우리는 유명 스타들이 착용하고 있는 목걸이, 귀걸이, 반지, 팔찌 등의 보석들을 보게 됩니다. 현대 사회에서 보석 장신구는 의상, 헤어스타일과 함께 개성 표현을 위한 중요한 아이템 중의 하나라는 것을 알기에 비단 스타뿐만 아니라 일반인도 자신만의 개성을 표현하기 위해 착용합니다.

　귀금속과 보석을 사용하여 반지, 귀걸이, 펜던트 등의 액세서리를 만들기 위해 각종 작도 도구 및 그래픽 프로그램을 사용하여 렌더링이라는 그림으로 표현하는 디자인 전문가를 보석디자이너(Jewelry Designer)라고 합니다. 보석디자이너는 다이아몬드, 사파이어, 금 등의 보석을 이용하여 아름다운 장신구나 액세서리를 만드는데, 오색으로 영롱하게 빛나는 원석을 가장 아름다운 모습으로 디자인해야 합니다.

보석디자이너
금속공예학과

원석 자체도 중요하지만 그것을 어떻게 디자인하느냐에 따라 보석의 가치가 달라지기 때문입니다.

보석디자이너는 각종 보석의 특징에 대한 지식을 갖추어야 하는데, 이는 보석의 크기, 강도, 색깔, 등급에 알맞은 커팅 방법 등을 결정해야 하기 때문입니다. 또한 보석을 끼울 금속을 선택할 때도 금속의 강도, 녹는점, 색깔, 유연성 등을 고려해야 하는데, 이는 금속이 보석과 잘 어울려야 할 뿐만 아니라, 그 보석에 맞는 물리적 성질을 지니고 있기 때문입니다.

예를 들어, 에메랄드는 부드러워서 깨지기 쉬우므로 너무 단단하여 상처를 낼 수 있는 백금보다는 상대적으로 무른 18K 금에 끼워야 합니다.

보석디자이너가 하는 일은?

보석디자이너는 귀금속과 보석을 사용하여 반지, 귀걸이, 펜던트 등 다양한 액세서리를 렌더링이라는 그림으로 표현하여 디자인합니다. 수작업으로 그린 평면 도안을 세공 연구소에 넘기면, 그곳에서 3D 입체 도면을 제작하고, 그 도면을 바탕으로 공방에서는 반지와 목걸이, 팔찌 등 완성품을 만듭니다.

디자이너들은 첫 아이디어 때만 손으로 스케치하고, 스케치 뒤 세부적인 디자인은 컴퓨터 일러스트나 CAD를 이용해 렌더링 작업으로 만듭니다. 다음은 디자인한 대로 왁스를 깎거나 꼬아 샘플을 만듭니다. 그 샘플로 주물을 뜬 뒤 메탈 작업을 한 것이 원본입니다. 원본을 갈고 다듬어 보석을 세팅하거나 광을 내는 것까지가 기본 작업입니다. 주물을 뜨는 데 하루, 마무리하는 데 하루 정도 걸려 한 제품이 나오기까지 최소 3~4일이 걸립니다.

» 보석디자이너는 다이아몬드, 사파이어, 금등의 보석을 이용해 아름다운 장신구나 액세서리를 디자인합니다.
» 새로운 제품에 대한 아이디어를 얻기 위해 국내외 시장 조사를 실시합니다.
» 보석의 원석을 감정하고, 보석 액세서리의 전체 모형과 보석 세공에 대한 정밀 묘사 즉, 렌더링을 합니다.
» 보석세공기술자들과 만나 새로운 제품을 만드는 데 유의할 점들을 논의합니다.

Jump Up

렌더링에 대해 알아볼까요?

렌더링은 '표현, 묘사, 연출' 등의 의미로, 계획 단계에 있는 제품을 누구나 그 외관에 대해 이해할 수 있도록 실물 그대로 그린 완성 예상도를 말해요. 유사한 예로, 건축 설계에서 사용하는 투시도가 있는데, 입면도나 전개도에 그림자 효과를 더해 실제 건물과 유사해 보이도록 표현하죠. 랜더링은 컴퓨터 작업으로 이루어지는데, 여러 가지 시각적 효과를 더해 실체감을 강조하므로 구체적인 형태를 시각적으로 전달하기 위해 사용하거나 제품 완성 전 팸플릿을 제작하는 데 사용돼요.

렌더링은 3D 입체 도면의 제작 바로 전 단계에 이루어지는데, 산업 영역에서 렌더링은 모델과 함께 시각전달용 디자인으로 매우 중요해요.

보석디자이너 커리어맵

관련기관
- 한국귀금속보석디자인협회 www.kjda21.org
- 한국현대디자인협회 www.kecd.org
- 한국주얼리코디네이터협회 www.skjc.co.kr
- 한국주얼리산업연합회 kofji.or.kr

준비방법
- 미술 및 영어 교과 역량 키우기
- 미술 및 디자인 관련 동아리 활동
- 미술, 디자인 분야 교내외 대회 참가
- 디자인 관련 기업이나 학과 탐방 활동
- 보석디자이너 직업 체험 활동

적성과 흥미
- 미적 감각
- 창의력
- 인내력
- 표현력
- 집중력
- 마케팅 감각
- 섬세함
- 드로잉 능력

관련학과
- 금속공예디자인학과
- 공예과
- 금속공예학과
- 주얼리금속디자인학과
- 귀금속보석공예전공
- 귀금속보석디자인전공
- 금속조형디자인과

보석디자이너

흥미유형
- 예술형
- 탐구형

관련교과
- 영어
- 사회
- 기술·가정
- 정보
- 미술

관련자격
- 목공예기능사
- 목공예산업기사
- 칠기기능사
- 패세공기능사
- 석공예기능사
- 도자기공예기능사
- 도자기공예산업기사
- 귀금속가공기능장
- 보석감정사

관련직업
- 제품디자이너
- 시각디자이너
- 자동차디자이너

적성과 흥미는?

보석디자이너가 되기 위해서는 보석에 대한 관심과 지식은 필수이며, 디자인하는 직업인만큼 미적 감각과 스케치 실력도 필요합니다. 사물을 아름답게 꾸미거나 장식하는 것을 좋아하고, 창의적으로 무엇을 만드는 것을 좋아하는 사람에게 적합합니다. 또한 자신만의 예술 세계를 정립할 수 있는 가치관과 대중의 취향과 보석 액세서리의 유행을 파악할 수 있는 시장 조사 능력, 업계의 트렌드를 이끌어 나갈 수 있는 마케팅 감각과 비즈니스 능력이 필요합니다. 다양한 도구와 연장을 사용하여 작업하다 보면 톱에 베이고, 불에 데고, 망치에 찍힐 수 있으므로 섬세함과 집중력이 요구됩니다.

최근에는 보석 디자인 작업을 주로 컴퓨터로 하고 있기 때문에 컴퓨터 활용 능력과 다양한 기계를 다루어야 하므로 기계 조작 능력이 필요합니다. 작업 특성상 색을 구별할 수 있어야 하고, 손으로 정밀한 작업을 수행할 수 있는 신체 조건을 지녀야 합니다. 오랜 시간 망치질을 할 수 있는 팔 힘과 밤을 새우며 일을 할 수 있는 건강한 체력은 필수입니다.

보석디자이너는 사무실에서 작업하기도 하지만, 뛰어다니며 재료를 구입하고, 협력 업체에 들러 업무를 분담합니다.

재료를 원하는 모양으로 만들기 위해 망치질을 하고 톱질을 하다 보면 새벽까지 작업하는 때도 많습니다. 따라서 혼자 있는 것을 좋아하고, 만들기 자체를 즐기는 사람에게 적합합니다. 보석디자이너에 관심이 있다면 평소 미술 공부를 열심히 하고, 다양한 패션 잡지를 보면서 보석 디자인들을 스크랩해 두고, 자신의 감각을 키우는 것이 좋습니다.

보석디자이너 커리어맵

Jump Up

다이아몬드에 대해 알아볼까요?

다이아몬드는 영원한 사랑을 상징하는 아름다운 보석이에요. 그리스어인 '아다마스(Adamas)'와 '아다만토스(Adamantos)'에서 유래된 말로, '정복되지 않는, 정복할 수 없는'이란 뜻을 가지고 있어요. 이 말은 다이아몬드의 변질되거나 변형됨이 없이 오래 견디는 성질과 찬란한 아름다움에서 비롯된 말이에요.

다이아몬드는 99.95% 이상의 탄소가 세 개의 결정축이 서로 직각으로 만나는 결정 구조로 된 광물이에요. 나머지 0.05%는 불순물인데, 이것으로 다이아몬드의 색상이 결정돼요. 다이아몬드는 감정(Grading)을 하여 가치 평가와 등급을 결정하고, 유색 보석들은 감별을 하여 천연석인지 합성석인지, 혹은 어떤 종류의 보석인지를 구별해요.

진출 방법은?

보석디자이너는 다양한 소재와 보석, 귀금속을 이용해 액세서리를 만드는 직업입니다. 보통 전문 대학이나 대학의 디자인 관련 학과를 졸업한 후 활동합니다. 비전공자의 경우 디자인 관련 사설 교육 기관에서 교육을 받는 경우도 많습니다. 장신구에 쓰이는 소재에 대한 분석은 물론, 유행의 흐름을 파악할 수 있어야 합니다. 창조적인 직업이기 때문에 아이디어를 얻기 위해 액세서리는 물론 패션 및 문화 전반에 대한 관심과 이해가 필요합니다. 또 제작 기술과 유통, 마케팅, 판매 등에 대해 총체적으로 사고할 수 있어야 합니다.

관련 직업은?

제품디자이너, 시각디자이너, 생활용품디자이너,
귀금속 및 보석세공원, 공예원, 공예작가,
금속공예가, 장신구가공원 등

관련 학과 및 자격증은?

➡ 관련 학과 : 금속공예디자인학과, 공예과, 주얼리금속디자인학과,
　　　　　　귀금속보석공예전공, 귀금속보석디자인전공,
　　　　　　금속조형디자인과, 조형학과, 섬유금속전공 등

➡ 관련 자격증 : 귀금속가공산업기사, 보석가공기능사, 보석감정사,
　　　　　　　칠기기능사, 도자기공예기능사, 도자기공예산업기사 등

미래 전망은?

사람들의 생활 수준이 높아지면서 보석에 대한 관심은 물론, 보석 액세서리를 예술 작품으로 인식하는 경향이 커지고 있습니다.

또한 성별과 나이를 막론하고 다양한 보석 액세서리를 이용해 자신을 꾸미는 사람들도 늘고 있습니다. 각자의 개성을 중시하는 문화의 영향으로 대형 브랜드 업체가 생산하는 천편일률적인 디자인이 아닌 자신만의 보석 액세서리를 찾는 사람들도 늘어나고 있습니다. 이러한 이유로 보석디자이너의 전망도 밝은 편입니다.

보석디자이너들은 업무에서의 자기 계발 가능성, 자율성 및 권한이 높으며, 성별에 따른 차별도 없는 편입니다. 그러나 다른 직업들의 평균과 비교했을 때 직장 이동 비율이 높은 편이고, 임금과 복리 후생이 낮은 편이며, 일자리 창출과 성장성이 느린 편입니다. 취업 경쟁이 치열하고, 근무 시간이 길고 불규칙하여 스트레스가 심한 편이기도 합니다.

금속공예학과
보석디자이너 전공 분석

어떤 학과인가?

공예(工藝, handicraft, handmade)는 실용성과 장식의 양면을 조화시켜 일상생활에 필요한 물건을 만드는 것으로, 공학적인 실용품을 다루는 예술 분야입니다. 보통 공예가가 직접 디자인하여 수제작합니다. 주로 천, 가죽 등 손으로 다룰 수 있는 전통적인 재료를 사용하여 장식품, 오브제, 인형, 그릇 같은 것들을 만듭니다.

금속공예란 금속을 재료로 다양한 기법을 이용해 일상생활에 쓰이는 용품이나 장식품을 만드는 공예입니다. 금속공예라는 분야가 예전에는 실용성 위주로 발전했다면, 현대에 와서는 아름다운 공예품 위주로 발전하고 있습니다. 최근에는 반지, 목걸이, 팔찌 등 다양한 액세서리 제작을 위한 금속공예 수업이 많이 생겨나고 있습니다. 금속공예의 가장 기본적인 기법은 4가지로 톱질, 줄질, 땜, 다듬기가 있습니다. 이러한 측면에서 공예는 오늘날 대량 생산되는 공산품에 둘러싸인 우리의 생활 환경에 인간적인 개성과 심미감을 부여하는 중요한 역할을 담당합니다. 또한 과학기술의 발달이 초래하는, 분업화되고 세분화된 사회 환경 속에서 잃어버리기 쉬운 인간 능력의 전체성 즉, 대상의 전체를 보고 조화롭게 다루는 능력을 회복시켜주는 중요한 역할을 합니다.

금속공예학과에서는 금속재료에서부터 신소재에 이르기까지 광범위한 재료를 창작을 위한 매개체로 다루며, 금속공예의 이론과 기술, 새로운 테크놀로지를 바탕으로 한 전문적인 교육을 합니다. 대부분의 교육과정은 '조형연습', '금속공예', '장신구', '산업제품', '공예와 미술이론' 등 5가지 분야로 이루어집니다. 또한 전 과정이 기초에서 응용으로 심화되며 창작의 과정과 유기적으로 연계됩니다.

금속공예학과는 공예의 사회, 문화적 가치에 대한 이론적 이해를 바탕으로, 창의적이고 예술성 있는 공예품 제작과 디자인 개발 프로세스 교육을 목표로 합니다. 경제가 성장함에 따라 장신구 등의 금속 공예품 수요도 확대되고 있습니다. 금속공예학과는 금속디자인 능력 및 보석, 장신구 가공 실습을 통한 전문 공예품 디자이너를 양성합니다.

교육목표와 교육내용은?

금속공예학과는 순수예술과 디자인으로서의 양면성을 가지고 있습니다. 따라서 귀금속뿐만 아니라 인간의 생활 주변을 예술적으로 승화시켜줄 수 있는 인테리어 소품에서 생활용품, 조각 작품에 이르기까지 다양한 영역을 아우릅니다. 금속공예학과는 귀금속, 비금속 보석 소재의 생활용품과 작품 등 금속공예 전 분야에 걸쳐 과학적 분석과 기법 탐구, 창조적인 조형 능력을 가진 유능한 금속공예가와 전문디자이너 및 우수 연구인력 양성에 교육목표를 두고 있습니다.

> » 자유로운 사고와 창의력 있는 예술인을 양성합니다.
> » 창조적인 조형 능력을 가진 유능한 금속공예가를 양성합니다.
> » 미래사회를 선도하는 전문 지식과 인성을 겸비한 인재를 양성합니다.
> » 금속공예 전 분야에 걸쳐 과학적 분석과 기법 탐구 능력을 함양합니다.
> » 예술적 감성을 바탕으로 인류 사회의 미래를 개척하는 인재를 양성합니다.
> » 새로운 시대의 공예와 디자인을 선도하는 창의적인 전문가를 양성합니다.
> » 국제화마인드를 갖추고 공예 문화 산업의 혁신에 기여하는 전문가를 양성합니다.

학과에 적합한 인재상은?

금속공예학과는 다른 공예 분야와는 달리 금속의 재료를 사용하는 특성이 있습니다. 또한 수공 방식으로 생산된다는 점에서 대량 생산에 의존하는 산업디자인과 구분되며, 일상생활과 밀접한 공예품을 제작한다는 점에서는 조각과도 차이가 있습니다. 평소 예술 분야에 관심이 많고 손으로 만드는 일을 즐기는 사람이라면 흥미있게 공부할 수 있는 분야입니다.

또한 기본적으로 예술적인 감각이 있어야 하며, 각종 재료와 도구를 이용하여 제품을 만들기 때문에 정교한 손동작과 섬세함이 필요합니다. 항상 새로운 아이디어로 신제품을 만들 수 있는 창의력 있는 사람이라면 더욱 좋습니다. 훌륭한 공예품을 만들기 위해서는 전문적인 지식과 숙련된 기술이 필요합니다. 이를 위해서는 긴 시간을 견디고, 실력을 향상시킬 수 있는 인내력과 성실성이 요구됩니다.

금속공예학과에 관심이 있다면 미술반, 디자인반, 공예반 등 미술과 관련된 동아리에서 활동하면 도움이 됩니다. 또한 금속 공예와 관련된 미술관 기획전 및 전시 탐방을 통해 현대 예술과 공예, 디자인의 흐름을 이해하고 미적 감각을 향상시키는 경험을 하면 좋습니다. 예술형과 현실형의 흥미를 가진 사람에게 적합하며, 꼼꼼함, 인내심, 섬세함, 손재주 등의 특성을 가진 사람에게 유리합니다.

주요 교육 목표

자유로운 사고와 창의력 있는 예술인 양성

미래사회를 선도하는 전문 지식과 인성을 겸비한 인재 양성

예술적 감성을 바탕으로 인류 사회의 미래를 개척하는 인재 양성

창조적 조형 능력을 가진 금속공예가 양성

금속공예 전 분야에 걸쳐 과학적 분석과 기법 탐구 능력 함양

국제화 마인드를 갖추고 공예 문화 산업의 혁신에 기여하는 전문가 양성

관련 학과는?

금속공예디자인학과, 공예과, 주얼리금속디자인학과, 귀금속보석공예전공, 귀금속보석디자인전공, 금속조형디자인과 등

진출 직업은?

금속공예가, 귀금속디자이너, 귀금속및보석세공원, 금속인테리어 및 디스플레이, 도예가, 보석감정사, 상품기획자, 장신구작가, 제품디자이너, 큐레이터, 화랑운영자 등

취득 가능 자격증은?

☑ 귀금속가공산업기사
☑ 금속기사
☑ 보석가공기능사
☑ 보석감정사 등

49

추천 도서는?

- 공예란 무엇인가(우아당, 하워드 리사티)
- 유홍준의 한국미술사 강의
  (6:조선 공예 ·생활·장식미술)
- 한국 고대의 금속공예
  (서울대학교 출판문화원, 이난영)
- 보편성과 개성으로 본 한국미술사 아홉마당
  (진인진, 전호태)
- 100개의 브로치(소금나무, 이동춘)
- 우아한 색, 순박한 형태(한국학자료원, 이병창)
- 도자 위에 시를 짓다(금성출판사, 이어령 외)
- 일본 도자기 여행 : 규슈의 8대 조선가마
  (도도, 조용준)
- 유럽 도자기 여행 : 동유럽 편(도도, 조용준)
- 누구나 가죽공예 예술가가 될 수 있다
  (좋은땅, 이장노)
- 공예를 생각한다(안그라픽스, 최범)
- 젬스톤 매혹의 컬러(모요사, 윤성원)
- 김지아의 보석 이야기(대원사, 김지아)
- 미술 재료 백과(미술문화, 전창림)
- 내 곁에 미술(모요사, 안동선)
- 난처한 미술이야기7(사회평론, 양정무)

학과 주요 교과목은?

기초 과목	평면미술, 조형원리, 기초금속공예, 기초금속기법응용, 디지털드로잉, 디지털모델링, 공예의 이해, 금속공예, 재료와기법, 융합적재료연구와제작기법, 장신구제작, 디지털크래프트맨십, 금속공예사, 공예세미나 등
심화 과목	유리공예, 공예조형, 예술장신구, 주얼리브랜딩, 패션상품기획, 리빙오브젝트캡스톤디자인, 공예·디자인취창업전략, 현대미술론, 우리문화속디자인, 사용자연구와사물디자인, 금속제품캡스톤디자인, 졸업작품연구캡스톤디자인, 브랜드와공간기획 등

졸업 후 진출 분야는?

기업체	귀금속 생산 회사, 금속 공예품 생산 회사, 귀금속 수출입 회사, 보석 가공 생산 회사, 보석 장신구 판매 회사, 생활 도자기 공방, 공예 화랑, 펜시 상품 회사, 인테리어 회사, 아트숍 등
연구소	교육기관, 연구기관의 연구원 등
정부 및 공공기관	한국공예디자인문화진흥원, 한국디자인진흥원, 한국문화예술교육진흥원, 한국문화예술위원회 등

전공 관련 선택 과목은?

▶ 국어, 영어 교과는 모든 학문의 기초적인 성격을 가진 도구교과로 모든 학과에 이수가 필요하여 생략함.

수능 필수	화법과 언어, 독서와 작문, 문학, 대수, 미적분Ⅰ, 확률과 통계, 영어Ⅰ, 영어Ⅱ, 한국사, 통합사회, 통합과학, 성공적인 직업생활(직업)		
교과군	선택 과목		
	일반 선택	진로 선택	융합 선택
수학, 사회, 과학	확률과 통계, 세계사, 사회와 문화, 화학		여행지리, 사회문제 탐구
체육·예술	미술	미술 창작, 미술 감상과 비평	미술과 매체
기술·가정/정보	기술·가정, 정보	생활과학 탐구, 인공지능 기초	지식 재산 일반
제2외국어/한문			
교양		인간과 심리	

학교생활기록부 관리는?

출결 사항	• 미인정 출결 내용이 없도록 관리하세요. 미인정 출결 내용이 있으면 인성, 성실성 영역 등에서 부정적 평가를 받을 가능성이 높아요.
자율·자치활동	• 다양한 교내외 활동에서 자기주도적 참여를 통해서 금속공예학 분야에 대한 관심과 흥미, 창의적 문제 해결 능력, 의사소통 능력, 협업 능력, 발전 가능성 등이 드러나도록 하세요.
동아리활동	• 미술, 디자인, 공예, 예술작품감상 등의 동아리 활동 참여를 통해서 금속공예 전공에 대한 준비를 하세요. • 가입동기, 본인의 역할, 배우고 느낀 점, 진학을 위해 기울인 활동과 노력이 나타날 수 있도록 참여하세요. • 장신구 만들기, 페이스페인팅, 환경 미화 등의 미술 관련 봉사활동에지속적으로 참여하세요.
진로 활동	• 금속공예와 관련된 직업 정보 탐색 활동을 권장해요. • 공예품 전시 탐방 및 관련 학과 체험 활동을 권장해요 • 금속공예에 대한 적극적 진로 탐색 활동을 통해서 자신의 진로 역량, 전공 적합성, 발전 가능성 등이 나타날 수 있도록 하세요.
교과학습 발달상황	• 국어, 미술, 사회 등과 관련된 교과 성적은 상위권으로 유지시키고, 관련 교과 수업에서 학업 역량, 전공 적합성, 자기주도성, 문제 해결 능력, 창의력, 발전 가능성 등의 역량이 발휘될 수 있도록 수업에 적극 참여하세요. • 금속공예와 관련된 교과 연계 독서 활동 내용이 기록되도록 하세요.
독서 활동	• 철학, 문학, 사회학, 역사학, 과학 등 다양한 분야의 책을 읽으세요. • 미술 분야의 독서 활동을 통해서 금속공예 전공에 대한 기본적인 지식을 쌓는 것이 중요해요.
행동 발달 특성 및 종합 의견	• 창의력, 문제 해결능력, 의사소통 능력, 협업 능력, 리더십, 발전 가능성, 전공 적합성 등이 드러날 수 있도록 하세요. • 자기주도성, 경험의 다양성, 성실성, 나눔과 배려, 학업 태도와 학업 의지에 대한 자신의 장점이 생활기록부에 기록되도록 관리하세요.

Jump Up

사진의 역사에 대해 알아볼까요?

➡️ 지금과 같은 형태의 사진이 발명된 지는 200년이 조금 안 되었지만, 사진을 찍는 원리는 이미 오래 전에 발견되었어요. 기원전 4세기경 아리스토텔레스는 암상자를 만들어 작은 구멍을 뚫고, 반대편에 비치는 빛을 이용해 일식을 관찰했어요. 이 암상자의 원리를 이용해 카메라 옵스큐라라는 도구가 만들어졌어요.

➡️ 카메라 옵스큐라는 암상자에 들어온 빛이 일정한 면에 맞히도록 만들어, 그것을 이용해 그림을 그리는 도구였어요. 작은 구멍이나 렌즈를 통해 일정한 면에 빛이 선명하게 맞히도록 하는 광학적 설계는 오늘날 카메라에서 사용되는 형태와 동일해요. 그러나 카메라 옵스큐라는 그림을 그리기 위한 도구였기 때문에 동일한 화상을 대량으로 복제할 수는 없었어요.

➡️ 지금처럼 대량 복제할 수 있는 카메라는 19세기 프랑스에서 처음 발명되었어요. 프랑스의 발명가인 조셉 니세포르 니엡스는 유명한 판화들을 대량으로 복제하기 위해 다양한 시도를 하다가 빛에 민감하게 반응하는 '유다 역청'이라는 감광 물질을 금속판에 발라 카메라 옵스큐라와 같은 광학적 장치에 넣은 후, 빛에 노출시켜 복제가 가능한 화상을 얻게 되었어요. 니엡스는 손을 사용하지 않고 순수한 빛의 힘으로 실제 모습을 재현했고, 이것이 지금 우리가 널리 사용하고 있는 사진의 시초였어요.

사진작가란?

우리는 가족과의 단란한 모습을 남기거나, 자신의 아름다운 모습을 오랫동안 간직하기 위해 사진을 찍습니다. 또한 직접 가보지 못한 장소나 보지 못한 풍경, 그리고 경험하지 못한 결정적 순간들도 사진을 통해 마치 눈앞에 보는 것처럼 생생하게 감상할 수 있습니다.

사진작가는 카메라를 이용하여 자신의 생각이나 아름다운 장면을 사진으로 담고 편집해서 작품으로 만드는 사람입니다. 사진작가는 촬영하고자 하는 물체와의 거리와 배경 등을 결정하고, 그에 맞는 카메라 환경을 조작하여 사진을 찍는 일을 합니다. 책이나 신문에 실릴 사진을 찍기도 하고, 상품을 홍보하는 데 사용하는 광고용 사진을 찍기도 합니다. 또한 평범한 인물의 모습이나 예술성이 강한 사진을 찍기도 합니다.

카메라가 귀했던 시절에는 사진도 귀했습니다. 불과 50~60년 전만 해도 사진을 직접 찍는 것은 굉장히 드문 일이었습니다. 그래서 특별한 날에는 전문 사진사를 부르거나 직접 사진관에 가서 행복한 순간들을 사진으로 남겼습니다.

오늘날, 카메라는 일상생활에서 쉽게 접할 수 있는 기계 중의 하나가 되었고, 굳이 카메라가 없더라도 휴대폰만 있으면 누구나 쉽게 사진을 찍을 수 있게 되었습니다. 그럼에도 불구하고 생생한 자연의 모습이 담긴 사진, 멋진 인물 사진, 예술가의 정신이 담긴 작품 사진이 필요할 때 우리는 사진작가를 찾습니다.

사진작가
사진학과

　사진작가는 카메라를 다루는 능력이 뛰어나야 합니다. 복잡하면서도 다양한 카메라의 기능과 사진의 원리를 이해해야 하는데, 이는 같은 대상을 찍더라도 각도나, 초점, 노출, 조명 등에 따라 사진의 질이 크게 달라지기 때문입니다. 사진작가가 되기 위해서는 자신이 원하는 대로 대상을 표현할 수 있는 예술적인 감각도 필요합니다. 사진작가라는 직업의 장점은 자유롭게 일할 수 있다는 것입니다.

　사진작가들은 대부분 프리랜서이기 때문에 자신의 상황에 맞추어 일하는 시간을 조절할 수 있습니다. 또한 실내에서도 촬영을 하지만, 유명한 장소나 독특한 장소에서 촬영하는 경우가 많기 때문에 활동적이고 여행을 좋아하는 사람이라면 즐겁게 일할 수 있습니다.

　반면, 프리랜서라는 직업의 특성상 능력에 따라 수입이 천차만별입니다. 또한 사진을 찍어야 하는 곳이라면 어떤 장소든지 카메라와 장비를 들고 움직여야 하기 때문에 강인한 체력을 갖추는 것이 좋습니다.

사진작가가 하는 일은?

사진작가는 카메라로 촬영하고 싶은 물체를 찍어 필름을 현상하거나 디지털 사진 파일을 컴퓨터로 옮겨 편집하고 출력하는 작업을 합니다.

상업 사진작가는 주로 상품 광고나 패션 잡지, 연예인 화보 등의 사진을 촬영합니다. 우리가 자주 접할 수 있는 가수들의 앨범 재킷 사진, 거리의 광고 사진 등이 상업 사진작가가 촬영한 것입니다.

보도 사진작가는 신문 기사에 실을 보도 사진을 찍는데, 가장 중요한 순간을 포착하여 독자로 하여금 현장에 있는 것처럼 느낄 수 있도록 생생한 장면을 전달해야 합니다. 순수 사진작가는 자신이 생각하는 바를 사진으로 표현하는데, 작품이 완성되면 전시회를 열어 자신의 작품을 알리고 판매하기도 합니다. 사진작가들은 사진관이나 스튜디오 및 현상소를 직접 운영하면서 사진 관련 작업을 합니다.

최근에는 카메라로 동영상 촬영이 가능하게 되면서 사진작가의 업무 영역이 동영상 분야까지 확대되고 있는 추세입니다.

> » 전문 기술을 이용해 목적에 맞는 사진을 찍습니다.
> » 촬영하고자 하는 물체의 거리와 배경 등을 결정합니다.
> » 사진이 가장 잘 나올 수 있도록 카메라 기능을 조작하여 사진을 찍습니다.
> » 필름을 현상하거나 디지털 파일을 카메라에 옮겨서 편집하고 출력합니다.
> » 사진으로 자신의 생각을 표현하는 예술 활동을 합니다.

Jump Up

반려동물사진작가에 대해 알아볼까요?

반려동물사진작가는 반려동물을 모델로 하여 사진 촬영을 해요. 반려동물을 기르는 사람들은 사진에서 반려동물의 특징이 잘 드러나길 원해요. 이런 이유로 각 동물들의 특성을 파악하고 거기에 초점을 맞춰 사진을 찍어야 해요. 반려동물사진작가는 촬영분만 아니라 동물을 잘 달래고 꾸미서 반려동물 주인들이 원하는 대로 연출해야 하므로 혼자보다는 2인 1조로 작업이 이루어져요.

생태사진작가에 대해 알아볼까요?

생태사진작가는 곤충이나 식물, 동물, 자연환경을 등을 전문적으로 찍어요. 오지에 가서 한 자리에서 며칠씩 꼼짝하지 않고 기다렸다가 원하는 장면의 결정적인 순간을 포착해서 촬영해요.

라이브러리사진작가에 대해 알아볼까요?

사진을 돈을 받고 빌려주거나 판매하는 라이브러리 회사가 있어요. 이 회사는 소비자가 필요로 하는 다양한 이미지를 갖추고 있어야 해요. 라이브러리사진작가는 가족, 여행, 풍경, 스포츠 등 분야별 전문 사진을 찍어 라이브러리 회사에 제공해요.

사진작가
커리어맵

관련기관

- 한국사진작가협회 www.pask.net
- 한국프로사진협회 www.kppa.co.kr
- 한국문화예술위원회 www.arko.or.kr

준비방법

- 인문학적 소양을 키우는 독서 활동
- 사진 공모전 참가
- 사진 관련 동아리 활동
- 미술 관련 역량 키우기

적성과 흥미

- 상상력
- 미적 감각
- 공간 지각 능력
- 창의력
- 기계 사용 능력
- 관찰력
- 탐구력
- 꼼꼼함

사진작가

관련학과

- 공연영상창작학부(사진전공)
- 광고사진영상학과
- 방송사진예술학과
- 사진미디어과
- 사진미디어학과
- 사진영상학과
- 사진영상학부
- 사진영상학전공
- 사진학과
- 예술학부 사진영상미디어전공

흥미유형

- 예술형
- 탐구형

관련교과

- 국어
- 영어
- 사회
- 기술·가정
- 정보
- 미술

관련자격

- 사진기능사
- 항공사진기능사
- 샵마스터
- 시각디자인기사
- 웹디자인기능사
- 인쇄사진산업기사
- 컴퓨터그래픽스 운용기능사

관련직업

- 사진기자
- 생태사진작가
- 사진처리원
- 지리정보시스템전문가

사진작가가 되기 위해서는 사진 찍는 일을 좋아하고, 사진을 통해 아름답게 표현할 수 있는 미적 감각이 필요합니다. 또한 자신만의 참신한 주제와 감각으로 장면을 연출할 수 있는 인문학적인 상상력과 같은 대상을 찍더라도 자신만의 감성을 표현할 수 있는 창의력도 중요합니다. 이를 위해서는 평소 다양한 책을 많이 읽어서 인문학적 소양을 키우는 것이 필요합니다. 사진을 잘 찍기 위해서는 카메라 안에 들어오는 공간을 입체적으로 볼 수 있는 공간 지각 능력도 필요한데, 이는 사진을 찍을 때 어떤 구도를 잡는가에 따라 느낌이 달라지기 때문입니다. 또한 카메라와 관련된 여러 장비와 도구를 능숙하게 다루어야 하

므로 기계에 대한 흥미가 있어야 하고, 기계 사용 능력도 필요합니다. 또한 대상물을 세심 하게 살피는 관찰력도 아주 중요합니다.

사진작가가 되기 원한다면 풍부한 상상력과 창의력을 기를 수 있도록 폭넓은 독서와 다양한 체험 활동을 하는 것이 좋습니다. 예술적 감각을 기르기 위해서는 미술 공부를 열심히 하는 것도 도움됩니다. 아울러 각종 사진 관련 동아리 활동이나 공모전에도 적극적으로 참여하는 등 다양하게 사진을 찍어 보는 경험을 하는 것이 중요합니다. 사진작가는 예술형, 탐구형의 흥미를 가진 사람에게 적합합니다.

사진작가 커리어맵

Jump Up

지리정보시스템(GIS)전문가에 대해 알아볼까요?

모르는 장소에 찾아갈 때 인터넷이나 내비게이션을 이용해 지도를 검색하거나 길찾기 앱을 이용해 본 적이 있을 거예요. 이처럼 편리하게 지리 정보를 이용할 수 있게된 것은 지리정보시스템(GIS)전문가 덕분이에요. GIS란 지상과 지하 공간에 존재하는 다양한 지리 정보를 컴퓨터에 입력한 후 도시 계획 및 산업 활동을 효율적으로 지원할 수 있도록 만든 첨단 정보 시스템이에요.

지리정보시스템(GIS)전문가는 각종 지리 정보를 관리하고 활용할 수 있는 컴퓨터 시스템을 설계하고 구축하는 사람이에요. 밭, 강, 바다 등이 어디에서 어디까지 있는지, 마을의 경계는 어디에서 나누어지는지, 둑이나 터널, 길, 건물 등이 어디에 있는지 등을 정확하게 파악해야 하므로 고성능 카메라로 항공 사진을 찍기도 하고, 현장을 다니며 조사와 측정을 하기도 해요. 이렇게 수집된 정보를 컴퓨터에 입력해 데이터베이스로 만드는 일까지 해야 하기 때문에 컴퓨터시스템전문가가 되어야 해요.

진출 방법은?

사진작가가 되기 위해 필요한 자격이나 학력의 제한은 없지만 최근 전문적인 사진 교육을 받고 직업을 선택하는 경우가 증가하고 있습니다. 사진에 대한 전반적이고 체계적인 지식을 배우고 싶다면 예술 고등학교나 전문 대학, 일반 대학의 사진 관련 학과에 진학하는 것이 좋습니다. 그 외 사설 사진 학원, 문화 센터, 사회 교육원 등을 이용해 사진에 대한 이해를 넓히고 사진작가가 되기 위한 과정

을 밟기도 합니다. 사진 관련 교육 기관에서는 공통적으로 사진학개론, 사진기기론, 디지털사진론 등 사진 촬영을 하는 데 기초가 되는 이론 교육과 실기 교육을 필수적으로 합니다. 사진작가가 되기 원한다면 이런 체계적인 교육을 통해 자신의 사진 촬영 기술을 향상시키는 것이 도움이 됩니다.

관련 직업은?

사진가, 방송사진기자, 잡지사진기자, 상업사진작가, 예술사진작가, 지리정보시스템 전문가 등

관련 학과 및 자격증은?

➡ 관련 학과 : 사진학과, 광고사진영상학과, 방송사진예술학과, 사진미디어과, 사진영상학과, 사진영상학부, 사진영상학전공, 예술학부 사진영상미디어전공 등

➡ 관련 자격증 : 사진기능사, 항공사진기능사, 시각디자인기사, 웹디자인기능사, 인쇄사진산업기사, 컴퓨터그래픽스운용기능사, 샵마스터 등

미래 전망은?

우리나라의 사진 시장은 아기 사진, 결혼사진, 프로필 사진처럼 사람을 대상으로 하는 분야가 가장 큰 비중을 차지하고 있습니다. 그러나 우리나라의 출산율이 계속 떨어지고 있고, 독신으로 사는 사람들이 늘어나면서 사진작가의 일이 줄어들고 있는 실정입니다. 또 성능이 뛰어난 디지털카메라의 보급으로 일반인이 직접 사진을 찍는 경우도 많아지고, 각종 기업에서도 경기의 흐름에 따라 광고비와 홍보비를 줄이고 있기 때문에 사진작가의 전망은 밝다고 할 수는 없습니다. 대학 등 교육 기관에서 이미 많은 사진작가가 양성되었기 때문에 경쟁률도 치열한 편입니다.

그러나 이러한 어려움에도 불구하고 사회 전반적으로 사진에 대한 관심이 증가하고 있고, 전문성이 높은 직업이기 때문에 무에서 유를 창조하는 사진작가의 만족감은 크다고 할 수 있습니다. 자신만의 독창적 감성으로 틈새시장을 공략한다면 사진작가로서의 성공 가능성은 있을 것으로 보입니다.

Jump Up

컴퓨터그래픽스운용기능사에 대해 알아볼까요?

사람이 표현할 수 없는 형상, 그림 등을 컴퓨터를 통해 시각적으로 형상화시켜 채색은 물론 조형을 제작할 수 있는 숙련된 기능을 갖춘 전문가를 양성하는 자격 제도예요. 컴퓨터 그래픽은 현재 제작되는 거의 모든 영화에서 특수 효과를 내기 위해 사용되고 있을 뿐만 아니라 방송, 애니메이션, 광고, 건설, 제조업 등 우리 생활의 많은 분야에 활용되고 있어, 정부에서도 다양한 육성 및 지원 정책을 내놓고 있어요. 그러나 이 분야는 소프트웨어가 워낙 빠르고 다양하게 개발되고 있어 활용 능력 또한 빠르게 키워야 해요. 컴퓨터그래픽스운용기능사 자격증을 취득하면 광고 제작 업체, 영화 제작사, 방송사, 게임 제작 업체, 프레젠테이션 제작 업체, 애니메이션 제작 업체 등 다양한 분야로 진출하는 데 도움이 돼요.

▶ 시행처 : 한국산업인력공단
▶ 관련 학과 : 공업계 고등학교의 컴퓨터그래픽과
▶ 훈련 기관 : 사설 학원의 컴퓨터 그래픽 과정
▶ 시험 과목
 - 필기 과목 : 산업디자인일반, 색채 및 도법, 디자인재료, 컴퓨터그래픽스
 - 실기 과목 : 컴퓨터그래픽스운용실무

▶ 검정 방법
 - 필기 : 객관식 4지 택일형 60문항(60분)
 - 실기 : 작업형(4시간 내외)
▶ 합격 기준 : 100점 만점에 60점 이상 득점자

사진학과
사진작가 전공 분석

어떤 학과인가?

사진 영상 예술 관련 학과에서는 사진을 비롯해 다양한 디지털 영상 콘텐츠 제작을 위한 이론을 배우며 실습을 병행합니다. 최근 디지털카메라 사용의 증가와 다매체, 다채널의 멀티미디어 시대가 본격화 되면서 사진과 영상을 함께 배우는 융합 학과들이 생겨나고 있으며, 드론을 이용한 촬영 수업이 진행되기도 합니다.

사진은 과학 기술의 바탕 위에 이루어진 예술 분야로, 예술적인 표현분만 아니라 기록, 보도, 광고, 학술 연구, 의료, 항공 사진 측량, 우주개발, 고고학 연구 등으로 사진 영상의 응용 범위가 더욱 확대되고 있습니다. 따라서 사진 관련 학과에서도 다양한 분야를 아우르는 촬영 및 편집 기술, 영상 연출 등과 관련한 제작 기법과 기획력, 표현력을 함양하기 위한 교육을 하고 있습니다.

교육 목표와 교육 내용은?

사진학과에서는 사진을 잘 찍는 것만을 목표로 하지 않습니다. 지식 정보화 시대에 발맞추어 사진 예술과 이론적 배경을 첨단 영상에 활용할 수 있는 사진 영상 전문가를 육성하는 것에 중점을 둡니다.

사진 영상 매체에 대한 기초 이론을 익힌 후, 실습을 통해 창의적으로 응용 기술을 익힐 수 있도록 합니다. 또한 이론과 실무를 현실적이고 과학적인 방법으로 체계적으로 연구하여 개개인의 인격과 창의력을 높이는 것에 목표를 두고 있습니다.

» 촬영하고자 하는 대상이나 콘텐츠에 대한 이해를 지닌 인재를 양성합니다.
» 공연 및 영상 예술에 대한 관심과 창의력을 지닌 인재를 양성합니다.
» 자신의 생각이나 감정을 사진으로 표현하기 위한 관찰력과 탐구력을 지닌 인재를 양성합니다.
» 다양한 분야의 예술과 사상을 접하여 안목을 넓히고, 남다른 미적 감각을 지닌 인재를 양성합니다.

학과에 적합한 인재상은?

미적 감각을 지니고, 자신의 생각이나 감정을 사진이나 영상 매체를 통해 표현하는 것을 좋아하는 사람에게 적합합니다. 영상과 그림에 대한 남다른 조형 감각이 필요하며, 기계나 도구를 다루는 데에도 소질이 있어야 합니다.

스토리 있는 사진을 찍기 위해서는 인문학적인 상상력이 풍부한 것이 좋으므로 평소 문학이나 철학, 심리학 등 폭넓은 독서를 즐기고, 사색하는 것에 흥미가 있다면 좋습니다.

사진작가는 원하는 한 컷의 사진을 얻기 위해서 오랜 시간 인내심을 가지고 기다려야 하는 경우가 많기 때문에 꼼꼼하고 차분한 성격을 가진 사람에게 적합합니다. 최근에는 사진작가들이 촬영뿐만 아니라 사진의 편집, 수정까지도 하기 때문에 포토샵과 같은 컴퓨터 프로그램을 다루거나 웹디자인 능력을 갖추는 것도 도움이 됩니다.

사진작가는 촬영하고자 하는 대상이나 콘텐츠에 대한 이해가 필수입니다. 평소 공연 및 영상 예술에 관심을 가지고, 되도록 많은 작품들을 보면서 창의적으로 사고하는 힘과 관찰력, 탐구력을 키우는 것이 좋습니다.

주요 교육 목표

첨단 영상 시대에
지성과 감성을 갖춘 인재 양성

- -

사진학에 대한 이론과
실무를 겸비한 인재 양성

- -

창의적으로 생각하는
감성을 지닌 인재 양성

- -

미적 감각과 예술적 감수성을
지닌 인재 양성

- -

끊임없이 관찰하고 탐구하는
인재 양성

- -

능동적인 태도로 앞서가는
글로벌 인재 양성

관련 학과는?

공연영상창작학부(사진전공), 광고사진영상학과, 방송사진예술학과, 사진미디어과, 사진영상학과, 사진영상학부, 사진영상학전공, 예술학부 사진영상미디어전공 등

진출 직업은?

광고사진가, 패션사진가, 웨딩사진가, 큐레이터, 파인아트작가, 사진기자, 만화가, 애니메이션 기획자, 일러스트레이터, 문화예술교육강사, 프리랜서광고 및 홍보전문가 등

취득 가능 자격증은?

☑ 멀티미디어콘텐츠제작전문가
☑ 문화예술교육사
☑ 사진기능사 등

추천 도서는?

- 사진예술(사진예술사. 사진예술사 편집부)
- 사진적 성장을 위한 사진 강의 노트
  (푸른 세상, 김원섭)
- 매혹의 사진(북커스, 이언 헤이든 스미스, 이상미 역)
- 깊고 충실한 사진 강의
  (포토넷, 바버라 런던 외, 최재균 역)
- 당신의 좋은 순간, 필름 사진(동양북스, 필름로그)
- 멋진 사진 촬영, 좋은 사진을 만드는 사진디자인
  (앤써북, 채수창)
- 사진, 빛으로 그린 이야기(종이향기, 이강신)
- 인간과 사진(을유문화사, 제프 다이어, 김유진 역)
- 사진 구도가 달라지는 아이디어 100
  (미디어샘, 문철진)
- 사진작가, 어떻게 되었을까?(캠퍼스멘토, 구자현)
- 문화콘텐츠 스토리텔링(북코리아, 정창권)
- 대중문화의 이해(한울아카데미, 김창남)
- 대중문화와 문화산업(한울아카데미. 이기용 외)
- 오늘부터 광고를 시작합니다
  (토야네북스, 한국광고총연합회)
- 광고는 어떻게 세상을 유혹하는가
  (팬덤북스, 공병훈)

학과 주요 교과목은?

기초 과목	사진학개론, 사진촬영실기, 디지털사진론, 예술사진론, 영상학개론, 방송의 이해, 언론의 이해, 광고의 이해, 미디어문장언습, 소비자심리학, 매스커뮤니케이션이론, 정보사회와 뉴미디어, 비판커뮤니케이션이론 등
심화 과목	광학 및 감재론, 사진제작표현실기, 컬러사진실기, 사진마케팅, 현대사진연구, 사진예술론, 인상사진, 과학사진, 사진응용, 응용촬영, 패션사진, 조명실기, 사진워크숍, 사진세미나 등

졸업 후 진출 분야는?

기업 및 광고 회사	출판사, 신문사, 잡지사, 방송국, 기업 홍보실, 자료 보존실, 현상소, 슬라이드 전문 현상소, 현상 인화 취급소, 스튜디오, 영화사, 웨딩 업체, 이벤트 업체, 광고업체, 애니메이션 제작사, 광고 대행사, 멀티미디어 제작 업체, 게임 소프트웨어 개발 업체 등
공공 기관	한국콘텐츠진흥원, 한국문화예술위원회, 중고등학교, 대학교 등
기타	개인 스튜디오, 학원 강사 등

전공 관련 선택 과목은?

▶ 국어, 영어 교과는 모든 학문의 기초적인 성격을 가진 도구교과로 모든 학과에 이수가 필요하여 생략함.

수능 필수	화법과 언어, 독서와 작문, 문학, 대수, 미적분Ⅰ, 확률과 통계, 영어Ⅰ, 영어Ⅱ, 한국사, 통합사회, 통합과학, 성공적인 직업생활(직업)		
교과군	선택 과목		
	일반 선택	진로 선택	융합 선택
수학, 사회, 과학	세계시민과 지리, 세계사, 사회와 문화, 현대사회와 윤리		여행지리, 사회문제 탐구
체육·예술	음악, 미술, 연극	음악 감상과 비평, 미술 창작, 미술 감상과 비평	미술과 매체
기술·가정/정보	기술·가정, 정보	인공지능 기초	지식 재산 일반
제2외국어/한문			
교양		인간과 철학, 인간과 심리	

학교생활기록부 관리는?

출결 사항	• 미인정(무단) 출결 사항이 없도록 관리하세요. 미인정(무단) 결석 등이 있으면 학교생활 충실도나 인성, 성실성 영역에서 부정적인 평가를 받을 가능성이 높아요.
자율·자치활동	• 사진, 영상과 관련한 다양한 교내외 활동을 통해 창의적이고 개성 있는 사고력이 드러나도록 하세요. • 사진 분야에 대한 관심과 흥미를 바탕으로 인성, 나눔과 배려, 협동심, 의사 결정 능력, 리더십 등이 드러나도록 하세요.
동아리활동	• 사진반, 방송부, 미술부 등 사진 관련 동아리 활동에 참여하여 자신이 가지고 있는 예술적 우수성이 입증 될 수 있도록 하세요. • 동아리 가입 동기, 동아리 내 자신의 역할, 동아리 활동으로 변화된 자신의 모습, 전공과 관련된 자신의 소질 계발 경험 등이 드러나도록 하세요 • 교내외에서 이루어지는 소외 계층을 위한 사진 촬영, 전시회 도우미 활동 등 사진과 관련된 봉사 활동에 참여하세요.
진로 활동	• 사진작가, 기타 영상 관련 학과 및 직업에 대한 정보 탐색 활동을 권장해요. • 스튜디오나 사진 관련 학과에 대한 체험 활동을 권장해요. • 사진 포스터 만들기, UCC 만들기, 사진 공모전 참여하기 등 자신의 진로 역량이 나타날 수 있도록 하세요.
교과학습 발달상황	• 사진과 관련성이 있는 미술, 음악, 기술·가정 등의 교과에서 우수한 학업 성취를 올릴 수 있도록 관리하고, 수업 활동에서 전공 적합성, 자기주도성, 기술가정, 문제 해결 능력, 창의력, 발전 가능성 등의 역량이 발휘될 수 있도록 수업에 적극 참여하세요. • 수업 참여 과정에서 사진에 대한 관심과 흥미를 실제 생활에 적용하여 의미 있는 결과를 이끌어 낼 수 있도록 하세요.
독서 활동	• 디자인, 인문학, 철학, 심리학 등 다양한 분야의 책을 읽으세요. • 폭넓은 독서 활동을 통해 지적 호기심과 탐구 능력이 나타나도록 해야 해요.
행동 발달 특성 및 종합 의견	• 창의력, 문제 해결 능력, 협업 능력, 자기 주도적 학습 능력 등이 드러날 수 있도록 해요. • 학교생활에서 자기주도성, 경험의 다양성, 성실성, 나눔과 배려, 학업 태도와 학업 의지에 대한 장점이 기록되도록 관리해야 해요

Jump Up

생활스포츠지도사의 종목에 대해 알아볼까요?

➡ 생활스포츠로는 검도, 게이트볼, 골프, 복싱, 농구, 당구, 라켓볼, 럭비, 레슬링, 레크리에이션, 리듬 체조, 배구, 배드민턴, 보디빌딩, 볼링, 빙상, 자전거, 등산, 세팍타크로, 수상 스키, 수영, 스킨스쿠버, 스쿼시, 스키, 승마, 씨름, 야구, 에어로빅, 오리엔티어링, 요트, 우슈, 윈드서핑, 유도, 인라인스케이트, 정구, 조정, 축구, 카누, 탁구, 태권도, 테니스, 행글라이딩, 궁도, 댄스 스포츠, 사격, 아이스하키, 육상, 족구, 철인3종 경기, 패러글라이딩, 하키, 핸드볼, 풋살, 파크골프 등 총 54개 종목이 있어요. 그중 세팍타크로, 파크골프에 대해 알아볼게요.

➡ 세팍타크로 : 전용 공을 사용하여 발로만 공을 차 네트 너머 상대편 구역으로 공을 넘기며 점수를 얻는 경기에요. 15세기에 동남아에서 인기 스포츠로 성행하였는데, 본래는 말라카 궁전에서 행해지던 전통적인 형태인 세팍라가(sepak raga)가 발전된 것이에요. 1965년에 아시아세팍타크로연맹(ASF)이 창설되었어요. 동남아 지역에서 상이한 문화적 배경으로 인해 서로 다른 형태의 경기를 치러 왔으나 말레이시아, 태국, 싱가포르, 라오스 4개국의 협력으로 경기 규칙이 통일되었어요. 1990년 베이징아시안게임에서 정식 종목으로 채택되었어요. 우리나라에는 1987년 한국사회체육센터 강습회를 통해 처음 소개되었어요. 1988년 처음으로 세계세팍타크로선수권 대회에 참가하였고, 2000년부터 전국 체육 대회에서 정식 종목으로 채택되었어요.

➡ 파크골프 : 나무로 된 채를 이용해 나무로 만든 공을 쳐 잔디 위 홀에 넣는, 말 그대로 공원에서 치는 골프예요. 장비나 시간에 크게 구애받지 않으며, 세게 휘둘러도 공이 멀리 안 나가는 까닭에 장타에 대한 부담이 없어요. 파크골프는 1984년 일본 홋카이도에서 시작됐으며, 현재 홋카이도에는 600여 개의 파크골프장이 있을 정도로 인기가 많아요.

생활스포츠지도사란?

건강에 대한 사람들의 관심은 날로 증가하고 있고, 이로 인해 자신의 건강을 지키기 위해 일상에서 마라톤, 줄넘기, 배드민턴, 축구, 야구, 자전거 타기 등 다양한 운동을 하고 있습니다. 스포츠는 이제 더 이상 특정 선수들만의 리그가 아닙니다. 스포츠를 즐기기 위해서는 우선 기본적인 규칙과 기술을 익혀야 합니다. 생활 속 스포츠에 대한 인기가 높아지면서 우리 사회에서 체육 관련 전문가가 점점 더 필요해지고 있는 실정입니다.

생활스포츠지도사는 국민의 건강 유지 및 기분 전환, 체력 강화 등을 위해 각종 운동을 전문적으로 지도하는 사람입니다. 단순히 운동 방법뿐만 아니라 어떻게 운동해야 건강에 좋은지도 함께 알려줍니다. 사람마다 건강 상태와 좋아하는 운동의 종류가 다르기 때문에 각 개인에게 적합한 운동을 추천하고, 운동의 강도도 조절해 주며, 식습관에 대한 조언도 합니다. 한마디로 생활스포츠지도사는 일상 속에서 건강하고 행복한 생활을 할 수 있도록 이끌어주는 전문가라고 할 수 있습니다.

생활스포츠지도사
사회체육학과

생활스포츠지도사가 되려면 국민체육진흥법에 따라 필기시험, 실기 시험, 구술시험, 연수 과정을 거쳐 해당 자격을 취득해야 합니다. 전문스포츠 지도사가 주로 학교나 단체의 감독, 코치 등을 맡고 있다면, 생활스포츠지도사는 일반 시민들의 생활 체육을 지도하고 있습니다.

생활스포츠지도자는 자신이 가르치는 사람들이 잃었던 건강을 되찾고 밝아지면 큰 보람을 느낀다고 합니다. 그러나 운동을 하다 보면 크고 작은 사고가 일어나기 때문에 항상 긴장하면서 대비해야 하고, 일반 사람들은 쉬는 휴일이나 주말에 일을 해야 하는 어려움이 있습니다.

생활스포츠지도사가 되려면 기본적으로 체력이 뒷받침되어야 합니다. 또한 운동하고 가르치는 것을 좋아하고, 사람들과 어울리는 것을 즐길 줄 아는 사람에게 적합합니다. 학교나 직장, 지역 사회, 또는 체육 단체, 피트니스 클럽 등 우리 주변에서 운동을 하는 곳이라면 어디든지 근무할 수 있으며, 본인이 직접 스포츠 센터를 운영하거나 프리랜서로 활동할 수 있습니다.

생활스포츠지도사가 하는 일은?

생활스포츠지도사는 여러 가지 운동을 체계적으로 가르칩니다. 우리 주변에서 쉽게 볼 수 있는 자전거, 수영, 등산부터 승마, 리듬 체조, 행글라이딩, 수상 스키처럼 예전에는 좀처럼 배우기 힘들었던 운동을 가르치는 생활 스포츠지도자도 점점 늘어나고 있습니다. 또한 체력 테스트를 하거나 각각의 체력에 적합한 운동을 처방하기도 합니다.

» 수강생의 능력 및 수준에 따라 등급을 결정합니다.
» 각 등급에 적합한 프로그램을 짜고, 지도 계획을 세웁니다.
» 안전 수칙을 알리고, 기본자세 및 실기를 시범하여 지도합니다.
» 근육을 단련시키고, 규칙적 운동이나 교정 운동을 지시합니다.
» 상처의 통증, 근육의 긴장으로 인한 뭉침 등을 풀어주거나 응급조치를 합니다.
» 출석부 및 시간표를 작성하고 관리합니다.
» 운동 기구, 비품 등을 정리하고 관리합니다.
» 지역 스포츠 시설을 유지하고 관리합니다.
» 연령별 맞춤 수업을 계획하고, 체계적으로 가르칩니다.

Jump Up

레크리에이션전문가에 대해 알아볼까요?

레크리에이션전문가는 여가 시간을 즐겁고, 유익하게 활용하는 데 도움이 되도록 전문적으로 이끌어 줘요. 레크리에이션에는 산업 레크리에이션, 장애인 레크리에이션, 치료 레크리에이션, 여가 즐기기 레크리에이션 등이 있어요. 웃고 즐기는 가운데 몸과 마음의 안정을 찾고, 일의 능률을 높이는 것은 물론, 치료를 도와주고 있어요. 우리나라의 레크리에이션전문가들은 주로 개인이나 단체의 행사나 체육 대회, 오리엔테이션 등에서 노래와 게임을 지도하는 일을 해요. 그러나 앞으로는 여가 시간의 확대와 인구 고령화로 더욱 다양한 분야로 발전할 것으로 예상돼요.

레크리에이션전문가는 프로그램을 진행하는 사람이기 때문에 의사소통 능력이 좋아야 하고, 말솜씨가 뛰어나야 해요. 또한 돌발 상황에 대처할 수 있는 순발력과 새롭고 재미있는 프로그램을 만드는 창의력도 필요해요. 다른 사람들과 함께 즐거운 시간을 보내려면 자신의 체력과 감정을 관리하는 것도 아주 중요해요.

생활스포츠지도사
커리어맵

관련기관

- 국민체육진흥공단 www.sosfo.or.kr
- 한국문화체육관광협회 www.kcata.or.kr
- 한국스포츠지도자연구협회 www.kstra.co.kr
- 대한체육회 www.sports.or.kr

준비방법

- 체육 교과 역량 키우기
- 체육, 스포츠 관련 동아리 활동
- 체육, 스포츠 분야 교내외 대회 참가
- 스포츠 관련 단체나 학과 탐방 활동
- 생활스포츠지도사 직업 체험 활동

적성과 흥미

- 유연성
- 강인한 신체
- 리더십
- 신체 통제력
- 사회성
- 인내력
- 책임감
- 의사소통 능력
- 대인관계 능력

생활스포츠 지도사

관련학과

- 사회체육학과
- 체육학과
- 스포츠의학과
- 건강관리학과
- 운동처방학과
- 레크리에이션학과
- 생활체육학과
- 스포츠레저학과

흥미유형

- 현실형
- 사회형

관련교과

- 과학
- 정보
- 체육
- 보건

관련자격

관련직업

- 생활스포츠지도사
- 선수트레이너
- 건강운동관리사
- 장애인스포츠지도사
- 유소년스포츠지도사
- 노인스포츠지도사

- 체형관리사
- 운동선수
- 레크리에이션지도자
- 경호원
- 운동경기심판
- 스포츠트레이너
- 운동감독
- 스포츠에이전트
- 물리치료사

적성과 흥미는?

생활스포츠지도사는 무엇보다 운동을 좋아하고, 운동을 가르치는 것에 관심과 열의가 있어야 합니다.

유연성 및 균형을 유지할 수 있는 신체적 강인성, 다양한 요구를 지닌 사람들을 이끌고 지도할 수 있는 리더십, 신호에 빠르게 반응하거나 신체를 신속히 움직이는 순발력과 통제력이 있으면 좋습니다. 사람들과 어울리는 것을 좋아하고, 도전적인 목표를 설정한 후에 이를 달성하기 위해 노력하는 인내력과 책임감도 필요합니다.

생활스포츠지도사에 대해 관심이 있다면 어렸을 때부터 훈련을 통해 체력과 근력을 기르고, 많은 사람들과 터놓고 이야기하는 경험을 많이 하는 것이 좋습니다. 리더십을 키울 수 있는 동아리 활동이나 다른 사람을 도와주는 봉사 활동을 통해 기본적인 자질을 만들어야 합니다. 또한 다양한 스포츠 종목을 즐겨하며 지식과 기술을 익히고, 스포츠 관련 분야도 관심을 가진다면 큰 도움이 됩니다. 현실형, 사회형의 흥미를 가진 사람에게 적합합니다.

생활스포츠지도사
커리어맵

Jump Up

국민체육진흥공단(KSPO)에서 주최하는 생활스포츠지도사 시험에 대해 알아볼까요?

생활스포츠지도사는 국민체육진흥법에 따라 1급과 2급으로 구분돼요. 시험은 모두 3월 원서 접수 후, 4월에 실시돼요. 2급은 만 18세 이상이면 응시가 가능하고 1급은 동일한 종목의 2급 취득 후 3년 이상의 경력이 있어야 해요.

필기시험에 합격한 이후는 아래와 같은 절차에 따라 자격증을 취득해요.

| 생활스포츠지도사 2급 필기시험 응시 | 합격 → | 실기 시험, 구술시험 응시 | 합격 → | 연수기관 확인 후 연수 신청 | → |
| 연수 과정 이수 | → | 합격 | | | |

진출 방법은?

생활스포츠지도사는 해당 종목의 실기와 이론에 대한 충분한 지식을 갖추고 자격증을 취득하면 누구든지 할 수 있는 직업입니다. 그러나 일반적으로 전문 대학이나 대학교의 체육 관련 학과를 졸업하거나 해당 종목의 운동선수나 코치로서의 경험이 있는 사람에게 유리합니다.

생활스포츠지도사 자격을 취득하기 위해서는 필기시험과 실기 시험, 구술시험, 연수 과정을 거쳐야 합니다. 체육에 관심과 흥미가 많은 만 18세 이상이면 누구든지 필기시험에 응시할 수 있습니다. 필기시험은 각 과목 만점의 40% 이상, 전 과목 평균 60% 이상, 실기 및 구술시험은 각 만점의 70% 이상이 되어야 합격합니다. 생활스포츠지도사 2급 필기시험 과목은 7가지 중에 5가지를 본인이 선택해서 응시할 수 있습니다. 필기시험 7과목은 스포츠심리학, 운동생리학, 스포츠사회학, 운동역학, 스포츠교육학, 스포츠윤리, 한국체육사입니다. 생활스포츠지도사 1급 필기시험 과목으로는 운동상해, 체육측정평가론, 트레이닝론, 건강교육론이 있습니다. 1급 필기시험 응시 자격은 2급 자격증을 취득한 후 3년 이상 해당 종목 지도 경력이 있는 사람에게 주어집니다. 보디빌딩 생활스포츠지도사 실기 시험에서는 보디빌딩의 포즈와 실기 평가 영역에 나와 있는 운동 중에서 동작 4가지를 평가합니다. 매년 조금씩 달라질 수 있기 때문에 일정이 나오면 확인 한 후 시험 준비를 하는 것이 좋습니다. 필기시험에 떨어지면 실기를 볼 수 없기 때문에 1년 을 더 기다려야 합니다.

관련 직업은?

운동감독, 코치, 운동선수, 경호원, 레크리에이션지도자, 운동경기심판, 스포츠트레이너, 스포츠강사, 스포츠에이전트, 생활체육지도사, 에어로빅강사, 운동처방사, 태권도사범, 체형관리사, 물리치료사, 건강운동관리사, 치어리더 등

관련 학과 및 자격증은?

➡ 관련 학과 : 체육학과, 사회체육학과, 생활체육학과, 스포츠레저학과, 레크리에이션학과, 스포츠의학과, 건강관리학과, 운동처방학과 등

➡ 관련 자격증 : 생활체육지도사, 장애인스포츠지도사1·2급, 유소년 스포츠지도사, 노인스포츠지도사, 선수트레이너, 건강운동관리사 등

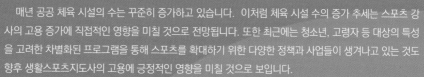

미래 전망은?

현대인들의 관심은 '얼마나 오래 사느냐'보다 '얼마나 건강하게 사느냐'에 맞춰져 있습니다. 이런 분위기에 발맞추어 국가적·사회적으로 사회 체육과 스포츠를 활성화시키려고 노력하고 있습니다.

매년 공공 체육 시설의 수는 꾸준히 증가하고 있습니다. 이처럼 체육 시설 수의 증가 추세는 스포츠 강사의 고용 증가에 직접적인 영향을 미칠 것으로 전망됩니다. 또한 최근에는 청소년, 고령자 등 대상의 특성을 고려한 차별화된 프로그램을 통해 스포츠를 확대하기 위한 다양한 정책과 사업들이 생겨나고 있는 것도 향후 생활스포츠지도사의 고용에 긍정적인 영향을 미칠 것으로 보입니다.

과거에는 주로 스포츠를 관람하며 즐겼다면, 요즘에는 회사 내 동호회나 온라인 동호회, 지역의 스포츠 동호회에 가입하거나 각종 스포츠를 즐길 수 있는 공공시설을 찾는 등 생활 체육 활동에 직접 참여하는 사람들이 늘어나고 있습니다. 민간 스포츠 시설, 지방 자치 단체에서 운영하는 생활 체육 프로그램, 학교 스포츠 활동, 방과 후 학교 등을 통해 다양한 생활 체육 강좌가 개설되어 있습니다. 이런 현상은 생활스포츠지도사의 일자리 증가에 큰 도움을 줄 수 있습니다. 하지만 일자리의 대부분이 시간제 근무 등 다소 불안정한 편이어서 규모가 큰 스포츠 시설이나 공공 운영 기관 등 안정적인 일자리에 취업하는 데는 경쟁이 치열할 것으로 예상됩니다.

사회체육학과
생활스포츠지도사 전공 분석

어떤 학과인가?

현대 사회는 지속적으로 증가하고 있는 스포츠 및 여가 활동을 보다 건설적이고 창조적인 방향으로 유도하는 데 초점을 두고 있습니다. 이를 위해 스포츠 및 여가 활동을 하는 데 있어 건전한 풍토 조성과 삶의 질적 향상을 위해 우수한 자질을 갖춘 스포츠 지도자에 대한 필요성이 점차 커지고 있습니다.

사회체육학과에서는 여가 생활과 개인의 건강 유지에 필요한 국내스포츠 및 레저 산업 발전에 필요한 우수한 지도자를 양성합니다.

사회체육학과는 스포츠학의 이론적 지식과 실기 지도 능력을 전문화하고, 나아가 지도자, 관리자, 전문 경영인으로서의 교양과 덕목을 갖추어 현 사회가 요구하는 스포츠 멀티플레이어로 양성하는 데 그 목표를 둡니다.

교육 목표와 교육 내용은?

과학과 기술의 발달로 현대인들의 신체 활동이 감소하여 각종 질병이 늘어나고, 체력의 저하를 유발하게 되었습니다. 이와 같은 시대적 현상에 따라 국민들의 사회 체육에 대한 필요성과 욕구가 커지고, 사회 체육 분야를 이끌어갈 수 있는 지도자가 필요하게 되었습니다.

사회체육학과는 새로운 사회 체육을 밀도 높게 연구하고, 과학적 근거에 의해 학문적인 체계화를 이루어 사회 체육 분야의 전문 인재를 양성하는 것이 목표입니다.

» 새로운 영역의 시회 체육을 밀도 있게 연구하는 인재를 양성합니다.
» 과학적 근거에 의해 사회 체육의 학문적 체계화를 이루는 인재를 양성합니다.
» 국민 체력 증진에 기여하는 사회 체육 전문 지도자를 양성합니다.
» 미래 지향적 사고력을 지닌 사회 체육인을 양성합니다.
» 국내 스포츠 산업의 건전한 발전을 선도하는 인재를 양성합니다.
» 올바른 가치관과 책임 의식을 갖춘 생활 스포츠 지도자를 양성합니다.
» 다른 사람을 가르치게 되므로 지도력과 인격을 갖춘 인재를 양성합니다.
» 사회 체육 과학의 전문 지식과 실기 능력을 겸비한 스포츠 교육자를 양성합니다.

학과에 적합한 인재상은?

현대인들의 수명이 연장되면서 건강과 여가 시간 활용에 대한 사람들의 관심이 높아지고 있습니다. 이에 따라 체계적으로 체육 활동을 지도할 수 있는 전문 인력에 대한 요구도 점점 커지고 있습니다. 고령화 시대의 체육은 성인병 예방과 삶의 질을 높이는 데에 결정적 역할을 합니다.

사회체육학을 전공하려면 운동을 즐겨하고, 스포츠 관련 학문에 관심이 많아야 합니다. 각종 운동 종목을 습득할 수 있는 운동 자질이 있어야 하고, 훈련을 감당할 수 있는 강인한 체력이 필요합니다. 한 종목 이상의 특기를 기르기 위해 많은 연습과 훈련이 필요하므로 학과 수업 이외에도 시간과 노력을 투자할 수 있는 끈기와 인내심이 필요합니다.

체육은 다른 사람과 팀을 이루어서 하는 경기가 많기 때문에 팀워크를 위한 원활한 대인관계 능력이 필요합니다. 타인에 대한 배려심과 위기가 찾아왔을 때 이를 이겨 낼 수 있는 강한 정신력, 협동심도 갖추어야 합니다.

체육학에 대해 체계적으로 연구하기 위해서는 물리학과 의학을 함께 다루어야 하므로 이들 과목에 대한 기초 지식을 쌓는 것도 도움이 됩니다.

관련 학과는?

생활체육학과, 운동처방학과, 스포츠과학과, 스포츠레저학과, 골프산업학과, 태권도학과 등

진출 직업은?

경기감독, 코치, 경기심판, 경호원, 스포츠강사, 스포츠에이전트, 스포츠트레이너, 레크리에이션강사, 사회체육현장지도자, 스포츠마케터, 생활체육지도자, 운동처방사, 사회체육관리자 및 경영자, 경기기록원, 경찰관, 스포츠외교관, 스포츠기자, 스포츠PD, 스포츠해설자, 체육행정직 공무원 등

주요 교육 목표

사회 체육을 학문적으로
체계화하는 인재 양성

현장 맞춤형 창의적
스포츠 교육 인재 양성

국민 체력 증진에 기여하는
사회 체육 지도자 양성

전인적인 사회 체육 전문인
양성

사회 체육의 전문 지식과
실기 능력을 겸비한 인재 양성

미래 지향적 사고력을 지닌
인재 양성

취득 가능 자격증은?

☑ 생활체육지도사 ☑ 생활스포츠지도사
☑ 응급구조사 ☑ 전문스포츠지도사
☑ 청소년지도사 ☑ 스포츠경영관리사
☑ 운동처방사 ☑ 경호원자격증
☑ 경호경비사
☑ 훈련사자격증
☑ 스포츠테이핑지도사
☑ 레크리에이션지도사
☑ 유아레크리에이션지도사
☑ 스쿠버잠수사 등

추천 도서는?

- 세계 체육문화사(한국학술정보, 유인영)
- 스포츠 경영(박영사, 문개성)
- 스포츠, 돈 그 이상의 가치(학현사, 박성수)
- 뉴 스포츠 비즈니스 인사이트
  (인물과사상사, 박성배)
- 축구의 제국, 프리미어리그
  (워터베어프레스, 조슈아 로빈슨 외, 황금진 역)
- 공 차던 소년, 세상을 경영하다
  (드림위드에스, 고용필)
- 꿈의 스포츠 마케팅(이지컴, 김영진)
- 스포츠심리학의 정석(레인보우북스, 김병준)
- 스포츠 심리학(박영사, 임태희 외)
- 태권도 산책(메이킹북스, 전난희)
- 달리기, 조깅부터 마라톤까지
  (시그마북스, 장 프랑수아 하비, 임영신 역)
- 운동의 뇌과학(현대지성, 제니퍼 헤이스, 이영래 역)
- 운동선수 마스터플랜
  (더디퍼런스, theD마스터플랜연구소)
- 그래서 운동(글이, 이슬기)
- 운동의 역설(동녘사이언스, 허먼 폰처, 김경영 역)

학과 주요 교과목은?

기초 과목	체육원리, 체육해부학, 운동생리학, 스포츠심리학, 사회체육개론, 건강관리, 스포츠영양학, 저항운동기능학, 사회체육프로그램, 스포츠문화콘텐츠개발, 수영, 육상, 체조, 댄스스포츠, 골프, 배구, 테니스, 배드민턴, 필라테스, 실용요가 등
심화 과목	스포츠사회복지론, 운동역학, 스포츠경영론, 사회체육지도론, 스포츠사회학, 스포츠의학, 사회체육행정, 스포츠마사지와 테이핑, 운동처방실습, 노인체육론, 체육측정평가, 스포츠소비자행동론, 스포츠마케팅, 여가스포츠정책론, 퍼스널트레이닝 등

졸업 후 진출 분야는?

일반 기업	사회 체육 단체, 스포츠 센터, 병원의 운동 처방 센터, 기업의 실업팀 등
공공 기관	문화체육관광부, 국민체육진흥공단, 대한체육회, 한국문화체육관광협회, 경찰서, 초·중·고등학교, 대학교, 각종 체육 관련 단체 및 협회 등
기타	방송국, 신문사, 잡지사, 사회체육 대학원, 학원 운영 등

🔍 전공 관련 선택 과목은?

▶ 국어, 영어 교과는 모든 학문의 기초적인 성격을 가진 도구교과로 모든 학과에 이수가 필요하여 생략함.

수능 필수	화법과 언어, 독서와 작문, 문학, 대수, 미적분Ⅰ, 확률과 통계, 영어Ⅰ, 영어Ⅱ, 한국사, 통합사회, 통합과학, 성공적인 직업생활(직업)		
교과군	선택 과목		
	일반 선택	진로 선택	융합 선택
수학, 사회, 과학	사회와 문화, 현대사회와 윤리, 물리학, 생명과학	정치, 법과 사회	실용 통계, 사회문제 탐구, 융합과학 탐구
체육·예술	체육1, 체육2	운동과 건강, 스포츠 문화, 스포츠 과학	스포츠 생활1, 스포츠 생활 2
기술·가정/정보	정보		
제2외국어/한문			
교양		인간과 심리, 보건	

학교생활기록부 관리는?

출결 사항	• 미인정 출결 내용이 없도록 관리하세요. 미인정(무단) 결석 등이 있으면 학교생활 충실도나 인성, 성실성 영역에서 부정적인 평가를 받을 가능성이 높아요.
자율·자치활동	• 다양한 교내외 활동에서 자기주도적 참여를 통해서 체육 분야에 대한 관심과 흥미, 창의적 문제 해결 능력, 의사소통 능력, 협업 능력, 발전 가능성 등이 드러나도록 하세요.
동아리활동	• 교내 축구반, 농구반, 배드민턴반, 태권도반, 요가반, 댄스반 등 체육에 대한 관심과 역량을 개발할 수 있는 동아리 활동을 하세요. • 동아리 가입 동기, 동아리 내 자신의 역할, 동아리 활동으로 변화된 자신의 모습, 전공과 관련된 자신의 소질 계발 경험 등이 드러나도록 하세요. • 교내 체육행사, 스포츠클럽 등이 잘 이루어지도록 진행 보조 등과 같은 체육관련 봉사활동에 적극적으로 참여하세요.
진로 활동	• 스포츠 센터, 스포츠 관련 학과 및 직업에 대한 정보 탐색 활동을 권장해요. • 체육 관련 학과에 대한 체험 활동을 권장해요. • 자기 주도적으로 진로를 설계하려는 태도와 노력이 드러나도록 하세요.
교과학습 발달상황	• 사회체육학과 관련 있는 체육, 과학 교과의 우수한 학업 성취를 올릴 수 있도록 관리하고, 수업 활동에서 전공 적합성, 자기주도성, 문제 해결 능력, 창의력, 발전 가능성 등의 역량이 발휘될 수 있도록 수업에 적극 참여하세요.
독서 활동	• 체육, 스포츠 관련 분야의 교과 연계 독서활동 내용이 기록되도록 하세요. • 인문학, 과학, 철학, 체육학, 심리학 등 다양한 책을 읽으세요. • 교과와 관련한 독서, 융합적 사고를 위한 독서, 관심 분야를 탐구하기 위한 독서를 통해 지적 호기심이 드러나도록 하세요.
행동 발달 특성 및 종합 의견	• 창의력, 문제 해결 능력, 협업 능력, 자기주도적 학습 능력 등이 드러날 수 있도록 해요. • 학교생활에서 자기주도성, 경험의 다양성, 성실성, 나눔과 배려, 학업 태도와 학업 의지에 대한 장점이 기록되도록 관리해야 해요.

음역에 따른 성악가의 종류에 대해 알아볼까요?

➡️ 여자 성악가는 소프라노, 메조소프라노, 알토가 있어요. 소프라노는 가장 높은 음역대를 내며, 오페라에서 절정 부분을 부르는 경우가 많아요. 메조소프라노는 중간 음역대를, 알토는 가장 낮은 음역대를 내요. 흔히 여자 중 가장 낮은 음역대를 내는 성악가를 알토라고 생각하는 경우가 많은데, 이 알토는 합창(특히 4부 합창)에서 여자 중 가장 낮은 음역대 자체를 말해요. 실제로 여자 중 가장 낮은, 즉 테너와 겹치는 음역대의 성악가는 콘트랄토라고 불러요. 굳이 이 음역대에서만 성악가를 구분하는 이유는 진정한 콘트랄토는 극히 드물기 때문이에요.

➡️ 남자 성악가는 테너, 바리톤, 베이스가 있어요. 테너는 남자 성악 부분에서 가장 높은 음역대를 내고, 바리톤은 '깊고 무거운 소리'라는 뜻으로 중간 음역대를, 베이스는 '굵고 낮은 소리'라는 뜻으로, 인간이 낼 수 있는 가장 낮은 음역대를 내요

성악가란?

천상의 목소리로 불리는 루치아노 파바로티, 플라시도 도밍고, 호세 카레라스, 조수미, 김동규 등은 모두 성악가입니다. 악기로 연주되는 기악에 상응되는 성악은 가사로서의 언어의 역할이 중요하며, 대개 악기의 반주가 따릅니다. 넓은 의미의 성악은 사람의 목소리로 만드는 모든 음악이지만, 일반적으로 성악가는 '서양 고전 음악을 하는 가수'를 가리킵니다.

노래를 부른다는 점에서는 가수와 비슷하지만 성악가와 가수는 기본적인 발성법부터 다릅니다. 성악가들은 좀 더 아름다운 소리를 내기 위해 몸을 반듯하게 세우고, 가슴을 편 상태에서 바른 호흡법으로 노래하는 것을 중요하게 생각합니다. 그래서 정확한 발음으로 자신이 낼 수 있는 여러 소리 중에서 가장 다듬어진 소리로 노래를 부르기 위해 노력합니다.

성악가는 오페라, 독창, 중창, 합창의 형태로 전통 고전 음악과 가곡을 노래하고, 대부분 합창단에 소속되어 활동합니다. 음악 악보를 보고 피아노나 오케스트라 반주에 맞춰 리듬을 확인하고, 노래를 합니다. 가사와 음악을 연구하고, 다른 성악가 및 반주자와 음색을 조정하기도 하며, 오페라의 등장인물로 출연하여 대사를 음악에 맞추어 표현합니다.

성악가
성악과

성악가가 오페라 무대에 오르려면 노래는 물론 연기 실력도 갖추어야 합니다. 지금까지 우리나라에서 성악가는 주로 오페라 가수로 활동했지만, 최근에 들어서는 팝페라나 뮤지컬 쪽으로 진출하는 경우도 많습니다.

대중음악을 다루는 가수는 저마다의 독특한 개성이 담긴 음색을 중요시하지만, 성악가는 이미 만들어져 있는 정형적인 틀에 자신을 맞춰 나가야 합니다. 그렇기 때문에 제약이 많고, 가장 좋은 소리를 내기 위해 자신의 신체를 관리해야 합니다.

성악가 중에는 몸집이 크고 살이 찐 사람들이 많은 편인데, 이것은 성악가가 최고의 성량과 목소리를 유지하기 위해 운동을 통해 근육을 만들었기 때문입니다. 소리의 힘이 음의 기교보다 중요한 성악에서 자신을 절제하여 근력 운동으로 몸을 만드는 일은 아주 중요합니다.

성악가가 하는 일은?

성악가는 오페라, 독창, 중창, 합창의 형태로 전통 고전 음악과 가곡을 노래합니다. 가사와 음악을 연구하고, 피아노나 오케스트라 반주에 맞춰 리듬을 확인하며, 자신의 감정을 가사에 실어 노래합니다.

> » 소리를 원활하게 내기 위해 발성을 연습합니다.
> » 악보를 익히거나 악곡을 연습합니다.
> » 발표회 등을 위해 리허설을 합니다.
> » 화음, 멜로디, 리듬, 발성에 대한 지식을 기초로, 피아노 반주 또는 관현악단의 연주에 맞추어 노래합니다.
> » 다른 성악가 및 반주자와 음색을 조정합니다.
> » 독창 또는 합창 단원으로서 노래를 합니다.
> » 오페라의 등장인물로 출연하여 대사를 음악에 맞추어 표현하기도 합니다.
> » 작곡이나 편곡을 하기도 합니다.

Jump Up

팝페라에 대해 알아볼까요?

팝페라는 팝(pop)과 오페라(opera)의 합성어로, 오페라를 팝처럼 부르거나 팝과 오페라를 넘나드는 음악 스타일 또는 대중화한 오페라를 말해요. 유명한 오페라에 대중적인 팝 스타일을 가미해 부름으로써 누구나 편안하게 들을 수 있는 노래들로, 최근에 고유한 장르로 자리 잡고 있어요. 팝페라라는 말은 1985년 키메라(Kimera, 한국명 김홍희)가 발표한 앨범 '더 로스트 오페라(The Lost Opera)'에 대해 프랑스 일간 신문 '르몽드'에서 '한국에서 온 팝페라의 여왕'이라고 소개하면서 처음 사용되었고요. 이후 1997년 미국의 유력 일간 신문 '워싱턴 포스드'에서 사용하면서 대중화되었다고 해요.

이 음악의 뿌리는 19세기 이탈리아로 거슬러 올라가요. 당시에 유행하던 3~4분짜리 오페라 아리아는 행인들이 휘파람으로 불고 다닐 정도로 대중적 인기를 누렸어요. 이로 인해 출판업자들은 이런 오페라 아리아를 주제로 한 피아노 바이올린 변주곡 악보를 만들어 수익을 올리기도 했어요. 이처럼 클래식에 내재한 대중성이 지금의 팝페라를 가능하게 한 것이라 할 수 있어요.

팝페라 가수들은 무대에서 노래를 부를 때 마이크를 쓰긴 하지만 반주만큼은 피아노, 바이올린 등 고전 악기로 편성된 관현악 오케스트라가 맡고 있어서 똑같은 아리아를 불러도 팝페라 가수의 노래가 훨씬 가볍고 부담 없이 들리는 편이에요.

요즘에는 팝페라의 대중성을 위해 뮤지컬처럼 마이크와 다양한 음향 장치를 사용해야 한다는 주장도 있어요. 팝페라의 대표 주자로는 사라 브라이트만, 엠마 샤플린, 필리파지오르다노, 안드레아 보첼리, 이지 등이 있으며, 한국에는 임형주가 있어요.

성악가
커리어맵

• 대한가수협회 www.singer.or.kr
• 한국음악콘텐츠산업협회 k-mca.or.kr
• 한국성악가협회 www.ekcsa.com

• 음악, 국어 및 문학, 영어 교과 역량 키우기
• 합창부, 뮤지컬부, 오케스트라부 등 교내 동아리 활동
• 오페라, 뮤지컬, 오케스트라 연주 관람
• 음악 관련 직업 체험 활동
• 음악 관련 학과 탐방 활동
• 문학, 음악 등 예술 분야의 다양한 독서 활동

관련기관

준비방법

적성과 흥미

• 음악적 재능
• 창의력
• 책임감
• 표현력
• 집중력
• 청력
• 끈기
• 성취감

관련학과

• 성악과
• 성악전공
• 공연예술음악과(성악전공)
• 국악과
• 뮤지컬전공
• 성악뮤지컬학부
• 뮤지컬실용음악학과
• 예술학부(성악전공)
• 음악학과 성악전공
• 작곡과
• 피아노과 등

성악가

흥미유형

• 예술형
• 탐구형

관련교과

• 국어
• 영어
• 음악
• 제2외국어(프랑스어, 스페인어, 독일어)

관련자격

관련직업

• 중등 음악 실기 교사
• 문화예술교육사
• 무대예술전문인

• 작사가
• 편곡가
• 가수
• 연주자
• 지휘자
• 작곡가
• 뮤지컬배우

성악가가 되려면 음악을 좋아하는 것은 물론이고, 음악적 지식을 이해하고 그것을 노래로 표현해야 하기 때문에 음악적인 감각과 소양이 필요합니다. 또한 음악적 재능을 타고났다고 해도 꾸준한 연습과 노력을 통해서만 좋은 성악가가 될 수 있기 때문에 남다른 인내와 끈기도 필요합니다. 음의 고저와 크기의 차이를 잘 구분하는 청력을 지녔거나, 슬프거나 기쁘거나 하는 감정의 표현이 자유로운 사람이라면 더욱 좋습니다.

성악가가 되고 싶다면 화성법, 발성법, 지휘법 등 성악에 필요한 지식을 습득하기 위한 노력이 필요하고, 항상 음악과 가까이하며 오페라나 성악가의 공연 등을 자주 관람하면서 음악적 재능을 키우는 것이 도움이 됩니다.

성악의 본거지가 유럽이고, 불러야 하는 노래들도 유럽의 언어로 된 것이 많기 때문에 외국어에 흥미가 많은 사람이라면 좋습니다. 예술형, 탐구형의 흥미를 가진 사람에게 적합하며, 인내, 성취, 책임감 등의 성격을 가진 사람들에게 유리합니다.

성악가 커리어맵

음악 관련 직업에 대해 알아볼까요?

▶ 음악치료사

음악치료사는 음악을 이용해 사람의 신체와 정신을 치료해요. 또한, 음악을 통해 환자를 진단하고 결과를 정리하여 보호자에게 전달하며, 환자의 특성에 따라 음악적 치료 방법을 제시해요. 음악치료사가 되기 위한 학력 제한은 없지만, 현재 활동 중인 대다수의 음악치료사는 대학원 교육 과정 이수 후 음악치료사 자격을 취득하여 활동하고 있어요.

▶ 음반기획자

음반기획자는 음반 시장의 상황과 음반에 대한 고객들의 요구를 분석하여, 출시할 음반의 주제와 내용을 기획하는 일을 해요. 음반기획자가 되기 위한 학력이나 자격은 없어요. 그러나 대부분은 음악 관련 학과에서 음악 전반에 대한 교육을 받거나 음반사의 기획이나 마케팅 분야에서 경험을 쌓은 후 활동하고 있어요.

진출 방법은?

성악가가 되기 위해서는 대학에서 관현악, 기악, 성악, 피아노, 작곡 등 관련 학문을 전공하는 것이 좋습니다. 관련 학과에 진학하기 위해서는 어릴 때에 자신의 진로를 결정하여 꾸준히 연습하는 것이 좋습니다. 이 때문에 음악과 중에는 예술계 중고등학교로 진학하는 사람이 많고, 그렇지 않은 경우에는 대부분 사설 학원이나 개인 레슨을 통해 훈련을 받습니다. 성악가 중에는 성악의 본거지인 이탈리아를 비롯해 유럽으로 유학을 다녀오는 경우도 많습니다.

폭넓은 음악 감상을 통해 음악가로서의 소양을 지속적으로 키워 나가야 하며, 각종 음악 콩쿠르에 참여하여 입상 경력을 쌓는 것도 중요합니다. 서양 음악 관련 학문을 다루게 되고, 오페라나 예술가곡의 가사가 대부분 외국어이므로 영어, 이탈리아어, 독일어, 프랑스어 등 외국어 실력을 키우면 음악 활동에 도움이 됩니다.

관련 직업은?

지휘자, 작곡가, 가수, 국악인, 뮤지컬배우, 연주가 등

관련 학과 및 자격증은?

➜ 관련 학과 : 성악과, 성악전공, 국악과, 뮤지컬전공, 성악뮤지컬학부, 뮤지컬실용음악학과, 음악학과 성악전공, 작곡과, 피아노과 등
➜ 관련 자격증 : 문화예술교육사, 무대예술전문인, 중등학교 2급 정교사(음악) 등

미래 전망은?

여가 활동이 증가하고, 문화 예술에 대한 평가가 높아지면서 음악을 즐기거나 노래를 배우려는 사람이 증가하고 있습니다. 하지만 음악 시장은 소비자가 주로 찾는 인기 있는 음악에 집중되면서, 고전 음악에 대한 수요는 감소하고 있습니다. 이에 따라 고전 음악 관련 학과가 뮤지컬이나 영화 음악 등의 학과로 대체되고 있고, 이러한 현상은 성악가의 고용에 부정적인 영향을 미치고 있습니다. 또한 음악 활동만 하여 얻는 수입으로는 생계유지가 어려워 대학이나 학원에서 강의하는 등 다른 일을 겸하는 경우가 많지만, 성악가에 대한 수요가 줄어들고 있어 교육을 할 수 있는 일자리도 줄고 있는 추세입니다. 다만, 장기적 관점에서 성악가를 비롯한 예술가들은 본인이 원해서 선택하는 직업이라는 점에서는 음악과 예술에 대한 인간의 갈망이 사라지지 않는 한 음악가로 활동하려는 사람들은 꾸준히 생겨날 것으로 보입니다.

한편, 국공립 단체에 소속되어 활동할 경우에는 보수가 안정적이고 신분이 보장되는 편이며, 결원 시 수시로 채용하는 경우가 많아 안정적인 직업을 갖기 위해서는 치열한 경쟁을 치러야 합니다.

▶ 폴리아티스트
폴리아티스트는 영화를 제작할 때 목소리(대사)와 음악(배경 음악)을 제외한 소리 중에서 물체 고유의 소리를 녹음하는 일을 해요. 현재 국내에는 폴리아티스트 전문 교육 기관은 없고, 영화진흥위원회에서 교육을 목적으로 한 인턴 제도를 마련하고 있어요. 소리나 음향에 대한 기본적인 지식이 있어야 하므로 음향이나 영화 사운드를 전공한 사람들이 경험을 쌓은 후 활동하고 있어요.
▶ 목소리코치
목소리코치는 가수, 성우뿐만 아니라 기업 대표, 정치인, 일반인 등을 대상으로 사람들 앞에서 자신감 있게 당당한 목소리로 연설이나 발표를 할 수 있도록 지도해요. 목소리코치가 되기 위해서는 대학에서 언어치료학 또는 언어병리학을 전공하여 자격증을 취득하거나 대학원 과정을 통해 수련 기간을 거쳐 전문가로 활동할 수 있어요.

성악과
성악가 전공 분석

어떤 학과인가?

모든 악기가 궁극적으로 지향하는 소리는 바로 인간의 목소리라는 말이 있을 정도로 인간의 목소리는 가장 아름다운 음색을 지니고 있습니다. 성악은 인간의 목소리를 악기 삼아 인간의 감정, 사상, 영혼 등을 음악으로 표현하는 예술입니다.

성악과는 성악 예술에 대해 탐구하고, 성악가로서의 기량을 연마하는 학과입니다. 발성, 곡 해석, 연기의 능력을 개발하고, 음악회, 오페라 공연, 동아리 발표 등을 통해 성악가로서의 자질을 향상시켜 최고의 예술미에 도달할 수 있게 합니다. 성악으로써 인간의 본성에 의한 절제의 아름다움을 알게 하고, 삶의 균형과 생활의 질서를 체험하도록 합니다. 또한 함께하는 협연을 통해 타인을 이해하고, 문화 복지 사회를 창조하는 데에 기여할 수 있도록 합니다.

성악과에서는 국내분만 아니라 세계 무대에서 활약하면서 세계 성악계의 발전에 공헌할 수 있는 음악 인재가 되기 위한 다양한 교육을 받습니다.

교육 목표와 교육 내용은?

성악과는 인간의 순수한 정서를 근본으로 한, 아름다운 예술 창조를 교육의 목표로 합니다. 예술가로서 성장할 수 있는 환경을 조성하고, 개인 지도를 통한 음악적 자질을 개발하며, 다양한 연주 발표를 통한 연주 능력을 향상하고, 노래를 통해 지역 사회, 국가, 인류 사회에 기여할 수 있는 인재 양성이 목표입니다.

» 발성, 곡 해석, 오페라 연기의 자질을 지닌 인재를 양성합니다.
» 이론과 실기를 겸비한 전문 음악인을 양성합니다.
» 음악회, 오페라 공연, 정기 연주회 등에서 연주 능력을 지닌 인재를 양성합니다.
» 독창적이고 창의적인 사고와 감수성, 표현력을 지닌 인재를 양성합니다.
» 인간 본성의 아름다움을 알고, 음악인의 자질과 개성을 지닌 인재를 양성합니다.
» 지역 사회, 국가, 인류 사회에 기여할 수 있는 음악계의 인재를 양성합니다.
» 노래를 통해 남을 이해하고, 정신적 가치 기준을 설정할 수 있는 인재를 양성합니다.
» 문화 예술 세계의 창조에 기여할 수 있는 성악인을 양성합니다.
» 문화 복지 사회 건설에 도움을 줄 수 있는 예술인을 양성합니다.

학과에 적합한 인재상은?

성악과에서는 음악에 대한 전반적인 이론을 배우고, 발성법과 연기력을 키우기 위한 다양한 실기 교육을 합니다. 따라서 다양한 음악이나 문학에 대한 관심과 흥미를 가지고, 클래식뿐만 아니라 다른 장르를 포함한 공연을 즐기는 사람에게 적합합니다.

성악은 곡을 해석하고 가사를 전달하는 능력도 중요합니다. 그러기 위해서는 어릴 때부터 풍부한 음악성과 연기력을 지니기 위해 노력하고, 오랜 시간 동안 꾸준하게 연습할 수 있는 인내력과 성실함도 필요합니다.

음악적 감수성과 창의력을 키우기 위해 영화, 연극, 뮤지컬, 문학 등 다양한 문화 예술 장르를 접하고, 그때그때 자신의 감정을 글이나 사진 등으로 남겨 놓는 습관을 지니는 것도 좋습니다.

관련 학과는?

성악전공, 국악과, 뮤지컬전공, 성악뮤지컬학부, 뮤지컬실용음악학과, 음악학과 성악전공, 작곡과, 피아노과 등

주요 교육 목표

이론과 실기를 겸비한
음악 인재 양성

창조적인 연주 능력을 지닌
인재 양성

음악문화예술 세계에 기여할
수 있는 인재 양성

독창적인 사고와 감수성을
지닌 인재 양성

사회에 봉사하는 전문연주인 및
음악교육가 양성

국가, 인류 사회에 기여할
수 있는 음악인 양성

취득 가능 자격증은?

☑ 문화예술교육사
☑ 무대예술전문인
☑ 피아노실기지도사
☑ 음악심리지도사
☑ 음악치료사
☑ 음악재활지도사
☑ 방과후지도사
☑ 중고등학교 음악교사 등

진출 직업은?

성악가, 가수, 작곡가, 연주가, 국악인, 음악잡지기자, 방송국 음악담당 프로듀서, 음악해설가. 음악기획 및 마케팅, 음악치료사, 뮤지컬배우, 대학교수, 중고등학교 음악교사, 국립 및 시립 합창단원 등

추천 도서는?

- 성악을 알면 노래가 쉽다
  (한국경제신문i, 김정현)
- 성악의 기술(미니멈, 박명기)
- 클래식의 클래식(아트레이크, 이영록)
- 클래식 비스트로(한스미디어, 원현정)
- 고성현의 숨(현대문화, 고성현)
- 뮤지컬의 탄생(마인드빌딩, 고희경)
- 뮤지컬인문학(알렙, 송진완)
- 디어 마이 오페라(그래도봄, 백재은)
- 방구석 오페라(리텍콘텐츠, 이서희)
- 오페라의 유령
  (북레시피, 가스통 르루, 김주경 역)
- 100곡으로 끝내는 클래식 수업
  (반니, 다다 쿄코, 박세미 역)
- 처음 읽는 클래식 음악의 역사
  (탐나는 책, 나카가와 유스케, 나지윤 역)
- 당신에게 베토벤을 선물합니다
  (원앤원북스, 임현정)
- 완전한 연주(현익출판, 케니 워너, 이혜주 역)
- 인간행동과 음악(학지사, 정현주)

학과 주요 교과목은?

기초 과목	이태리어딕션, 전공합창, 독어딕션, 성악문헌, 성악전공실기, 음악사, 음악분석, 악보분석, 화성학, 이태리가곡클래스, 독일가곡클래스, 합창, 시창, 청음, 서양음악, 국악개론 등
심화 과목	불어딕션, 전공합창, 성악기법, 성악전공실기, 합창지휘법, 성악인턴십, 스페인어딕션, 대위법, 형식과 분석, 음성학, 영어가곡클래스, 성악문헌, 불란서가곡클래스, 건반화성, 실내악, 전공실기(피아노실기, 관현악실기, 반주실습, 관현악합주) 등

졸업 후 진출 분야는?

일반 기업	음반 제작 회사, 연주 단체, 오페라단, 출판사, 방송사 등
공공 기관 및 연구 기관	국공립합창단, 한국문화예술교육진흥원, 서울문화재단, 초·중·고등학교, 국립·공립·사립 대학교 등
기타	음악 관련 작가, 예능강사, 공연장 하우스 매니저, 학원 등

전공 관련 선택 과목은?

▶ 국어, 영어 교과는 모든 학문의 기초적인 성격을 가진 도구교과로 모든 학과에 이수가 필요하여 생략함.

수능 필수	화법과 언어, 독서와 작문, 문학, 대수, 미적분Ⅰ, 확률과 통계, 영어Ⅰ, 영어Ⅱ, 한국사, 통합사회, 통합과학, 성공적인 직업생활(직업)		
교과군	선택 과목		
	일반 선택	진로 선택	융합 선택
수학, 사회, 과학	세계시민과 지리, 세계사, 사회와 문화, 현대사회와 윤리		여행지리, 융합과학 탐구
체육·예술	음악, 연극	음악 연주와 창작, 음악 감상과 비평	음악과 미디어
기술·가정/정보			지식 재산 일반
제2외국어/한문	제2외국어(스페인어, 독일어, 프랑스어)		
교양		인간과 철학, 인간과 심리	

학교생활기록부 관리는?

출결 사항	• 미인정(무단) 출결 사항이 없도록 관리하세요. 미인정(무단) 결석 등이 있으면 학교생활 충실도나 인성, 성실성 영역에서 부정적인 평가를 받을 가능성이 높아요.
자율·자치활동	• 다양한 교내외 활동에서 자기주도적 참여를 통해서 성악 분야에 대한 관심과 흥미, 창의적 문제 해결 능력, 의사소통 능력, 협업 능력, 발전 가능성 등이 드러나도록 하세요.
동아리활동	• 음악에 대한 관심과 역량을 개발할 수 있는 동아리 활동에 참여하면 우수한 평가를 받을 수 있어요. • 가입동기, 본인의 역할, 배우고 느낀 점, 성악과 진학을 위해 기울인 활동과 노력이 나타날 수 있도록 참여하세요.
진로 활동	• 성악가, 기타 음악 관련 학과 및 직업에 대한 정보 탐색 활동을 권장해요. • 국립합창단이나 음악 관련 학과에 대한 체험 활동을 권장해요. • 음악 분야에 대한 적극적 진로 탐색 활동을 통해서 자신의 진로 역량, 전공 적합성, 발전 가능성 등이 나타날 수 있도록 하세요.
교과학습 발달상황	• 성악과와 관련 있는 음악, 역사, 문학 교과의 우수한 학업 성취를 올릴 수 있도록 관리하고, 수업 활동에서 전공 적합성, 자기주도성, 문제 해결 능력, 창의력, 발전 가능성 등의 역량이 발휘될 수 있도록 수업에 적극 참여하세요. • 음악 관련 분야의 교과 연계 독서 활동 내용이 기록되도록 하세요.
독서 활동	• 인문학, 철학, 역사, 심리학 등 다양한 분야의 책을 읽으세요. • 음악, 클래식의 역사, 성악가 등과 관련된 독서 활동을 통해서 성악가로서의 기본적인 지식을 쌓는 것이 중요해요.
행동 발달 특성 및 종합 의견	• 창의력, 문제 해결 능력, 협업 능력, 자기주도적 학습 능력 등이 드러날 수 있도록 해요. • 학교생활에서 자기주도성, 경험의 다양성, 성실성, 나눔과 배려, 학업 태도와 학업 의지에 대한 장점이 기록되도록 관리해야 해요.

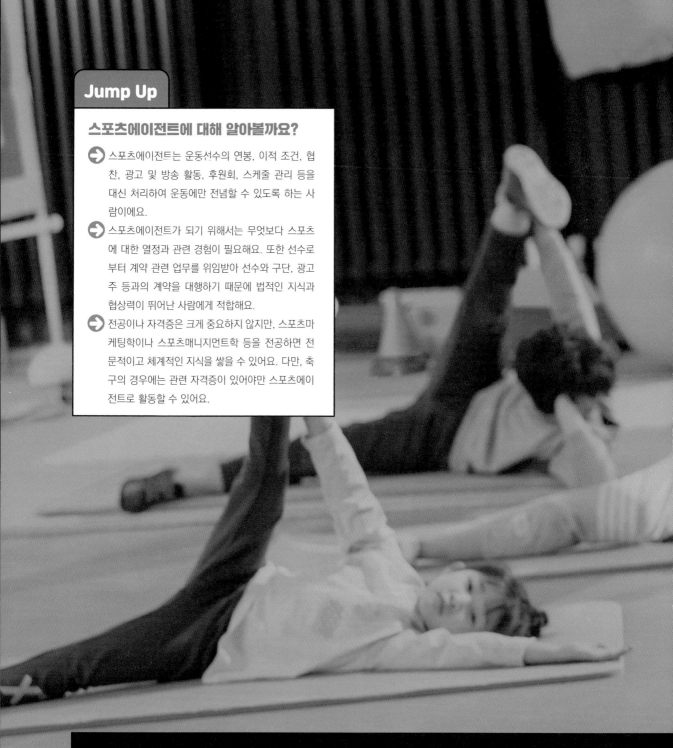

Jump Up

스포츠에이전트에 대해 알아볼까요?

➡ 스포츠에이전트는 운동선수의 연봉, 이적 조건, 협찬, 광고 및 방송 활동, 후원회, 스케줄 관리 등을 대신 처리하여 운동에만 전념할 수 있도록 하는 사람이에요.

➡ 스포츠에이전트가 되기 위해서는 무엇보다 스포츠에 대한 열정과 관련 경험이 필요해요. 또한 선수로부터 계약 관련 업무를 위임받아 선수와 구단, 광고주 등과의 계약을 대행하기 때문에 법적인 지식과 협상력이 뛰어난 사람에게 적합해요.

➡ 전공이나 자격증은 크게 중요하지 않지만, 스포츠마케팅학이나 스포츠매니지먼트학 등을 전공하면 전문적이고 체계적인 지식을 쌓을 수 있어요. 다만, 축구의 경우에는 관련 자격증이 있어야만 스포츠에이전트로 활동할 수 있어요.

스포츠트레이너란?

　최근 우리나라의 스포츠 산업은 날로 성장하고 있습니다. 올림픽과 월드컵 등에 뜨겁게 환호하는 사람들, 스포츠 경기가 열리는 경기장에 가서 직접 관람하거나 동호회나 모임을 만들어 즐기는 사람들이 점점 증가하고 있습니다. 또한 높아진 사회적 인기와 수입 등으로 인해 운동선수는 어린 학생들에게 선망의 직업이 되었습니다. 인기 많고 인지도 높은 운동선수는 아니지만, 선수들 옆에서 항상 그림자처럼 따라다니는 사람이 있는데, 바로 스포츠트레이너입니다.

　스포츠트레이너는 아마추어나 프로 운동선수의 신체 및 건강 상태를 진단하여, 경기에 참가할 수 있는 최상의 신체 컨디션을 유지할 수 있도록 조언하고, 최상의 능력을 발휘할 수 있도록 훈련시키는 일을 합니다. 운동선수 또는 팀의 감독이나 코치와 협의하여 운동선수 개개인의 특성에 맞는 훈련을 계획하여 실행합니다. 각각의 스포츠 종목에 적합한 체력을 만들기 위해 근육 단련, 자세 교정, 체중 조절, 마사지 등으로 운동선수가 최상의 몸 상태를 유지할수 있도록 돕습니다.

스포츠트레이너
체육학과

이분만 아니라 운동선수가 부상을 예방할 수 있도록 조언을 하기도 하고, 경기 도중 선수가 부상을 당했을 때에는 응급조치를 하며, 의사와 협의하여 재활 훈련을 진행합니다.

스포츠트레이너가 열심히 일을 해도 어려움에 부딪힐 때가 있습니다. 부상을 입은 운동선수와 재활 훈련에 최선을 다해도 회복 속도가 더디거나, 오히려 더 나쁜 결과가 나올 수도 있고, 운동선수가 재활 훈련을 하여 많이 호전되었다고 생각했는데, 소속팀에서 더 이상 운동을 할 수 없게 되었을 때가 생기기 때문입니다.

스포츠트레이너가 하는 일은?

스포츠트레이너는 크게 두 분야로 구분됩니다. 부상을 관리하는 재활트레이너와 경기력을 향상시키는 체력트레이너입니다. 재활트레이너는 일반적으로 부상을 입거나 빠른 회복을 위해 수술을 한 선수가 정상적으로 운동할 수 있도록 훈련 프로그램을 짜고 실행하는 역할을 합니다. 체력트레이너는 운동선수의 기능 향상과 컨디션 유지를 위한 훈련을 전담합니다.

» 감독이나 코치와 협의하여 종목, 포지션, 선수 개인에 따라 필요한 근육을 단련시키고, 규칙적 운동이나 교정 운동을 지시합니다.
» 체력을 증진시키거나 체중을 조절하도록 식이 요법을 권고합니다.
» 상처의 통증, 근육 긴장 등을 풀어 주기 위해 선수들의 몸을 주무르거나 두드립니다.
» 선수가 부상을 입었을 때 의사에게 치료를 의뢰하고, 진단 결과에 따라 재활 훈련을 계획·실시합니다.
» 훈련 프로그램의 진행 상황을 점검합니다.
» 부상 선수에게 냉온 찜질, 상처의 소독, 붕대 감기 등 응급 처치를 합니다.
» 열 치료나 전기 치료를 하기도 합니다.

Jump Up

체형관리사에 대해 알아볼까요?

체형관리사를 흔히 다이어트프로그래머라고도 하는데, 고객의 체중 조절을 위해 다이어트 프로그램을 설계하고, 적용하여 고객이 아름답고 건강한 삶을 유지할 수 있도록 도와줘요.

우선, 고객이 체중 감량을 원하는지, 부분 몸매 교정을 원하는지 등 고객 요구 사항을 파악한 후, 측정 기구를 이용하여 고객의 신체 균형 상태와 몸의 특성을 파악해요. 그리고 고객의 특성에 맞게 설계된 프로그램에 따라 운동이나 마사지, 래핑(랩, 붕대 등으로 몸을 감싸는 것) 등의 관리 프로그램, 식이 요법 등으로 체형이나 신체 특정 부분이 균형 잡히고, 탄력 있게 유지되도록 관리해요.

체형관리사가 되기 위해서는 피부비만관리학, 식품영양학, 운동처방학 등을 전공하면 도움이 돼요. 최근에는 사설 교육 기관이 생겨 업무와 관련된 교육을 받을 수 있어요. 주로 체형관리실, 비만 클리닉 센터, 다이어트 센터, 병원 부설 다이어트클리닉 등으로 진출하며, 스포츠 및 헬스장, 생식 및 다이어트 전문 업체로 진출하여 상담 업무를 하기도 해요.

여성뿐만 아니라 남성, 어린아이, 노인에 이르기까지 비만을 예방하고, 체형을 관리하여 건강한 모습을 유지하려는 인구가 늘고 있어 체형관리사에 대한 수요는 계속 증가할 것으로 예상돼요.

스포츠트레이너
커리어맵

- 대한선수트레이너협회 r-kata.org
- 한국선수트레이너협회 www.ikata.or.kr
- 대한체육회 www.sports.or.kr
- 국민체육진흥공단 www.sosfo.or.kr
- 한국스포츠정책과학원 www.sports.re.kr

- 체육, 정보 교과 역량 키우기
- 체육 및 스포츠 관련 동아리 활동
- 관련 단체나 학과 탐방
- 스포츠트레이너 직업 체험
- 물리, 보건 교과 소양 기르기
- 체육 관련 교내외 활동

관련기관

준비방법

- 유연성
- 신체적 강인성
- 리더십
- 신체 통제력
- 배려심
- 인내력
- 책임감
- 의사소통 능력

적성과
흥미

관련학과

- 사회체육학과
- 체육학과
- 스포츠의학과
- 건강관리학과
- 운동처방학과
- 생활체육학과
- 스포츠레저학과

스포츠트레이너

흥미유형

- 현실형
- 사회형

관련교과

- 과학
- 정보
- 체육
- 보건

관련자격

관련직업

- 생활체육지도사
- 선수트레이너
- 건강운동관리사
- 유소년스포츠지도사
- 장애인스포츠지도사
- 노인스포츠지도사

- 경기감독 및 코치
- 운동선수
- 스포츠마케터
- 운동감독
- 스포츠에이전트
- 경기심판

적성과 흥미는?

스포츠트레이너가 되기 위해서는 꼭 필요한 조건이 있습니다. 물론 의료와 운동에 관한 지식과 흥미가 중요하겠지만 무엇보다 중요한 것은 공감 능력, 즉 타인의 욕구나 느낌에 민감하며, 타인을 이해하고 도와주려는 마음이 있어야 합니다. 운동선수와 항상 함께 훈련을하므로 선수와 돈독한 관계를 유지하고, 서로 신뢰가 형성된 다음에 훈련을 한다면, 선수는 자신의 몸과 마음을 스포츠트레이너에게 맡기고 기량을 향상시키는 데에만 전념할 수 있을 것입니다.

유연성 및 균형을 유지할 수 있는 신체적 강인성, 다른 사람을 지도하고 가르치는 리더십, 신호에 빠르게 반응하거나 신체를 신속히 움직이는 민첩성이 있으면 더욱 좋습니다. 혼자 일하기보다는 사람들과 일하는 것을 좋아하고, 도전적인 목표를 설정한 후 이를 달성하기 위해 노력하는 인내력과 책임감도 필요합니다.

스포츠트레이너에 관심이 있다면 훈련을 통해 체력과 근력을 기르고, 많은 사람들과 어울리는 대인관계 능력을 기르는 것이 좋습니다. 리더십을 키울 수 있는 동아리 활동이나 다른 사람을 도와주는 봉사 활동을 통해 기본적인 자질을 키워야 합니다. 또한 다양한 스포츠 종목을 즐겨하며 지식과 기술을 익히고, 스포츠 관련 의학 지식에도 관심을 가진다면 큰 도움이 됩니다. 현실형, 사회형의 흥미를 가진 사람에게 적합합니다.

스포츠트레이너 커리어맵

Jump Up

스포츠마케터에 대해 알아볼까요?

스포츠마케터는 스포츠로 마케팅을 하는 사람이에요. 각종 스포츠 행사를 개최하고 후원하면서 기업명, 단체명, 상품명 등을 마케팅하거나 TV, 라디오, 신문, 잡지 등을 통해 홍보하는 일을 해요. 그러므로 스포츠마케터가 되려면 스포츠에 대한 열정은 기본이고, 마케팅에 대한 지식이 필요해요.

스포츠경영학, 스포츠마케팅학, 체육학, 사회체육학 등을 전공한 사람에게 유리하며, 스포츠 시장 분석을 위한 통계, 광고 및 홍보, 외국어 실력 등이 필요해요. 주로 스포츠 마케팅 전문 기업, 대기업의 스포츠 마케팅팀, 스포츠 의류 및 용품 회사, 스포츠 미디어, 프로 팀 등으로 진출해요.

진출 방법은?

스포츠트레이너가 되기 위해서는 일반적으로 4년제 대학에서 체육 관련 학과, 물리치료학, 재활치료학 등을 전공하는 것이 유리합니다. 대학을 졸업한 후 대한선수트레이너협회, 한국선수트레이너 협회 등에서 실시하는 교육을 이수하고, 자격증을 취득하면 관련 업계로 진출할 수 있습니다. 대한선수트레이너협회에서 인정하는 자격 조건으로는, 4년제 대학의 체육 관련 학과나 물리치료학과 등을 졸업하고, 협회에서 실시하는 시험에 합격하는 것입니다.

대학에서 물리치료학과를 졸업하고 선수촌 등에서 물리치료사를 거친 후에 프로 구단에서 트레이너로 진출할 수도 있습니다. 스포츠트레이너가 되기 위해 스포츠 트레이닝 의학이 발달한 미국, 일본 등에서 유학하고 자격을 취득한 후 귀국하는 경우도 있습니다.

스포츠트레이너가 된 후에도 주기적인 교육을 통해 전문성을 쌓아야 합니다. 프로 구단의 경우, 경력과 전문성을 인정받아야 진출이 가능하며, 최근에는 해외 선수를 많이 영입하기 때문에 영어 등의 외국어에 능통하면 유리합니다.

관련 직업은?   물리치료사, 건강운동관리사, 체형관리사, 스포츠마케터, 스포츠에이전트 등

관련 학과 및 자격증은?

➡ 관련 학과 : 체육학과, 사회체육학과, 생활체육학과, 스포츠레저학과, 스포츠의학과, 물리치료학과, 건강관리학과, 운동처방학과, 태권도학과 등

➡ 관련 자격증 : 생활스포츠지도사, 장애인스포츠지도사1, 2급, 유소년스포츠지도사, 노인스포츠지도사, 선수트레이너, 건강운동관리사 등

미래 전망은?

스포츠트레이너의 고용은 앞으로도 증가할 것으로 전망됩니다.

운동을 하는 사람이라면 누구나 부상의 위험에서 자유로울 수 없습니다. 선수들에게 부상은 신체적인 문제뿐만 아니라 정서적으로도 악영향을 끼칠 수 있습니다. 따라서 부상을 미연에 방지하고, 부상을 당했다 하더라도 빠른 시간 안에 재활하여 다시 기량을 찾을 수 있도록 지원하는 전문 스포츠트레이너의 역할은 무척 중요합니다.

최근 스포츠트레이너는 국가 대표나 프로 운동선수뿐만 아니라 아마추어 실업팀이나 재활 병원, 일반인을 대상으로 하는 스포츠센터 등에서도 그 역할이 중요하다는 인식이 확대되고 있습니다. 이러한 현상은 앞으로 스포츠트레이너의 일자리 형성에 긍정적인 영향을 미칠 것으로 보입니다.

요즘은 운동선수들의 수입이 많아지고, 좋은 몸 상태를 유지하기 위해 최첨단 기술을 활용한 훈련법을 도입하는 경우가 많아지고 있습니다. 이에 따라 스포츠트레이너의 근무 영역은 더욱 다양해지고 전문화될 것으로 예상됩니다. 그러므로 유능한 스포츠트레이너가 되기 위해서는 자신만의 전문성과 트레이너로서의 경력을 쌓는 것이 중요합니다.

체육학과
스포츠트레이너 전공 분석

어떤 학과인가?

체육학과에서는 신체 활동을 바탕으로 건강, 운동, 스포츠 과학, 그리고 여가를 포함한 인간의 행동에 대한 지식을 연구합니다. 또한 체육 지도자 및 스포츠 연구자를 양성하기 위해 신체 운동에 관한 기초 이론과 실기를 교육합니다.

체육학과는 신체에 의해 이루어지는 교육으로 지도자 양성을 위한 프로그램과 실기 실습 교육이 함께 이루어집니다. 체육에 대한 이론과 실기를 바탕으로 전문 인력을 육성하며 게임, 스포츠, 생활 체육 등을 개발하기 위해 이론과 실기를 병행합니다. 또한 인체의 구조와 생리, 영양소 섭취 등에 대한 정확한 이해가 전제되어야 하므로 관련 이론을 통해 전문 지식을 교육합니다. 스포츠 산업이 활성화됨에 따라 스포츠를 스포츠 마케팅, 스포츠 대중화 등 문화 영역으로 다루기도 하고, 신체의 균형 잡힌 발달과 경기력 향상을 위한 스포츠 과학으로 다루어 연구합니다.

요즘은 전문 운동선수만이 운동하는 시대가 아니고, 누구나 즐기는 대중적인 스포츠 시대이기 때문에 졸업 후 진출 분야는 더욱 늘어나고 있습니다.

교육 목표와 교육 내용은?

체육학과에서는 체계적인 이론 교육과 전문적인 실기 교육을 병행함으로써 체·덕·지를 고루 갖춘 체육 지도자, 스포츠 과학자, 스포츠·레저 산업 분야의 인재 양성을 교육 목표로 합니다.

생물학, 화학, 물리학을 근간으로 인간의 운동, 건강, 안전, 상해 예방 및 재활, 레저 스포츠 등과 관련된 교과목을 집중적으로 교육하여 스포츠 분야의 전문가로 키웁니다. 사회적 수요 변화에 따른 학문의 주제와 소재를 발굴하고, 운동 과학의 새로운 패러다임을 만들어 학교 체육, 생활 스포츠, 전문 스포츠, 예방운동학, 건강학, 재활운동학 등의 영역에 적용하는 것이 중요한 연구 과제입니다.

> » 스포츠의 가치와 역할, 다양한 스포츠 관련 시스템에 대한 이해력을 지닌 인재를 양성합니다.
> » 안전, 건강, 상해 예방 및 재활 교육에 필요한 인재를 양성합니다.
> » 스포츠 및 레저 관련 산업 현장에서 필요한 실무 능력과 국제적 감각을 지닌 인재를 양성합니다.
> » 국내 스포츠 산업의 건전한 발전을 선도하는 인재를 양성합니다.
> » 올바른 가치관과 책임 의식을 갖춘 생활 스포츠 지도자를 양성합니다.
> » 다른 사람을 가르치기 적합한 지도력과 인격을 갖춘 인재를 양성합니다.
> » 이론적 지식과 실기 능력을 조화롭게 갖춘 유능한 스포츠 인재를 양성합니다.

학과에 적합한 인재상은?

현대인의 수명이 연장되면서 건강과 여가 시간에 대한 관심이 높아지고 있습니다. 이에 따라 체계적으로 체육 활동을 지도할 수 있는 전문 인력에 대한 요구도 점점 커지고 있습니다. 고령화 시대의 체육은 성인병 예방과 삶의 질을 높이는 데 결정적 역할을 합니다.

체육학과에 진학하기 위해서는 운동하기를 좋아하고, 스포츠 관련 학문에 관심이 많으면 좋습니다. 체육 분야를 전공하려면 각종 운동 종목을 습득할 수 있는 운동 자질이 있어야 하고, 훈련을 감당해 낼 강인한 체력이 필요합니다. 또 한 종목 이상의 특기를 기르기 위해 많은 양의 연습과 훈련이 필요하므로 학과 수업 이외의 시간에도 노력을 투자할 수 있는 끈기와 인내심이 필요합니다.

체육은 다른 사람과 팀을 이루어서 하는 경기가 많기 때문에 팀워크를 위한 원만한 대인관계 능력, 타인에 대한 배려심, 위기가 찾아왔을 때 이를 잘 이겨 낼 수 있는 강한 정신력, 그리고 협동심도 갖추어야 합니다.

체육학에 대해 체계적으로 연구하기 위해서는 물리학과 의학도 깊이 있게 다루어야 하므로 이와 관련된 과목의 기초 지식을 쌓아 두는 것이 도움이 됩니다.

관련 학과는?

사회체육학과, 생활체육학과, 운동처방학과, 스포츠과학과, 스포츠레저학과, 골프산업학과, 태권도학과 등

진출 직업은?

경기감독, 코치, 스포츠강사, 스포츠마케터, 스포츠에이전트, 경기기록원, 경기심판, 경찰관, 경호원, 스포츠트레이너, 레크리에이션강사, 체육교사, 심리운동사, 스포츠의학전문가, 스포츠기자, 스포츠해설자, 건강관리사, 운동처방사, 물리치료사, 생활체육지도자, 스포츠과학연구원, 체육행정직 공무원 등

주요 교육 목표

글로벌 역량을 갖춘
스포츠 교육 인재 양성

현장 맞춤형 스포츠 교육
인재 양성

미래 지향적이고,
자기 주도적인 인재 양성

인성을 갖춘 윤리적 인재 양성

시간과 노력을 투자하는
인내심 강한 인재 양성

건전한 사고로 정당하게
경기에 임하는 인재 양성

취득 가능 자격증은?

- ☑ 운동처방사
- ☑ 생활스포츠지도사
- ☑ 전문스포츠지도사
- ☑ 스포츠경영관리사
- ☑ 경호원자격증
- ☑ 경호경비사
- ☑ 훈련사자격증
- ☑ 스포츠테이핑지도사
- ☑ 레크리에이션지도사
- ☑ 유아레크리에이션지도사
- ☑ 스쿠버잠수사 등

추천 도서는?

- 인공지능이 스포츠심판이라면
  (다른, 스포츠 문화연구소)
- 스포츠사회학(레인보우북스, 한국스포츠 사회학회)
- 꿈의 스포츠마케팅(이지컴, 김영진)
- 스포츠심리와 마케팅(에듀컨텐츠휴피아, 오주훈)
- 스포츠경영(박영사, 문개성)
- 운동선수 마스터플랜
  (더디피런스, 더디마스터 플랜연구소)
- 에이전트의 세계(시월, 장기영)
- 뉴 스포츠 비즈니스 인사이트(인물과사상사, 박성배)
- 나는 체육교사입니다(성안당, 김정섭 외)
- 운동화 신은 뇌
  (녹색지팡이, 존 레이터 외, 이상헌 역)
- 골프에 비즈니스적 해석을 담다(북랩, 박세연)
- 인체 대백과사전 : 신비한 우리 몸
  (비룡소, DK.인체대백과사전 편집위원회, 김아림 역)
- 이기고싶으면 스포츠과학
  (다른, 제니퍼 스완슨, 조윤진 역)
- 건강과 운동처방(의학서원, 김남익)
- 건강 스포츠영양학 길라잡이
  (라이프사이언스, Melvin H. Williarms, 차광석 역)

학과 주요 교과목은?

기초 과목	체육원리, 운동생리학, 스포츠심리학, 사회체육론, 건강관리, 스포츠영양학, 인체해부학, 기능해부학, 체육철학, 체육측정평가, 체육사회학, 트레이닝 방법론 등
심화 과목	사회체육개론, 스포츠철학, 스포츠사회학, 운동처방, 특수체육, 스포츠교육학, 응급구조와 처치, 운동생리학, 운동요법, 골프, 배구, 테니스, 배드민턴, 코칭의 운동역학 및 실습, 스포츠경영 및 행정, 휘트니스트레이닝 지도법, 레저스포츠, 스포츠마케팅 등

졸업 후 진출 분야는?

일반 기업	병원의 운동 처방 센터, 기업의 실업팀, 사회 체육 단체, 스포츠 센터, 방송국, 신문사, 잡지사, 스포츠마케팅기업, 트레이닝센터, 스포츠에이전시, 레크레이션 관련 기관, 이벤트 관련 기업 등
공공 기관 및 연구 기관	문화체육관광부, 대한체육회, 대한장애인체육회, 국민체육진흥공단, 지역스포츠센터, 태권도진흥재단, 한국스포츠정책과학원, 중고등학교 등
기타	사회 체육 대학원, 학원 운영, 스포츠 관련 연구소 등

전공 관련 선택 과목은?

▶ 국어, 영어 교과는 모든 학문의 기초적인 성격을 가진 도구교과로 모든 학과에 이수가 필요하여 생략함.

수능 필수	화법과 언어, 독서와 작문, 문학, 대수, 미적분Ⅰ, 확률과 통계, 영어Ⅰ, 영어Ⅱ, 한국사, 통합사회, 통합과학, 성공적인 직업생활(직업)		
교과군	선택 과목		
	일반 선택	진로 선택	융합 선택
수학, 사회, 과학	사회와 문화, 현대사회와 윤리, 물리학, 생명과학		사회문제 탐구
체육·예술	체육1, 체육2	운동과 건강, 스포츠 문화, 스포츠 과학	스포츠 생활1, 스포츠 생활 2
기술·가정/정보	정보	생활과학 탐구	
제2외국어/한문			
교양		인간과 심리, 보건	

학교생활기록부 관리는?

출결 사항	• 미인정(무단) 출결 사항이 없도록 관리하세요. 미인정(무단) 결석 등이 있으면 학교생활 충실도나 인성, 성실성 영역에서 부정적인 평가를 받을 가능성이 높아요.
자율·자치활동	• 다양한 교내외 활동을 통해 진취적이고, 책임감 있는 태도가 드러나도록 하세요. • 체육 분야에 대한 관심과 흥미를 바탕으로 희망 전공 진학에 대한 의지, 리더십, 문제 해결 능력, 발전 가능성 등이 드러나도록 하세요
동아리활동	• 교내 축구반, 농구반, 배드민턴반, 태권도반, 요가반, 댄스반 등 체육에 대한 관심을 드러내고, 역량을 개발할 수 있는 동아리 활동을 하세요. • 동아리 가입 동기, 동아리 내 자신의 역할, 동아리 활동으로 변화된 자신의 모습, 전공과 관련된 자신의 소질 계발 경험 등이 드러나도록 하세요. • 교내외 체육 행사의 진행 관련 봉사 활동 등에 적극 참여하세요.
진로 활동	• 스포츠트레이너, 체육 관련 학과 및 직업에 대한 정보 탐색 활동을 권장해요. • 체육 관련 학과에 대한 체험 활동을 권장해요. • 학생의 관심사와 자기주도적으로 진로를 설계할 수 있는 태도와 노력이 드러나도록 하세요.
교과학습 발달상황	• 체육학과와 관련 있는 체육, 과학 교과의 우수한 학업 성취를 올릴 수 있도록 관리하고, 수업 활동에서 전공 적합성, 자기 주도성, 문제 해결 능력, 창의력, 발전 가능성 등의 역량이 발휘될 수 있도록 수업에 적극 참여하세요. • 체육 관련 분야의 교과 연계 독서 활동 내용이 기록되도록 하세요.
독서 활동	• 인문학, 과학, 철학, 체육학, 심리학 등 다양한 책을 읽으세요. • 교과와 관련한 독서, 융합적 사고를 위한 독서, 관심 분야 탐구를 위한 독서를 통해 지적 호기심이 드러나도록 하세요.
행동 발달 특성 및 종합 의견	• 창의력, 문제 해결 능력, 협업 능력, 자기주도적 학습 능력 등이 드러날 수 있도록 해요. • 학교생활에서 자기주도성, 경험의 다양성, 성실성, 나눔과 배려, 학업 태도와 학업 의지에 대한 장점이 기록되도록 관리해야 해요.

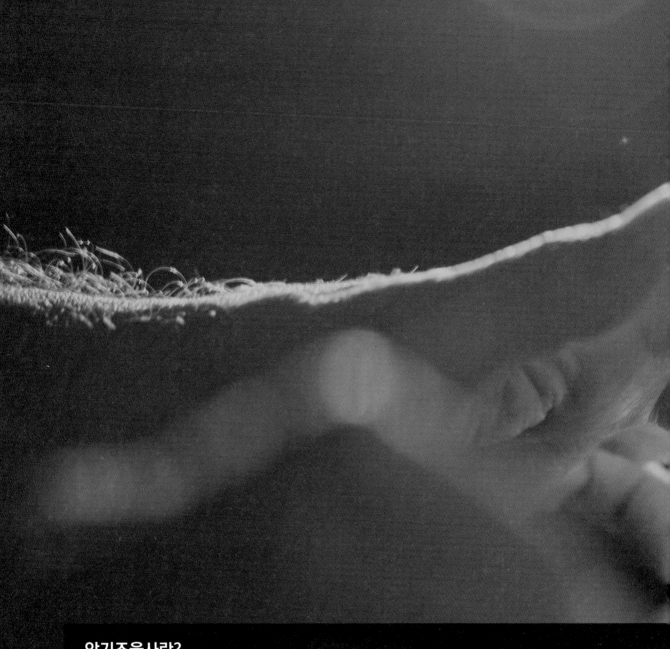

악기조율사란?

　최근에는 전공이 아니라 취미 생활로 악기를 배우는 사람들이 늘어나고 있습니다. 대중 매체를 통해 각종 음악 오디션 프로그램들이 쏟아지면서, 실용 음악에 대한 관심도 점점 증가하고 있습니다.

　악기조율사는 악기가 각각 제소리를 낼 수 있도록 조정하는 일을 하는 사람입니다. 일반적으로 악기의 종류에 따라 직업이 나누어지는데, 가장 많이 활동하는 사람은 피아노조율사입니다.

　피아노조율사는 피아노의 음높이를 바른 음계로 만드는 조율 작업, 건반이나 액션 페달을 조정하는 작업, 그리고 피아노를 수리하는 등의 작업을 합니다. 여기에 덧붙여 완전한 피아노조율사가 되려면 바른 음계를 맞추는 것을 넘어 음색을 맞추는 정음 작업까지 할 수 있는 실력을 갖추어야 합니다. 정음 작업은 조율사의 기능이 가장 많이 필요한 작업으로, 피아노 해머의 탄력 조절을 통해 각각의 건반이 정확하고 아름다운 음을 낼 수 있도록 해 줍니다. 이때 조율 장비를 사용하기도 하지만 대부분의 조율사는 청각으로 조율 작업을 합니다. 아무리 좋은 피아노라도 정기적인 점검이나 수리를 하지 않으면 제 기능을 발휘하지 못하기 때문에 1년에 2번 정도 조율이 필요합니다. 피아노조율사는 피아노 건반 88개와 각 건반마다 피아노 줄을 합하여 모두 220여 개의 피아노 줄을 일일이 두드려 보고, 제소리를 낼 수 있도록 하는 소리 기술자라고 할 수 있습니다.

악기조율사
기악과

　피아노에 있는 220여 개의 튜닝핀을 좌우로 회전시켜 바른 음정을 찾고, 기계적인 고장까지 수리하고 조정하는 데에 1시간 30분 정도면 조율을 끝낼 수 있습니다. 조율이 완료되면 전체적인 음의 조화를 확인합니다.

　피아노조율사 중 악기 대리점 또는 업체에 소속된 조율사는 하루 8시간 전후의 영업시간 동안 근무하는 반면, 프리랜서로 활동하는 경우는 고객 요청에 따라 주중, 주말에 상관없이 일을 하게 되므로 근무 시간도 불규칙한 편입니다. 주로 실내에서 활동하며, 고객의 요청에 따라 먼 거리까지 출장을 가기도 합니다.

　훈련 과정은 피아노구조학, 음향학, 조율이론, 조정이론 등 이론을 배운 후 실습을 합니다. 그 후 보조원으로 일을 하면서 건반 고르기, 해머 고르기, 댐퍼 고르기, 텃치 방법 등에 대한 기능을 배웁니다. 이러한 기능이 익숙해지면 조율사 혹은 수리원이 될 수 있는데, 보통 숙련자가 되려면 4~5년 정도의 경험이 필요합니다. 이 분야는 남녀 모두 학력에 제한 없이 도전할 수 있는 분야입니다. 그동안 여성의 취업이 흔하지 않았던 까닭으로 아직까지 피아노조율사의 대부분은 남성입니다. 하지만 여성의 경우 결혼 후에도 가사와 병행할 수 있으므로 여성들의 진출이 기대되는 분야입니다.

　피아노조율사는 직업 특성상 난청이 발생할 수 있으며, 튜닝 해머와 같은 작은 수공구를 사용하여 작업하기 때문에 손 관절에 이상이 올 수도 있습니다.

악기조율사가 하는 일은?

조율사들은 음률을 조정하는 조율, 악기의 조정, 음색을 바로잡는 정음 등의 작업을 담당합니다. 조율이란 각 악기가 고유한 음을 내도록 관련 장치를 사용하여 음높이를 맞추는 작업을 말합니다. 피아노의 경우 조율 작업은 현을 감싸고 있는 튜닝 핀을 해머로 돌려 일정한 현의 진동수를 만들어 바른 음계와 음률을 갖게 하는 것이고, 조정 작업은 건반의 높이와 깊이를 조정하는 것이며, 정음 작업은 피아노 해머의 탄력을 조절하여 음색을 바로잡는 작업입니다.

연주자가 제대로 된 기량을 발휘하기 위해서는 악기에 대한 주기적인 조율도 필요합니다. 분해가 가능한 악기는 드라이버 등을 사용하여 분해 후 결함 부품을 교체하고 수리합니다. 악기마다 제조 방법과 조율 방법이 다르므로 이에 대한 지식을 습득하고 구분하여 작업합니다.

» 악기의 파손된 부위를 수리합니다.
» 악기의 음률을 조정하는 조율 작업을 합니다.
» 악기의 음색을 바로잡는 정음 작업을 합니다.

Jump Up

조율사의 고용 현황에 대해 알아볼까요?

통계청의 「전국사업체조사」에 따르면 악기제조업 사업체 수는 2020년 306개소, 종사자 수는 1,644명으로 산업 규모 자체가 작은 편이에요. 그리고 2016년 이후 사업체와 종사자 수 모두 지속적으로 감소하고 있어요.

악기수리원 및 조율사가 포함된 악기 제조 및 조율사의 성비는 남자 71.3%, 여자 28.7%이고, 평균 연령은 47.4세예요. 전체적으로 평균 9.7년의 경력을 보유하고 있고, 평균 근속 연수는 7.1년이에요.

악기조율사

커리어맵

- 한국피아노조율사협회 www.tuners.or.kr
- 한국산업인력공단 www.hrdkorea.or.kr

준비방법

- 음악 및 수학 교과 역량 키우기
- 다양한 음악 감상으로 청음 능력 키우기
- 악기조율사 및 수리원 직업 체험
- 관련 학과 및 관련 기관 탐방 활동

적성과 흥미

- 음악적 감각
- 손 재능
- 성실함
- 청각력
- 꼼꼼함
- 컴퓨터 활용 능력
- 기계 활용 능력

관련학과

- 피아노과
- 관현악과
- 기악과
- 음악과
- 악기제작학과
- 실용음악음향과

악기조율사

흥미유형

- 예술형
- 현실형

관련교과

- 수학
- 정보
- 음악

관련자격

- 피아노조율기능사
- 피아노조율산업기사

관련직업

- 악기수리원
- 음향제작자

적성과 흥미는?

조율사가 되려면 반드시 악기를 연주할 줄 알아야 하는 것은 아니지만, 타고난 음악적 감각과 함께 악기를 좋아하고, 수리 공구 등의 기계를 다루는 능력이 필요합니다. 악기 한 대를 조율하려면 몇 시간을 서서 일해야 하기 때문에 끈기와 성실함, 그리고 체력도 좋아야 합니다. 피아노조율사의 경우 정교한 피아노의 튜닝 핀을 점검하고 체크하면서 실내의 습도까지 측정해야 하므로 손동작이 유연하고, 차분한 성격이면 좋습니다. 그리고 고객 관리를 어떻게 하느냐에 따라 수

입에 큰 차이가 나기 때문에 원만한 성격일수록 좋습니다. 이 직업을 원하는 사람은 훌륭한 청각, 체력, 기계 적성, 손 재능이 있어야 합니다. 악기조율사가 하는 작업은 보통 가정에서 이루어지므로, 쾌활하고 사교적인 태도로 사람들을 대하는 것도 중요합니다.

예술형, 현실형의 흥미를 가진 사람에게 적합하며, 독립성, 성취감, 꼼꼼함, 혁신 등의 성격을 가진 사람에게 유리합니다.

악기조율사 커리어맵

Jump Up

피아노 조율 관련 국가 기술 자격시험에 대해 알아볼까요?

피아노조율사 국가 기술 자격시험은 한국산업인력공단에서 1984년부터 실시하고 있어요. 1998년까지는 피아노조율기능사를 1급과 2급으로 구분하였으나 1999년부터는 피아노조율산업기사와 피아노조율기능사로 조정하였으며, 피아노조율기능사 시험은 연 2회, 피아노산업기사 시험은 연 1회 실시되고 있어요.

피아노조율기능사 자격시험의 응시 자격은 제한이 없으며, 필기시험 과목에는 악기의 구조, 음향학 및 조율, 피아노 조정 및 수리가 있고, 실기 시험 과목에는 그랜드피아노 조율 및 조정 작업의 측정이 있어요.

한편, 피아노산업기사 자격시험의 응시 자격은 기능사 자격 취득 후 동일 직무 분야에서 1년 이상 실무 경력자, 혹은 동일 직무 분야에서 2년 이상 실무 종사자, 혹은 전문 대학 졸업자 또는 예정자 등이에요. 필기시험 과목에는 악기 구조 및 설계, 음향악 및 정음, 피아노 조율, 피아노 조정 및 수리가 있고, 실기 시험 과목에는 업라이트피아노 조율 및 조정 작업이 있어요.

진출 방법은?

악기수리원 및 조율사로 일하기 위한 학력 제한은 없으나, 일반적으로 고등학교 졸업 정도의 학력을 갖춰야 합니다. 음대나 실용음악과 등에서 조율에 대한 내용을 교육하지만, 반드시 거쳐야 하는 과정은 아닙니다.

피아노조율사의 경우 사설 학원이나 경력자로부터 배우거나 해외 연수 과정을 통해 피아노 조율과 관련된 교육 과정을 이수할 수 있습니다. 사설 학원에서 이론과 실기를 익힌 후에는 바로 취업할 수 있습니다. 취업해서 일정 기간이 지난 후에는 한국산업인력관리공단에서 주관하는 피아노조율사 자격시험에 응시하는 것이 좋습니다.

또한 악기사나 공방에 들어가서 직접 발로 뛰면서 기술을 습득하는 경우도 있는데, 현장에서 일하는 조율사들이 가장 많이 하는 방법이라고 합니다.

관련 직업은? 악기수리원, 음향제작자 등

관련 학과 및 자격증은?

➡ 관련 학과 : 악기제작학과, 실용음악음향과, 피아노학과, 관현악과, 기악과, 음악학과, 실용음악과 등

➡ 관련 자격증 : 피아노조율기능사, 피아노조율산업기사 등

미래 전망은?

앞으로 조율사의 고용은 다소 감소할 전망입니다. 국내 악기 시장은 중국산 저가 제품 확산, 악기 소비 감소, 스마트폰을 통한 가상 악기 앱의 사용 등 여러 요인이 복합적으로 작용하여 지속적인 침체를 겪고 있습니다.

특히 스마트폰의 보급 확산 등으로 주요 사용자인 학생들의 수요가 감소하고 있으며, 실제 악기 대신 가상 악기 앱을 사용하는 소비자가 증가하고 있습니다. 악기의 주요 고객 중의 하나인 작곡가나 연주가 등도 모바일 앱이나 소프트웨어로 작업하는 경우가 늘어나고 있습니다. IT 기술과 악기의 융합으로 디지털피아노처럼 복합 기능을 가진 악기가 확산되고 있고, 아파트 세대 간 소음 문제 등으로 피아노의 구매율이 낮아지고 있습니다. 더욱이 학교의 예체능 수업의 축소 및 자율화에 따라 음악 교육이 축소되면서 악기 사용 또한 감소하고 있습니다. 이에 따라 음악 전공자도 감소하고 있고, 악기 사용자가 줄어들고 있어 조율사의 일거리는 지속적으로 줄고 있습니다.

수요 감소에 따라 대형 악기 제조업체는 타 산업으로 눈을 돌리고 있고 중국, 인도네시아 등 해외로 공장을 이전하고 있습니다. 대부분의 악기 제조업체는 소규모이고, 대부분 영세하여 악기 산업이 활성화된다 하더라도 고용 창출 효과는 미비할 것으로 보입니다. 그러나 특정 계층을 중심으로 고가의 수입 악기는 지속적으로 성장세가 유지될 것으로 보여 고급 악기의 조율사에 대한 수요는 현 상태를 유지할 것으로 보입니다.

기악과
악기조율사 전공 분석

어떤 학과인가?

기악과에서는 여러 종류의 악기로 고전 음악부터 현대 음악에 이르기까지 다양한 장르의 음악을 연주할 수 있도록 체계적인 음악 이론을 바탕으로 연주 기법을 익히게 됩니다. 이를 통해 기악과는 음악성과 연주 기술을 겸비한 수준 높은 연주자를 양성합니다.

대학마다 약간의 차이는 있지만, 기악과는 크게 피아노 전공과 관현악·타악 전공으로 구분하고, 관현악·타악 전공은 관악, 현악, 타악 전공으로 나눕니다. 이 중 바이올린, 비올라, 첼로, 콘트라베이스 등이 현악 전공에 속하고, 플루트, 오보에, 클라리넷, 바순, 호른, 트럼펫, 튜바 등이 관악 전공, 그리고 팀파니와 같은 악기가 타악 전공에 속합니다. 피아노와 관현악을 독립시켜 따로 학과를 설치하는 대학도 있지만 대부분 음악대학의 기악과는 피아노 전공을 중시하여 운영하고 있습니다.

일반적으로 기악과의 전공 과정에서는 개인 지도를 통해 실기의 자질을 개발시키고, 정기적인 연주의 경험으로 연주 능력을 향상시킵니다. 교과목으로는 건반화성학, 음악 문헌, 실내악 연주를 경험하도록 하는 앙상블, 음악사, 기초적인 음악개론의 이론을 정비하여 화음의 사용법을 터득하는 화성학, 음악분석, 국악개론, 대위법, 관현악법, 지휘법, 음악교수법 등이 있어, 음악의 제반 역량을 습득하도록 하고 있습니다.

기악과를 졸업하면 자신의 전공 악기에 따라 독주자로 활약하기도 하고, 방송국 소속 교향악단, 시립 교향악단, 실내 악단에서 연주 활동을 할 수 있으며, 중고등학교 음악교사로 진출하는 경우도 있습니다. 또한 대학원이나 유학을 거쳐 학자(교수)로 진출하거나 세계적으로 명성을 떨치는 연주자로서 활동하는 경우도 많습니다.

교육 목표와 교육 내용은?

작곡으로 이룩한 음악을 실제 연주를 통해 감상함으로써 음악의 미적 경험을 체득하게 하는 역할을 하는 것이 기악입니다. 따라서 기악과는 확고한 연주 기술을 연마하고, 고전에서 현대에 이르기까지 광범위한 분야를 음악적으로 숙달할 수 있도록 지도함으로써 장차 유능한 연주자를 양성하는 데 교육 목표를 둡니다.

» 음악의 역사와 이론을 바탕으로 창의적 사고를 가진 인재를 양성합니다.
» 다양한 국가의 음악이나 문학에 대해 이해하고 탐구하는 인재를 양성합니다.
» 클래식뿐만 아니라 다른 장르를 포함한 공연들을 즐기는 인재를 양성합니다.
» 이론과 실기를 겸비한 전문 연주자를 양성합니다.
» 풍부한 음악성과 장시간의 꾸준한 연습을 이겨 낼 수 있는 인내력을 갖춘 인재를 양성합니다.
» 풍부한 음악적 감수성으로 다양한 문화 예술 장르를 아우를 수 있는 인재를 양성합니다

학과에 적합한 인재상은?

　기악과를 전공하기 위해서는 우선 귀로 들리는 모든 소리에 흥미와 관심이 있어야 합니다. 음악뿐만 아니라 다른 예술 분야에도 호기심이 많고, 다양한 문화를 접하는 것을 좋아하는 사람에게 적합합니다.

　기악을 전공하려면 손놀림, 손가락 길이, 시력 등 각 악기에 적합한 신체 조건과 소질을 지녀야 합니다. 또한 악기를 단시간에 능숙하게 연주하는 것은 불가능하므로 조기 교육이 절대적으로 필요합니다. 따라서 대학교에 입학할 때에는 이미 어느 수준 이상의 연주 경험을 가지고 있어야 합니다.

　악기를 잘 연주하기 위해서는 집중력을 가지고 꾸준히 연습해야 하기 때문에 무엇이든 열심히 하는 성실성과 끈기 있는 자세, 인내심이 필요합니다. 기악과에 관심이 있는 학생은 어릴 때부터 악기를 다루는 교육을 받고, 다양한 국가의 음악이나 문학에 흥미를 가지는 것이 좋습니다. 또한 클래식뿐만 아니라 다른 장르의 연주들을 즐기면서 자신의 음악적 재능을 키우도록 노력해야 합니다.

관련 학과는?

피아노학과, 관현악과, 건반악기과, 관현악작곡학부 관악전공, 관현악작곡학부 현악전공, 국악학과(국악기악전공), 음악학과, 공연예술음악과, 한국음악학과 관악타악전공 등

주요 교육 목표

이론과 실기를 겸비한
유능한 인재 양성

- - - - - - - - - - - - - - - - -

풍부한 음악적 감수성을
지닌 인재 양성

- - - - - - - - - - - - - - - - -

창조적 음악을 끊임없이
연구하는 인재 양성

- - - - - - - - - - - - - - - - -

다양한 장르의 음악을
즐기는 인재 양성

- - - - - - - - - - - - - - - - -

꾸준한 태도로 노력하는
인재 양성

- - - - - - - - - - - - - - - - -

시대를 넘어 모든 음악을
이해하는 인재 양성

취득 가능 자격증은?

- ☑ 문화예술교육사
- ☑ 피아노실기지도사
- ☑ 음악심리지도사
- ☑ 음악치료사
- ☑ 음악재활지도사
- ☑ 방과후지도사
- ☑ 피아노조율기능사 등

진출 직업은?

전문연주자, 음악평론가, 대중가수, 국악인, 성악가, 악기수리원, 피아노조율사, 음악치료사, 중고등학교 음악교사, 음향기사, 녹음기사, 지휘자, 음악 관련 작가, 예능강사, 음악감독, 공연장하우스매니저, 공연기획자 등

추천 도서는?

- 피아노 조율과 관련기술
  (일진사, (사)한국 피아노 조율사협회 교재편찬위원회)
- 블루스도 모르면서 뭔 재즈 피아노
  (태즈피아노스테이션, 양태경)
- 나는 성인이 되어 다시 피아노를 치기 시작했다
  (끌레마, 스미 세이코, 홍주영 역)
- 느낌있게 연주하는 걸 피아노(그래서음악, 이은정)
- 피아니스트의 뇌(끌레마. 후루야 신이치, 홍주영 역)
- 리흐테르, 피아니스트
  (풍월당, 카를 오게 라스무센, 이석호 역)
- 위대한 피아니스트(클, 해럴드 C. 숀버그, 박유진 역)
- 음악을 한다는 것(지노, 베네데타 로발보, 임진모 역)
- 나는 왜 저렇게 연주하지 못할까
  (동명사, David McGill, 이연주 역)
- 수학이 사랑한 음악
  (생각지도, 니키타 브라긴스키, 박은지 역)
- 완전한 연주(현익출판, 케니 워너, 이혜주 역)
- 국경을 넘는 음악외교(모노폴리, 이장직)
- 음악을 듣는 법(끌레마, 오카다 아케오, 홍주영 역)
- 클래식 음악 수업(사람in, 김준희)
- 율명으로 연주하는 민요악보(시김새, 김대은)

학과 주요 교과목은?

기초 과목	음악사, 음악분석, 악보분석, 화성법, 대위법, 시창, 청음, 서양음악, 국악개론, 기악문헌 등
심화 과목	피아노실기, 반주실습, 건반화성, 관현악실기, 관현악 합주, 실내악, 오케스트라 레퍼토리, 교향악, 연주, 지휘법 등

졸업 후 진출 분야는?

일반 기업	음반 제작 회사, 악기 제조 업체, 합창단, 연주 단체, 오페라단, 출판사, 방송국, 광고기획사, 공연기획사 등
공공 기관	한국문화예술교육진흥원, 서울시립교향악단, 서울문화재단, 초·중·고등학교, 국립·공립·사립 대학교, 관현악단, 실내악 등
기타	음악 학원, 예능강사 등

🔍 전공 관련 선택 과목은?

▶ 국어, 영어 교과는 모든 학문의 기초적인 성격을 가진 도구교과로 모든 학과에 이수가 필요하여 생략함.

수능 필수	화법과 언어, 독서와 작문, 문학, 대수, 미적분Ⅰ, 확률과 통계, 영어Ⅰ, 영어Ⅱ, 한국사, 통합사회, 통합과학, 성공적인 직업생활(직업)		
교과군	선택 과목		
	일반 선택	진로 선택	융합 선택
수학, 사회, 과학	세계시민과 지리, 세계사, 사회와 문화, 현대사회와 윤리	윤리와 사상, 인문학과 윤리	여행지리, 윤리문제 탐구
체육·예술	음악	음악 연주와 창작, 음악 감상과 비평	음악과 미디어
기술·가정/정보	정보		지식 재산 일반
제2외국어/한문			
교양		인간과 철학, 인간과 심리	

학교생활기록부 관리는?

출결 사항	• 미인정 출결 내용이 없도록 관리하세요. 미인정 출결 내용이 있으면 인성, 성실성 영역 등에서 부정적 평가를 받을 가능성이 높아요.
자율·자치활동	• 다양한 교내외 활동을 통해 자신의 음악적 역량과 창의적인 사고력이 드러나도록 하세요. • 음악 분야에 대한 관심과 흥미를 바탕으로 인성, 나눔과 배려, 협동심, 창의력, 의사 결정 능력, 리더십 등이 드러나도록 하세요.
동아리활동	• 합창반, 오케스트라, 사물놀이 등 음악과 관련된 동아리 활동을 통해 음악 분야에 대한 관심과 발전 가능성이 드러나도록 하세요. • 동아리 가입 동기, 동아리 내 자신의 역할, 동아리 활동으로 변화된 자신의 모습, 전공과 관련된 자신의 소질 계발 경험 등이 드러나도록 하세요. • 교내외에서 진행되는 음악 봉사 활동(작은 음악회, 불우 이웃 돕기 음악회 등)에 적극 참여하세요.
진로 활동	• 음악 관련 학과 및 직업에 대한 정보 탐색 활동을 권장해요. • 음악 관련 학과에 대한 체험 활동을 권장해요.
교과학습 발달상황	• 음악, 사회, 국어 등 예체능과 관련된 교과에 대해 우수한 학업 성취를 올릴 수 있도록 관리하세요. • 수업 활동에서 전공 적합성, 자기주도성, 문제 해결 능력, 창의력, 발전 가능성 등의 역량이 발휘될 수 있 도록 수업에 적극 참여하세요. • 음악 분야의 교과 연계 독서 활동 내용이 기록되도록 하세요.
독서 활동	• 인문학, 철학, 역사, 심리학 등 다양한 분야의 책을 읽으세요. • 전공과 관련된 책을 정독하면서 평소 궁금했던 점들을 스스로 탐구하는 적극적인 독서 활동을 하도록 해요.
행동 발달 특성 및 종합 의견	• 창의력, 문제 해결 능력, 협업 능력, 자기주도적 학습 능력 등이 드러날 수 있도록 해요. • 학교생활에서 자기주도성, 경험의 다양성, 성실성, 나눔과 배려, 학업 태도와 학업 의지에 대한 장점이 기록 되도록 관리해야 해요.

Jump Up

어반댄스에 대해 알아볼까요?

- 어반댄스(Urban Dance)는 특정한 노래에 맞춰 직접 만들어 추는 춤을 말해요. 처음에는 'LA힙합'이라는 말로 우리나라에 들어왔지만, 점차 도시라는 의미의 '어반'이라는 말이 사용되면서 지금은 '어반댄스'라는 용어가 자리 잡았어요.

- 어반댄스란 일정한 길이의 노래에 맞춰 정해진 몸짓, 즉 '안무'라고 보면 되고, 어떤 장르의 춤이든 '어반'이라고 할 수 있어요.

- 어반댄스는 '정해진 안무' 외에는 별다른 기교상의 특징이나 형식의 제한이 없어요. 비보잉이나 힙합처럼 정해진 분위기가 있는 것이 아니라 그저 안무가의 개성을 담을 수 있는 노래를 골라 자유롭게 창작하기만 하면 돼요. 따라서 어반댄스를 하나의 장르라고 보기는 어려워요. 어떤 장르의 춤이든 그저 안무로 엮어 구성하면 전부 어반댄스가 되기 때문이에요.

안무가란?

　　무용과 관련한 직업이라고 하면 예전에는 주로 국립발레단에 소속된 발레리나를 생각했습니다. 가늘고 긴 다리에 하늘거리는 몸동작으로 시선을 끌었던 발레리나들은 우리를 꿈과 환상의 세계로 빠져들게 했습니다. 그러나 언제부턴가 사람들은 댄서에게 열광하 기 시작했습니다. 미디어를 중심으로 불붙기 시작한 댄서의 열풍은 우리 생활 깊숙이 피고 들어왔습니다. 발레의 동작과 같은 전형적인 틀에서 벗어난 댄서들의 자유로운 몸짓은 우리에게 현대 무용, 모던 발레 댄스 등으로 새로운 모습을 보여 주고 있습니다.

　　음악에 맞는 춤을 만드는 것을 안무라고 하고, 이런 춤을 전문적으로 만드는 사람을 안무가라고 합니다. 안무가는 고전 무용을 새롭게 해석하거나 창작 무용을 고안하는 등 무용을 창작하며, 무용가의 안무 지도를 담당합니다. 주로 무용가로 오랜 경력을 쌓다가 안무가로 활동하는 경우가 많습니다.

　　과거에 안무가는 주로 뮤지컬이나 정통 무용극에서 활동했지만, 최근에는 대중가수의 백 댄스, 뮤직 비디오 등 다양한 분야에서 활동하고 있습니다. 또한 과거에는 주로 전직 무용수, 아이돌 등이 일 선에서 물러난 후 하는 일이라고 생각했으나, 전문 안무가가 인기를 끌고 있고, 현역에 있으면서도 안무가로서 활동하는 사람들이 늘어나면서 현재는 그런 생각들이 많이 사라졌습니다.

안무가
무용학과

 아이돌 관련 산업이 국제화되면서 대형 엔터테인먼트사에 소속된 안무가들도 많아졌는데, 이들은 가수와 백댄서의 안무를 제작하고, 직접 지도합니다.

 안무가에게는 무용을 재해석하거나 고안하는 등의 전문 지식이 필요하여 업무의 자율성 및 권한이 다른 직업에 비해 크다고 볼 수 있습니다.

 어릴 때부터 무용 실기에 대한 기초 훈련을 받고, 대학의 무용과를 거쳐 안무가가 되는 경우가 많지만, 안무가가 되기 위해서는 학력 및 전공보다는 창의력과 예술적 재능이 더 중요합니다.

 화려하게 보이는 안무가들에게도 어려움이 있습니다. 안무가라는 직업은 정규직으로 근무하는 경우가 적고, 일자리 자체가 한정적이며, 경쟁도 치열합니다. 또한 연습과 공연을 통해 자기 계발의 가능성은 높으나 승진이나 직장의 이동은 쉽지 않습니다. 또한 연습 시간은 길지만, 공연 시간은 짧고 불규칙하여 수입이 안정적이지 않으며, 정신적·육체적 스트레스가 심한 편입니다.

 이런 어려움에도 불구하고 앞으로 안무가의 진출 영역은 확대될 것으로 보입니다. 멀티미디어가 발달하고, 국제 간 공연 예술 교류가 활발해짐에 따라 대중문화가 발달하여 다양한 예술 분야에서의 활동이 두드러질 것으로 예상되기 때문입니다.

안무가가 하는 일은?

무용가는 춤을 창안하거나 재해석해 혼자 또는 단체의 일원으로서 예술적으로 춤을 추는 직업이고, 안무가는 무대, 영화, TV 등 공연을 위해 공연의 주제에 맞춰 춤을 창안하고 무용수들에게 춤을 가르치는 일을 하는 직업입니다. 즉 무용가는 안무가나 연출가로부터 무용지도를 받고 연습하지만, 안무가는 무용가나 백댄서들을 위해 무용을 연구하고 개발하며 무대 공연을 지휘합니다.

두 직업은 모두 무용을 사랑하고, 무용에 대해 타고난 감각과 재능 그리고 노력이 있어야 합니다.

> » 무용을 연구하고 개발합니다.
> » 공연 시 직접 출연하여 춤을 추기도 합니다.
> » 공연 목적에 맞게 음악을 선정합니다.
> » 감정을 표현할 춤 동작을 구상합니다.
> » 공연에 참여할 무용가를 구성하여 안무한 춤을 가르치고 연습시킵니다.
> » 공연제작자 또는 방송프로듀서 등과 함께 공연 방향 및 콘셉트에 대해 협의합니다.

Jump Up

재즈 댄스, 힙합 댄스에 대해 알아볼까요?

▶ 재즈 댄스 : 재즈 음악에 맞춰 추는 춤으로, 일정한 틀과 형식에 얽매이지 않고 무용가의 감정을 자유롭게 표현해요. 재즈 댄스는 미국 흑인과 백인의 개성적인 춤에 룸바, 삼바, 맘보, 탭댄스, 왈츠, 발레 등 여러 가지 댄스가 어우러져 탄생했어요. 그 스타일에 따라 모던 재즈(modern jazz), 아프로 재즈(afro jazz), 코믹 재즈(comic jazz) 등으로 구분할 수 있어요. 재즈 댄스라는 용어는 1927년 무렵부터 쓰기 시작했고, 1970년대 들어 디스코와 고고, 트위스트 등으로 다양하게 변형되었어요.

▶ 힙합 댄스 : 힙합 댄스는 힙합 음악이나 강한 비트, 빠른 템포의 흑인 음악에 맞춰 추는 스트리트 댄스를 지칭하지만, 일반적으로 도시 젊은이들 사이에서 유행한 다양한 형식의 스트리트 댄스를 포괄하는 개념이에요. 힙합 댄스에는 로킹(locking), 파핑(popping), 일렉트릭 부걸루(electric boogaloo) 같은 펑크 스타일(funk styles)의 춤과 비보잉(b-boying), 크럼핑(krumping) 등이 있어요. 1980년대 들어 힙합 문화를 다룬 영화가 다수 만들어졌고, 이로 인해 힙합 댄스가 유행하게 되었어요. 댄스 산업의 성장으로 인해 스트리트 댄스를 교육하는 기관이 늘어남에 따라 외부 공간이 아닌 스튜디오 실내에 기반을 둔 힙합 댄스도 생겨났어요.

안무가

커리어맵

관련기관

- 한국무용지도자협회 www.kdla.or.kr
- 한국문화예술위원회 www.arko.or.kr
- 국립발레단 korean-national-ballet.kr
- 한국무용협회 koreadanceassociation.org
- 한국발레협회 www.koreaballet.or.kr

준비방법

- 음악 및 무용 교과 역량 키우기
- 무용 및 댄스 관련 동아리 활동
- 무용 및 연극 관련 학과 탐방 활동
- 무용가 및 안무가, 연예기획사 직업 체험 활동
- 한국무용, 현대무용, 발레 등 전공 분야에 대한 독서

적성과 흥미

- 창의력
- 예술적 감각
- 리더십
- 신체 표현 능력
- 공간 지각 능력
- 인내력
- 책임감
- 음악 능력

관련학과

- 무용학과
- 무용예술학과
- 한국무용전공
- 현대무용전공
- 공연예술무용과
- 발레전공
- 민속예술무용학과

안무가

흥미유형

- 예술형
- 현실형

관련교과

- 국어
- 영어
- 사회
- 체육
- 음악

관련자격

- 문화예술교육사
- 생활무용지도자
- 한국무용지도자
- 댄스스포츠지도사
- 요가테스지도사
- 체육댄스지도사

관련직업

- 무용가
- 가수
- 발레리나
- 발레리노
- 스포츠강사
- 대중무용수
- 전통예능인

가요계, 연예계, 신인 아이돌 개발팀, 학교 방과 후 교사, 연극, 뮤지컬, 각종 공연 행사 등 안무가 필요한 부분은 굉장히 많습니다. 이러한 많은 무대에 필요한 춤을 창안하는 안무가에게는 춤을 추는 능력은 기본이고, 신선하고 새로운 춤을 만들어 내는 안목과 창의력이 있어야 합니다.

무용, 춤 등은 선천적으로 타고난 재능과 예술적 감각이 무엇보다 중요합니다. 어렸을 때부터 꾸준히 연습을 해야 하기 때문에 남다른 인내와 끈기, 그리고 건강한 신체가 요구됩니다.

안무가는 몸으로 예술적 감동과 의지, 그리고 극의 스토리를 가장 잘 표현해 낼 수 있는 무용 안무를 고안하는 일을 담당하므로 풍부한 감정 표현 능력, 공간 지각 능력, 음악 능력, 신체 표현 능력 등이 필요합니다. 새로운 아이디어를 산출하거나 어떤 문제를 해결하기 위해 기발한 아이디어나 대안을 생각하거나, 다른 사람들에게 의견을 제시하거나 방향을 설정해 주는 리더십도 필요합니다. 열심히 만들어 창작한 안무가 사람들의 호응을 받지 못할 때 안무가는 스트레스를 받기도 합니다. 이때 다른 사람들의 비판을 받아들이고, 스트레스 상황을 효과적으로 통제할 줄 아는 스트레스 감내성도 필요합니다. 예술형, 탐구형의 흥미를 가진 사람에게 적합하며, 리더십, 책임감, 혁신 등의 성격을 가진 사람에게 유리합니다. 안무가에 관심이 있다면 어렸을 때부터 춤과 무용을 익히고 체력을 기르며, 뮤지컬이나 각종 예술 공연을 많이 관람하여 예술적 감수성을 키우는 것이 좋습니다. 또 항상 새로운 것에 도전하고, 자신만의 독창적인 스타일을 만드는 습관을 지닌다면 큰 도움이 됩니다.

안무가 커리어맵

Jump Up

백댄서에 대해 알아볼까요?

가수의 노래와 음악에 어울리는 춤을 개발하고 연습하며, 가수에게 춤을 지도하기도 하고, 가수와 함께 공연에 참여하여 가수의 무대를 보조하는 일을 해요. 또한 관객에게 즐거움을 주기 위해 음악에 맞춰 춤을 추기도 하고, 안무가가 개발한 무용을 지도받고 연습해요.

백댄서가 되기 위해서는 다양한 장르의 춤에 대한 기초 지식과 안무 소화 능력이 있어야 하며, 춤을 잘 출 수 있어야 해요. 겉으로 보이는 화려함과 달리, 백댄서에 대한 사회적 인식이 낮고, 하루 8시간 이상 춤 연습을 해야 하므로, 이러한 것을 견뎌 낼 수 있는 프로 의식과 인내심, 춤에 대한 열정이 있어야 해요. 예술형과 탐구형의 흥미를 가진 사람에게 적합하며, 독립성, 성취욕, 남에 대한 배려 등의 성격을 가진 사람에게 적합해요.

공개 오디션이나 개인적인 소개를 통해 전문 댄스 팀에 소속되어 활동하거나 프리랜서로 활동할 수 있어요.

진출 방법은?

안무가 중에는 어린 시절부터 무용 교육을 받으면서 일찍 진로를 결정한 사람이 많습니다. 안무가가 되기 위해서는 어렸을 때부터 무용에 대한 소질을 발견하고, 전문적으로 교육을 받으면 많은 도움이 되므로 예술계 중·고등학교를 거쳐 전문 대학, 대학에서 무용을 전공하는 것이 유리합니다. 전문 대학이나 대학의 무용 관련 학과에서는

전공 실기 수업과 공연 활동을 통해 표현력과 창작 능력을 함양시키고, 이론 수업을 통해 무용의 학문적 탐구 방법을 교육합니다.

이외에 직업 훈련 기관, 무용 학원, 방송사 부설 아카데미 등 사설 교육 기관을 통해서도 무용 교육을 받을 수 있습니다.

관련 직업은?

무용가, 대중무용수, 전통예능인, 발레리나, 발레리노, 무용강사 등

관련 학과 및 자격증은?

➜ 관련 학과 : 무용과, 무용학과, 무용예술학과, 한국무용전공, 현대무용전공 등

➜ 관련 자격증 : 댄스스포츠지도사, 요가테스지도사, 체육댄스지도사, 문화예술교육사, 생활무용지도사, 한국무용지도사 등

미래 전망은?

안무가는 춤을 잘 추는 것도 중요하지만, 많은 음악을 분석하고, 그 음악에 맞는 동작을 만들고 연결해서 타인에게 인정받는 안무를 만들 수 있어야 합니다. 이미 알려져서 누구나 따라하고 있는 안무들을 짜깁기하는 정도로는 안무가로 인정받을 수 없습니다. 현재 연예계, 가요계 신인 아이돌 개발팀, 학교 방과 후 교사, 연극, 뮤지컬, 각종 공연 행사 등 안무가 필요한 부분은 굉장히 많습니다. 그러나 대체적으로 무용 공연의 횟수가 줄어들면서 안무가의 일자리 증가를 기대하기 어려운 상황입니다. 순수 예술 측면의 공연은 점차 줄어들고 있으며, 뮤지컬이나 방송 프로그램 출연을 위한 안무 기회도 크게 증가하지는 않고 있습니다. 또한 안무 분야도 몇몇의 유명 안무가에게 일이 편중되고 있는 편입니다. 따라서 새로운 신입 안무가의 활동 무대는 더욱 좁아져서 뛰어난 실력을 갖춰 경쟁해야 할 것으로 보입니다.

다만, 국가적으로 문화 예술 활성화를 위한 정책들이 마련되면서 예술 공연의 해외 진출 기회가 늘어날 전망이어서 부정적인 고용 전망이 다소 해소될 것으로 예상됩니다.

무용학과

안무가 전공 분석

어떤 학과인가?

무용은 인간의 기본적인 움직임을 토대로 내면세계를 역동적으로 표현하는 예술의 한 장르입니다. 무용은 크게 한국 무용, 현대 무용, 발레 등으로 나뉘는데, 대학에서도 학생 본인의 적성을 고려하여 이들 분야를 세분하여 전공 선택 후 이론과 실기를 배울 수 있도록 합니다. 또한 작품 창작 능력을 기르기 위한 다양한 지식과 실습을 병행하며, 무용과 관련한 예술 기획과 경영 교육에 대한 안목과 식견을 길러 졸업 후 다양한 진로를 모색할 수 있도록 하고 있습니다.

교육 목표와 교육 내용은?

무용학과는 수준 높은 전공과목과 교양 과목 수업을 통해 무용의 전문 지식과 창조적 탐구 능력을 함양함으로써 지적 능력과 창조적 역량, 전인적 소양을 겸비한 무용가와 무용 예술 전문 지도자를 양성합니다.

무용 예술 전반에 걸친 전문가 양성을 위해 춤과 예술 교육의 체계적인 이해도를 높이고, 전문적인 지식을 습득하도록 합니다. 특히 창의력과 지도력을 길러 우수한 무용 예술 전문가 및 이론 지도자로서의 자질을 함양합니다.

무용과 연계된 음악, 미술, 국악, 연출, 연기 등 예술 관련 학문들을 무용학적 측면에서 연구함으로써, 춤의 이론 및 실기의 범위를 넓혀 나갈 수 있는 무용 전반의 기초적 학문을 배우는 데 목적을 둡니다.

> » 무용에 대한 다양한 실기 및 이론을 체계적이고 통합적으로 이해하는 인재를 양성합니다.
> » 무용 실기 및 이론 교육을 통해 지적이고 창조적인 표현 능력을 갖춘 인재를 양성합니다.
> » 무용 예술의 전문 교육을 통해 실천하고 소통하는 능력을 갖춘 인재를 양성합니다.
> » 국내 무용 예술 전반의 건전한 발전을 선도하는 전문 인력을 양성합니다.
> » 독창적인 창의력과 풍부한 표현력을 지닌 인재를 양성합니다.

학과에 적합한 인재상은?

무용을 전공하기 위해서는 자신의 감정을 자신의 신체를 이용하여 풍부하게 표현할 수 있는 능력이 우선되어야 합니다. 또한 신체의 기본적인 움직임을 토대로 자신의 내면을 역동적으로 표현하려는 욕구가 있는 사람에게 적합합니다.

무용학은 유연한 신체 조건과 표현력, 음악에 대한 리듬 감각이 필요하므로 어릴 때부터 음악에 어울리는 신체의 움직임에 집중하여 연습하는 것이 좋습니다. 생활 속에서 자신의 감정 표출에 필요한 민감한 정서를 갖출 수 있도록 꾸준히 노력하는 자세도 필요합니다.

창의력이 바탕이 되어야 하는 전공이므로 평소 다양한 문화 예술 분야에 관심을 가져야 하며, 오랜 연습을 견딜 수 있는 강인한 체력도 중요합니다.

관련 학과는?

무용예술학과, 발레전공, 한국무용전공, 현대무용전공 등

주요 교육 목표

무용 예술의 전문적 지식을
습득한 인재 양성

- -

내면세계를 역동적으로
표현하는 인재 양성

- -

미래 지향적이고
자기 주도적인 인재 양성

- -

창의력과 표현력을 지닌
인재 양성

- -

무용 예술을 통해
시대를 선도하는 인재 양성

- -

융합적 능력을 지닌
글로벌 인재 양성

취득 가능 자격증은?

☑ 문화예술교육사
☑ 생활무용지도사
☑ 한국무용지도사
☑ 방과후아동무용지도사
☑ 레크리에이션지도사
☑ 유아발레지도자
☑ 댄스스포츠지도사
☑ 요가테스지도사
☑ 체육댄스지도사

진출 직업은?

스포츠강사, 대중무용수(백댄서), 무용강사, 스포츠강사, 안무가, 중고등학교 무용교사, 공연기획자, 무용의상, 무대조명, 무용음악, 무용영상 등 기획과 경영 분야 등

추천 도서는?

- 세계무용사(청풍출판사, 배소심 외)
- 무용 비평과 감상(레인보우북스, 심정민 외)
- 보여주는 몸, 느끼는 몸
  (성균관대학교출판부, 김경희)
- 피나 바우쉬(마리온 마이어, 이준서 역)
- 서양 스트리트 댄스의 역사(상상, 박성진)
- 발레 근육 핸드북
  (동글디자인, 시마다 사토시, 박유미 역)
- 발레 용어 사전
  (에이케이커뮤니케이션즈, 도미나가 아키코, 김효진 역)
- 춤, 건강을 지키는 예술이다(지식공감, 이지현)
- 발레, 무도에의 권유(클, 이단비)
- 역사의 흐름을 통한 한국무용사
  (청풍출판사, 이영란)
- 한국무용사(청풍출판사, 박순자)
- 한국무용사전(책에반하다, 책에반하다 편집부)
- 한국무용사 용어사전
  (청풍출판사, 청풍출판사 편집부)
- 세상의 모든 것이 춤이 될 때(시공사, 팝핀현준)
- 발레리나 바디 프로젝트
  (동글디자인, 미스티 코플랜드, 최희빈 역)

학과 주요 교과목은?

기초 과목	한국전통무용기교훈련, 모던댄스, 발레테크닉, 한국전통무용기본, 현대무용기본, 발레기초, 레파토리, 신체요법, 무용작품분석, 안무법, 현대무용사, 한국무용음악분석, 발레와필라테스, 서양부용사, 동작분석, 무용구상법, 한국무용표현법, 신무용기법, 궁중정재, 무용사회학, 무용교육 등
심화 과목	한국전통무용안무, 고급현대무용, 발레테크닉, 한국전통무용작품분석, 무용테크놀로지, 무용미학, 무용표현심리학, 캐릭터발레, 무용비평, 캐리기터댄스, 무용지도법, 커뮤니티댄스, 분장법, 발레레파토리, 예술경영, 공연프로젝트, 동양무용사 등

졸업 후 진출 분야는?

일반 기업	방송사, 잡지사, 기업의 홍보팀, 마케팅 회사 등
공공 기관	서울문화재단, 한국문화예술교육진흥원, 한국문화예술위원회, 전통공연예술진흥재단, 한국콘텐츠진흥원, 국립무용단, 국립발레단, 시립무용단, 중고등학교, 대학교 등
기타	백댄서, 사설 무용 학원 등

전공 관련 선택 과목은?

▶ 국어, 영어 교과는 모든 학문의 기초적인 성격을 가진 도구교과로 모든 학과에 이수가 필요하여 생략함.

수능 필수	화법과 언어, 독서와 작문, 문학, 대수, 미적분Ⅰ, 확률과 통계, 영어Ⅰ, 영어Ⅱ, 한국사, 통합사회, 통합과학, 성공적인 직업생활(직업)		
교과군	선택 과목		
	일반 선택	진로 선택	융합 선택
수학, 사회, 과학	세계사, 사회와 문화, 현대사회와 윤리	윤리와 사상, 인문학과 윤리	여행지리
체육·예술	체육1, 체육2, 음악	운동과 건강, 스포츠 문화, 음악 감상과 비평	스포츠 생활 1, 스포츠 생활2
기술·가정/정보	정보		
제2외국어/한문			
교양		인간과 철학, 인간과 심리	

학교생활기록부 관리는?

출결 사항	• 미인정(무단) 출결 사항이 없도록 관리하세요. 미인정(무단) 결석 등이 있으면 학교생활 충실도나 인성, 성실성 영역에서 부정적인 평가를 받을 가능성이 높아요.
자율·자치활동	• 다양한 교내외 활동에서 자기주도적 참여를 통해서 무용 분야에 대한 관심과 흥미, 창의적 문제 해결 능력, 의사소통 능력, 협업능력, 발전가능성 등이 드러나도록 하세요.
동아리활동	• 교내 댄스반이나 무용반 등에서 새로운 아이디어를 제안하고, 활동이 특정 성과로 이어지는 경험을 하는 것이 좋아요. • 동아리 가입 동기, 동아리 내 자신의 역할, 동아리 활동으로 변화된 자신의 모습, 전공과 관련된 자신의 소질 계발 경험 등이 드러나도록 하세요. • 교내에서 자신의 능력을 나눌 수 있는 활동이나 행사 등에서 상대방을 배려하고 존중하는 태도가 나타나도록 하세요
진로 활동	• 안무가, 무용 관련 학과 및 직업에 대한 정보 탐색 활동을 권장해요. • 무용 관련 학과에 대한 체험 활동을 권장해요. • 자기 주도적으로 진로를 설계하려는 태도와 노력이 드러나도록 하세요.
교과학습 발달상황	• 무용과 관련된 예체능교과 성적은 상위권으로 유지시키고, 관련 교과 수업에서 학업 역량, 전공 적합성, 자기주도성, 문제 해결 능력, 창의력, 발전 가능성 등의 역량이 발휘될 수 있도록 수업에 적극 참여하세요. • 무용 관련 분야의 교과 연계 독서 활동 내용이 기록되도록 하세요.
독서 활동	• 인문학, 과학, 철학, 체육학, 심리학 등 다양한 책을 읽으세요. • 무용과 관련하여 자기 계발을 할 수 있는 의미 있는 책을 정독하고, 자신의 궁금증을 해결하기 위해 능동적인 독서 활동을 하세요.
행동 발달 특성 및 종합 의견	• 창의력, 문제 해결 능력, 협업 능력, 자기주도적 학습 능력 등이 드러날 수 있도록 해요. • 학교생활에서 자기주도성, 경험의 다양성, 성실성, 나눔과 배려, 학업 태도와 학업 의지에 대한 장점이 기록되도록 관리해야 해요.

Jump Up

영화배우에 대해 알아볼까요?

➡️ 영화배우는 배역이 결정되면 인물의 캐릭터를 분석하고, 감독, 작가 등과 협의하여 극 중 인물에 맞는 표정, 행동, 대사 톤 등을 정해요. 인물의 성격을 잘 표현할 수 있는 의상, 소품, 분장 등을 담당자와 협의하며, 대본 연습, 리허설 등을 통해 함께 출연하는 배우와 호흡을 맞추고, 자신의 대사를 암기한 후 촬영에 들어가요.

➡️ 영화배우가 되고 싶다면 영화사에서 실시하는 신인 배우 공개 오디션을 보거나 기획사나 사설 연기 학원의 추천을 받기도 하고, 자신이 직접 프로필과 사진 등을 영화사, 기획사 등에 보내 오디션을 거쳐야만 영화에 출연할 수 있어요.

연극배우란?

현대 사회에서 여가 문화가 중요해지면서 엔터테인먼트 산업이 급속도로 성장하고 있습니다. 많은 연예 기획사들은 실력 있는 배우를 발굴하기 위해 힘쓰고 있습니다.

배우는 자신이 알지도, 겪지도 못한 여러 가지 일들을 마치 직접 겪은 것처럼 실감나게 연기하는 사람입니다. 그렇기 때문에 배우는 주위의 여러 사람들에게 관심을 가지고, 그들의 감정을 읽고, 이해하고, 공감하려는 자세가 필요합니다.

배우는 드라마, 영화, 연극, 뮤지컬, 광고 등에 출연해 대본에 따라 연기를 합니다. 예전에는 분야에 따라 영화배우, 연극배우, 탤런트, 뮤지컬배우, 개그맨, 코미디언, 스턴트맨 등으로 나누었지만, 요즘에는 영화배우가 연극과 뮤지컬 공연을 하기도 하고, 광고나 코미디 프로에서 활동하는 등 장르를 뛰어넘어 다양하게 활동합니다.

그러나 매체의 특성에 따라 배우의 연기는 달라져야 합니다. 예를 들면, 인물의 얼굴이 클로즈업되어 화면을 가득 채우는 영화에서는 자신의 감정과 느낌을 미세한 얼굴 표정으로 드러내야 하지만, 연극 무대에서는 자신의 몸 전체로 감정과 느낌을 표현하여 드러내야 합니다.

연극배우
연극영화학과

연극배우는 무대라는 한정된 공간에서 과장된 목소리와 큰 동작을 활용해 효과적으로 인물과 사건을 드러내야 합니다. 영화나 텔레비전 배우들이 비교적 사실적으로 연기를 한다면, 연극배우는 연출한 듯한 연기를 하는 것도 매체의 특성에 따른 차이라고 할 수 있습니다.

연극배우는 무대에서 즉석 공연을 해야 하기 때문에 철저한 연습을 통해 인물과 극의 흐름을 완벽히 소화해야 합니다. 또한, 극 중에서 노래, 무용, 격투 등이 필요한 경우가 있기 때문에 별도로 연습하면서 연기 준비를 합니다.

배우는 세 가지의 기본적인 요소, 즉 천부적인 재능, 훈련, 실습을 갖추어야 합니다. 배우는 예술인으로서 스스로를 창조해야 하므로 천부적인 재능을 갖추어야 하며, 많은 훈련과 끊임없는 실습을 통해 자신의 재능을 더욱 키워 나가야 합니다.

화려하게 보이는 연극배우라는 직업은 정해진 보수도 없고, 규칙적으로 일을 할 수 있는 것도 아닙니다. 그래서 연극배우는 '배고픈' 직업이라는 말도 있습니다. 배우는 연기에 대한 사랑으로 정말 열심히 노력하는 열정이 필요한 직업입니다.

20세기 말 이래 미디어, 광고, 연예 오락 분야의 각종 기술 및 산업 현장과의 다양한 연계를 통해 연극의 영역은 확장되고 있으며, 정보 기술과의 결합으로 새로운 전문 분야의 창출은 더욱 가속화 될 전망입니다.

연극배우가 하는 일은?

연극배우는 배역이 결정되면 자신의 역할을 분석합니다. 감독이나 작가가 의도하는 인물을 연기하기 위해 살을 급격하게 찌우거나 빼는 등 몸을 만들기도 하고, 헤어스타일을 변신하기도 합니다. 의상, 표정, 목소리의 톤과 굵기 등도 설정하고, 극 중에서 필요하다면 요리, 악기 연주, 외국어, 무술 등도 배우고 익혀야 합니다.

> » 작품 출연이 확정되면 인물의 캐릭터를 분석합니다.
> » 연출자 및 감독, 작가 등과 논의하여 극 중 인물에 맞는 표정, 행동, 대사 톤 등을 설정합니다.
> » 인물의 성격을 잘 표현할 수 있는 의상, 소품, 분장 등을 담당자와 협의합니다.
> » 대본 연습, 리허설 등을 통해 함께 출연하는 배우와 호흡을 맞추고, 자신의 대사를 암기합니다.
> » 극 중에서 필요한 노래, 무용, 격투 등을 별도로 연습합니다.
> » 인물과 극의 흐름을 완벽히 소화하도록 반복 연습하여 무대에서 공연합니다.

Jump Up

우리나라 배우의 기원에 대해 알아볼까요?

우리나라에서 배우라는 직업은 삼국 시대부터 그 기원을 찾을 수 있어요. 즉, 4세기 중엽의 무덤인 안악 3호분에 탈꾼과 같은 놀이꾼이 등장하고, 7세기경에는 백제의 기악(伎樂)이 일본에 전해지며, 9세기의 신라에서는 오기(五伎)와 같은 놀이가 성행했던 것을 보면 직업적 배우가 존재했음을 유추할 수 있어요.

고려 시대에는 직업 배우를 광대(廣大)라고 불렀으며, 그 수가 전국적으로 많았어요. 그러한 전통이 개화기까지 내려와 신극이 시작되면서 서양과 같은 개념의 배우들이 등장하게 되었어요. 그리하여 우리나라에는 탈꾼, 소리꾼과 같은 전통적인 배우와 더불어 현대극의 연극배우, 영화배우들이 공존하고 있어요.

연극배우

커리어맵

관련기관
- 한국연극협회 ktheater.bravod.co.kr
- 한국연극배우협회 www.kactor.kr
- 한국연출가협회 www.krda.co.kr
- 한국연극치료협회 www.kadt.or.kr

준비방법
- 국어 및 영어 교과 역량 키우기
- 연극·영화 관련 동아리 활동
- 연극·영상 관련 교내외 대회 참가
- 연극 관련 단체나 학과 탐방 활동
- 예술 교과 관련 소양 키우기

적성과 흥미
- 의사소통 능력
- 감정 표현 능력
- 창의성
- 대인관계 능력
- 예술적 감수성
- 관찰력
- 탐구력

연극배우

관련학과
- 연극영화과
- 연기과
- 연극전공(연기)
- 문화예술학부 연기예술전공
- 연기예술학과
- 예술학부 연극전공 (연기)
- 연극연기학과

흥미유형
- 예술형
- 사회형

관련교과
- 국어
- 영어
- 사회
- 체육
- 음악
- 미술

관련자격
- 문화예술교육사
- 멀티미디어콘텐츠 제작전문가

관련직업
- 방송연출가
- 연극연출가
- 영화감독
- 영화기획자
- 행사기획자
- 공연기획자
- 쇼핑호스트
- 개그맨
- 모델
- 무대감독
- 아나운서
- 평론가

적성과 흥미는?

연극배우에게 무엇보다 중요한 것은 연극에 대한 열정과 노력입니다. 무대 위에서 관객들에게 자신을 드러내어 감정과 느낌을 전달하기 때문에 감정 표현 능력이 뛰어나야 합니다.

기존의 것을 그래도 답습하는 사람보다는 새로운 시각으로 창의적으로 생각하고 행동하는 사람에게 더욱 적합합니다. 사람들과 어울리는 것을 좋아하고, 음악, 미술, 무용 등 다양한 문화에 흥미가 있으면 좋습니다. 또한 연극, 영화, 방송 등 다양한 분야의 문화 흐름에 관심을 가지는 사람에게 적합합니다.

상상하는 것을 좋아하거나 틀에 박힌 것보다는 변화를 즐기고, 기쁘거나 슬프거나 화나는 감정의 표현이 자유로운 사람에게 적합합니다. 연극배우에 관심이 있다면 음악, 미술, 무용 등의 예체능 교과에 대해 흥미를 가지고, 자신의 특기가 될 만한 실기 능력을 갖추는 것이 도움이 됩니다.

연극은 종합 예술이기 때문에 종합적인 사고력과 판단력이 필요하고, 많은 스태프들과 함께 일을 해야 하므로 원만한 대인관계 능력도 필요합니다. 예술형, 사회형의 흥미를 가진 사람에게 적합합니다.

관련 직업은?

쇼핑호스트, 아나운서, 개그맨, 모델, 무대감독, 방송연출가, 연기자, 연극연출가, 탤런트, 영화감독, 영화기획자, 촬영기사, 조명기사, 행사기획자, 평론가, 공연기획자, 뮤직비디오감독 등

Jump Up

배우의 본 뜻과 바뀐 뜻에 대해 알아볼까요?

'배우'라는 말은 본래 서로 상반된 두 가지 뜻이 합쳐서 이루어진 말이에요. 배(俳)는 희극적 몸짓으로 관객을 웃기는 사람을 가리키는 말이고, 우(優)는 슬픈 모습으로 관객의 눈물을 자아내는 사람을 가리키는 말이에요. 즉, 배는 희극 배우를, 우는 비극 배우를 가리키는 말이었죠. 옛날 무성 영화 시대만 하더라도 희극 배우와 비극 배우의 구분이 있었어요.

그러나 배우의 만능적 기질이 강조되는 오늘날에는, 희극 배우와 비극 배우의 구분 없이 영화나 연극 속의 인물로 분장하여 연기하는 사람을 두루 가리키는 말로 쓰이고 있어요.

진출 방법은?

연극배우가 되기 위해서 특별한 학력이나 전공이 필요한 것은 아닙니다. 그러나 연극배우는 무엇보다 연기력이 뒷받침되어야 하기 때문에 예술 고등학교나 대학에서 연기를 전공하는 경우가 많습니다. 또한 사설 교육 기관의 연기자 양성 과정에서 훈련을 받고 연극배우가 되기도 합니다.

대학의 관련 학과에서는 연기에 필요한 발성, 동작, 대사 훈련, 연기 실습 등을 교육하며, 영화, 연극, TV 드라마 등의 제작 과정에 대해서도 교육합니다. 또 연극배우가 되고 싶은 사람들은 비록 연기를 전공하지 않더라도 대학에서 연기 동아리 활동을 하거나 극단에 들어가서 경험을 쌓기도 합니다.

연극배우의 경우는 오디션을 거치거나 선후배의 추천으로 극단에 입단하여 활동하는 경우가 많습니다. 탤런트의 경우는 방송사의 공개

채용을 통해 활동했던 과거와는 달리, 현재는 방송사의 공개 채용이 비정기적으로 이루어지고 있거나 점차 폐지되는 분위기입니다. 그래서 이러한 방법보다는 기획사나 전문 사설 학원 등의 추천을 통해 출연하거나 연극, CF, 잡지 모델 등의 활동 경험을 바탕으로 캐스팅되는 경우가 늘어나고 있습니다.

개그맨은 방송사의 정기 공채를 통해 데뷔하는 경우가 많습니다. 공채 시험에서는 자신이 직접 구상한 대본으로 개그를 해야 합니다. 영화배우는 영화사에서 실시하는 신인 배우 공개 오디션을 보거나 기획사나 사설 연기 학원의 추천을 받기도 하고, 자신이 직접 프로필과 사진 등을 영화사에 보내 오디션을 거쳐 영화에 출연하게 되는 경우가 많습니다.

관련 학과 및 자격증은?

➡ 관련 학과 : 연극영화과, 연기과, 연극전공(연기),
　　　　　　　문화예술학부 연기예술전공,
　　　　　　　연기예술학과, 예술학부 연극전공(연기),
　　　　　　　연극연기학과 등

➡ 관련 자격증 : 멀티미디어콘텐츠제작전문가,
　　　　　　　　문화예술교육사 등

미래 전망은?

엔터테인먼트 산업이 고부가 가치 문화 산업으로 인식되고, 일상생활에서 여가 문화를 향유하는 것이 중요해지면서 방송, 영화, 연극, 공연 등 엔터테인먼트 산업이 성장하였습니다. 또한 문화 콘텐츠의 경제적 가치에 대한 인식이 높아진 상태여서 많은 연예 기획사가 설립되고, 재능 있는 배우를 발굴하려는 노력이 이어지고 있습니다. 배우 및 모델은 영화, 연극, 방송, 뮤지컬, 광고 등 출연하는 장르에 따라 영화배우, 연극배우, 탤런트, 뮤지컬배우, 광고모델 등으로 구분되지만, 한 가지 영역을 고수하는 배우가 줄어들면서 직업적 구분이 모호해지고 있습니다. 또한 새롭고 참신한 신인 배우에 대한 대중의 기대가 커지면서 신인 배우의 유입이 늘고, 기존의 배우들은 여러 장르를 활발하게 넘나드는 경향이 계속될 전망입니다. 한편, 지역적 특색을 반영한 연극 축제가 활성화되고, 테마별로 특성화된 소규모 공연이 유지되고 있지만, 연극 산업 활성화를 위한 지원이 대규모로 이루어지는 편은 아니어서 이들의 고용은 현 상태를 유지할 것으로 전망됩니다.

연극영화학과는 순수 연극을 비롯해 뮤지컬, 각종 이벤트뿐만 아니라 각종 영상, 이미지, 광고 산업으로 교육 과정이 확장되어서 학생들에게는 연극배우 및 영화나 TV 등 각종 매체의 연기자, 연출가, 무대미술가, 무대 기술자, 기획자, 평론가, 학자 등 다양한 분야로 진출할 가능성을 열어 주고 있습니다. 학생들은 자신의 가능성이 어느 분야에 있는지 냉철히 점검해 보고, 자신의 진로를 결정하는 것이 바람직합니다.

Jump Up

쇼핑호스트에 대해 알아볼까요?

홈쇼핑 전문 채널에서 쇼핑 관련 프로그램을 진행하는 전문직이에요. 1995년 케이블 텔레비전 방송국이 개국하면서 분야별로 다양한 전문 프로그램 채널이 생겨났는데, 홈쇼핑 전문 채널도 이 중 하나예요.

홈쇼핑은 텔레비전 쇼핑 채널에서 상품을 안내하고 판매하는 프로그램이기 때문에 쇼핑호스트의 능력에 따라 상품 판매량이 늘어나기도 하고 줄어들기도 해요. 따라서 소비자를 대신해 상품을 확인하고, 소비자에게 상품의 기능과 특성, 장단점에 이르기까지 정확하고 유용한 정보를 제공해야 하므로 쇼핑호스트의 역할은 중요하다고 할 수 있어요.

연극영화학과
연극배우 전공 분석

어떤 학과인가?

연극은 문학의 형식으로 만들어진 희곡을 공연 예술의 형태로 무대에서 실현하고, 영화는 삶과 인간에 대한 통찰을 영상과 음향을 통해 이미지화하는 종합 예술입니다. 연극영화학과는 연극과 영화를 '삶과 인간에 대한 근원적 성찰'을 기반으로 하는 인문학적 종합예술로 인식하고, 창조적 능력과 미학적 토대를 갖춘 인재를 양성하고 있습니다. 그래서 연극영화학과에서는 연극 및 영화 제작에 필요한 기반 지식을 익히고, 실습 과정을 통해 미래의 연기자 및 연극, 영화의 예술인으로서의 실무적 역량을 배양하며, 철학, 예술사 등 인문학적 연구를 병행하게 됩니다.

영화는 더 이상 일부 전문가만이 아닌, 누구나 쉽게 접하고 자신의 창작물을 만들 수 있는 예술 장르로 인식되고 있습니다. 영화를 자기를 표현하는 방법으로 인식하고, 자신들의 감성을 자유롭게 표현하는 사람들이 늘고 있습니다.

연극과 영화는 총체적 종합 예술로서 다양한 장르를 아우르며 발전하고 있습니다. 연극이 희곡, 연기, 무대 미술의 총체적 창조력으로 무대 공간 위에 표현하는 종합 예술이라면, 영화는 입체적인 영상을 통해 한계가 없는 스토리를 담는 매력을 지닙니다. 연극 영화 관련 학과에서는 시나리오 작성, 연출, 촬영, 마케팅 등 연극 영화에 대한 학문적 지식과 실습 교육을 통해 공연 영상 예술인 양성을 목표로 하고 있습니다.

교육 목표와 교육 내용은?

연극영화학과는 연기 및 연출, 무대 기술, 극장 등 연극 관련 전문 인력을 양성하고, 영화 매체에 관련된 전문적인 연출과 스태프 및 연기자를 포함한 영상 제작 관련 인재 양성에 교육 목표를 두고 있습니다.

> » 전문 직업 배우로서의 열정과 의지를 지닌 인재를 양성합니다.
> » 공연 예술 창작 현장에서 활동하는 각 분야의 전문 공연 예술가를 양성합니다.
> » 인문학적 소양과 예술적 감성을 지닌 영화 영상 분야의 전문가를 양성합니다.
> » 영화 작업에 필요한 테크놀로지를 이해하고 응용할 수 있는 인재를 양성합니다.
> » 다양한 학문과의 융복합 교육을 통해 영화 창작자로서의 철학과 창의성을 갖춘 인재를 양성합니다.

학과에 적합한 인재상은?

연극영화학과는 연기자뿐만 아니라 영화감독, 시나리오작가, 공연연출가, 기획자, 무대 미술가 등 연극계와 영화계는 물론 방송, CF계 등 문화와 관련된 여러 분야에서 활동할 인재를 길러내고 있습니다. 연극영화학을 전공하기 위해서는 공연 및 예술에 흥미와 관심이 많아야 합니다. 학습 방법도 외워서 정해진 정답을 찾는 것이 아닌 자신만의 독창적인 방식으로 문제를 해결하는 것을 즐기는 사람에게 적합합니다.

개성과 창의력, 예술적 감수성이 많이 요구되는 분야인 만큼 뭔가를 만들고, 새로운 것을 시도해 보는 성격을 가진 사람이라면 즐겁게 공부할 수 있을 것입니다. 자신의 생각이나 감정을 무대나 영상을 통해 표현하기 위해서는 관찰력과 탐구력이 뒷받침되어야 하며, 영상 매체 장비를 잘 다룰 수 있어야 합니다.

학교 방송반이나, 영화 제작반, UCC 제작반 등의 동아리 활동을 통해 여러 가지 경험을 할 것을 권장합니다.

관련 학과는?

영화영상학과, 연극전공(연기), 문화예술학부 연기예술전공, 연기예술학과, 예술학부 연극전공(연기), 연극연기학과, 공연영상창작학부(영화전공) 등

주요 교육 목표

능동적·창의적인 인재 양성

- -

연기, 연출, 무대 기술을
아우르는 전문인 양성

- -

열정과 의지로 끊임없이
도전하는 인재 양성

- -

기획, 제작, 창의적 표현 능력을
지닌 인재 양성

- -

인문학적 소양과 예술적 감성을
지닌 인재 양성

- -

글로벌 감각과 소통 능력을
지닌 인재 양성

취득 가능 자격증은?

- ☑ 문화예술교육사
- ☑ 멀티미디어콘텐츠제작전문가
- ☑ 영상연출전문인
- ☑ 영상촬영전문인
- ☑ 영상편집전문인
- ☑ 연극치료사
- ☑ 무대예술전문인(무대 기계, 조명, 음향)
- ☑ 방송통신산업기사
- ☑ 영사산업기사 등

진출 직업은?

연기자, 영화감독, 시나리오작가, 공연연출가, 무대미술가, 공연기획자, 방송기술감독, 영상편집기사, 녹화편집기사, 영화제작자, 음향기사, 녹음기사, 촬영기사 등

추천 도서는?

- 배우의 말하기 훈련(연극과인간, 안재범)
- 배우의 힘(퍼스트북, Ivana Chubbuck, Elise Moon 역)
- 나의 첫 배우 수업
  (지식의편집, 제러미 크루즈, 방진이 역)
- 꿈의 연극
  (을유문화사, 아우구스트 스트린드베리, 홍재웅 역)
- 연극 크로노토프, 시공간의 미학(집문당, 김용수)
- 연극과 그 이중
  (지만지드라마, 앙토냉 아르토, 이선형 역)
- 동아시아의 연극과 영화 : 계승과 도전
  (연세대학교출판문화원, 연세대학교 공연예술연구소)
- 이성식의 연기수업(커튼콜북스 , 이성식)
- 기초연기수업(연극과인간, 안재범)
- 퍼포머연기론(연극과인간, 라경민)
- 나의 연출 수업(동인, 김대현)
- 김복진, 기억의 복각(경인문화사, 정인섭)
- 배우와 연기를 보는 여섯 개의 시선
  (푸른사상, 심재민 외)
- 어떤 노배우의 마지막 연기(평민사, 이근삼)
- 통쾌한 희곡의 분석
  (연극과인간, 데이비드 볼, 김석만 역)

학과 주요 교과목은?

기초 과목	기초연기, 연극개론, 영화개론, 공연영상예술개론, 작품 분석, 발성과 화술, 스토리텔링의 기초, 디자인실습, 영화학입문, 디지털영화제작, 예술철학과 사상사, 대본 창작, 연출과 디자인세미나, 세계영화사, 상상과 표현 기법, 한국영화사 등
심화 과목	연극제작실습, 영상제작실습, 연극사, 시나리오창작, 연기실습, 무대미술실습, 영화작가론, 편집론, 공연 미학, 음향편집, 기록영화론, 실험연극론, 연출론, 영화 분석과 비평, 영화제작, 영상마케팅, 문화이론연구, 현대사회의 쟁점과 영화창작 등

졸업 후 진출 분야는?

일반 기업	방송국, 신문사, 잡지사, 멀티미디어 콘텐츠 제작 업체, 인터넷 콘텐츠 기획 및 제작 업체, 영화 제작사, 극장 및 극단 기업체의 홍보실, 이벤트 사업체, 오락 및 연예 기획사 등
공공 기관	한국방송공사, 한국콘텐츠진흥원, 국제방송교류재단, 영화진흥위원회, 중고등학교, 대학교 등
기타	예술 강사, 사설 연기 학원 등

전공 관련 선택 과목은?

▶ 국어, 영어 교과는 모든 학문의 기초적인 성격을 가진 도구교과로 모든 학과에 이수가 필요하여 생략함.

수능 필수	화법과 언어, 독서와 작문, 문학, 대수, 미적분Ⅰ, 확률과 통계, 영어Ⅰ, 영어Ⅱ, 한국사, 통합사회, 통합과학, 성공적인 직업생활(직업)		
교과군	선택 과목		
	일반 선택	진로 선택	융합 선택
수학, 사회, 과학	세계사, 사회와 문화, 현대사회와 윤리	인문학과 윤리	여행지리, 사회문제 탐구
체육·예술	음악, 미술, 연극	음악 연주와 창작, 음악 감상과 비평, 미술 창작, 미술 감상과 비평	스포츠 생활1, 음악과 미디어, 미술과 매체
기술·가정/정보	정보	생활과학 탐구	지식 재산 일반
제2외국어/한문			
교양		인간과 철학, 인간과 심리	

학교생활기록부 관리는?

출결 사항	• 미인정(무단) 출결 사항이 없도록 관리하세요. 미인정(무단) 결석 등이 있으면 학교생활 충실도나 인성, 성실성 영역에서 부정적인 평가를 받을 가능성이 높아요.
자율·자치활동	• 다양한 교내외 활동에서 자기주도적 참여를 통해서 연극영화학 분야에 대한 관심과 흥미, 창의적 문제 해결 능력, 의사소통 능력, 협업 능력, 발전 가능성 등이 드러나도록 하세요.
동아리활동	• 교내 연극반, 영화반, 방송반, 광고 영상반 등의 동아리 활동에 참여하여 자신이 가지고 있는 미적 감수성이 입증될 수 있도록 하세요. • 동아리 가입 동기, 동아리 내 자신의 역할, 동아리 활동으로 변화된 자신의 모습, 전공과 관련된 자신의 소질 계발 경험 등이 드러나도록 하세요. • 소외 계층을 위한 영상 만들기, 공익광고만들기 등의 봉사 활동에 참여하세요.
진로 활동	• 연극배우, 가수, 탤런트 등의 직업과 관련 학과에 대한 정보 탐색 활동을 권장해요. • 방송국, 영화연극학과 등 관련 학과에 대한 체험 활동을 권장해요. • 교내 축제 등에서 자신의 끼를 발휘함으로써 자신의 진로 역량이 나타날 수 있도록 하세요.
교과학습 발달상황	• 미술, 음악, 체육 등 예술 교과에서 우수한 학업 성취를 올릴 수 있도록 관리하고, 수업 활동에서 전공 적합성, 자기주도성, 문제 해결 능력, 창의력, 발전 가능성 등의 역량이 발휘될 수 있도록 수업에 적극 참여하세요. • 연극과 영화에 대한 관심과 흥미를 실제 생활에 적용하여 의미 있는 결과를 이끌어 낼 수 있도록 하세요.
독서 활동	• 미술, 음악, 체육, 인문학, 심리학 등 다양한 분야의 책을 읽으세요. • 폭넓은 독서 활동을 통해 연극영화학에 관련된 기본적인 지식을 쌓는 것이 중요해요.
행동 발달 특성 및 종합 의견	• 창의력, 문제 해결 능력, 협업 능력, 자기주도적 학습 능력 등이 드러날 수 있도록 해요. • 학교생활에서 자기주도성, 경험의 다양성, 성실성, 나눔과 배려, 학업 태도와 학업 의지에 대한 장점이 기록되도록 관리해야 해요.

Jump Up

웹프로그래머에 대해 알아볼까요?

➡️ 웹프로그래머(Web programmer)는 프로그래머 중 웹이라는 분야에서 일하는 좀 더 전문화·세분화 된 직업으로, 웹 시스템과 사용자의 언어를 서로 통역해 주는 프로그램을 만드는 일을 해요.

➡️ 기존에는 프로그래머라고 하면 PC상에서 프로그래밍을 하는 운영체제프로그래머나 장치프로그래머를 말했는데, 네트워크상에서 PC와 PC가 연결되면서부터 웹프로그래머라는 직업이 생겨나게 되었어요. 쉽게 말해 기존의 프로그램을 웹상에서 구현하는 사람이에요

웹디자이너란?

언제부터인지 디자인은 우리 생활 깊숙이 자리 잡게 되었고, 현대 사회의 핵심 산업 중 하나로 싱징헸습니다. 패션디자이너, 신발디자이너, 가구디자이너, 인테리어디자이너, 헤어디자이너 등 디자인의 영역은 날이 갈수록 넓어지고 있습니다.

그중에서도 우리는 온라인 공간에서 수많은 웹디자인을 접하고 있습니다. 스마트폰을 열면 바로 보이는 화면과 다양한 앱, 인터넷을 켜면 가장 먼저 보이는 포털 사이트의 화면 구성에도 웹디자인이 적용되어 있습니다. 홈페이지를 방문한 사람들은 보기 편하면서도, 원하는 정보를 빠르게 찾는 것을 원합니다. 그러므로 메인로그는 어디에 띄우고, 로그인 영역과 검색 영역은 어떻게 배치하고, 중요한 내용들은 어느 정도의 비중으로 표시할 것인지 등을 고려하여 화면에 시각적으로 잘 드러내는 것이 중요합니다.

웹디자이너는 웹사이트가 전달하고자 하는 정보를 효과적으로 전달할 수 있도록 이미지 형태, 크기, 동영상, 애니메이션, 텍스트, 서체, 레이아웃 등의 시각적인 요소를 구성하고 디자인합니다. 주로 포토샵, 일러스트레이터, 2D스튜디오, 어도비 프리미어와 같은 그래픽 프로그램과 인터넷 프로그램 언어인 HTML과 자바(JAVA), 애니메이션 등을 응용하여 작업합니다.

웹디자이너
시각디자인학과

인터넷이 활성화되고, 홈페이지의 중요성이 나날이 커지고 있는 요즘, 웹디자이너는 전망이 좋은 직업이라고 할 수 있습니다. 노동부에서 발간한 '한국 대표 직업의 현재와 미래'라는 책에서 '사이버기상캐스터, 게임시나리오작가, 여행설계사' 등과 함께 웹디자이너를 미래의 유망 직종으로 언급하고 있습니다.

웹디자이너는 웹프로그래머와 업무 영역이 겹쳐 한 팀이 되어 일하는 경우가 많습니다. 실제로 웹 화면에 있는 버튼 디자인 정도는 프로그래머도 할 수도 있고, 이미지 크기 조절과 같은 간단한 프로그램의 수정은 웹디자이너도 할 수 있습니다. 서로의 일에 대한 이해도가 높아야 협업이 가능한 만큼 웹디자이너들도 프로그래밍에 대한 기본 지식을 가지고 있는 것이 좋습니다.

웹디자이너는 웹사이트 개발 업체에서 일하거나 프리랜서로 활동하면서 경력과 실력을 쌓으면 웹광고기획자, 웹마스터, 웹콘텐츠 기획자 등으로 전직할 수도 있습니다.

웹디자이너가 하는 일은?

웹디자이너는 사용자가 웹이나 앱을 편리하게 사용할 수 있도록 서비스 목적과 내용을 화면에 시각적으로 구현하는 일을 합니다. 웹디자이너들이 웹의 디자인을 완성한 후에는 디자인한 웹이 작동될 수 있도록 웹 프로그래머들이 프로그램을 짜서 사용자들이 편리하게 웹사이트를 이용하도록 합니다. 이 과정에서 디자이너는 본인이 한 디자인 그대로 화면에 적용되길 원하고, 프로그래머는 프로그램을 짜는 데 한계가 있는 디자인은 바꾸길 원하기 때문에 이를 조화롭게 해결하는 것이 중요합니다.

> » 웹디자이너는 인터넷 홈페이지를 디자인하고, 웹사이트를 구축합니다.
> » 웹디자이너는 홈페이지의 문자, 그림, 동영상, 음성 등을 재가공하여 이용자들이 접근하기 쉽게 만드는 작업을 합니다.
> » 웹사이트의 전체적인 이미지를 결정한 후 웹사이트 이용자들이 원하는 정보에 최단의 경로로 접근할 수 있도록 디자인합니다.
> » 웹사이트의 전체 구조, 메뉴와 하위 메뉴를 체계적으로 설정하며, 웹사이트가 시각적으로 조화를 이루도록 배열합니다.
> » 웹사이트의 주요 화면을 주기적으로 갱신하며, 배너와 플래시 애니메이션을 제작 합니다.
> » 이메일 및 게시판 관리 업무를 수행하기도 하며, 회사의 로고 등 다양한 디자인 작업을 하기도 합니다.

Jump Up

웹마스터에 대해 알아볼까요?

웹마스터는 인터넷 사이트의 게시판 등을 관리하고, 인터넷 사이트에서 제공하는 서비스의 기능을 향상시키며, 인터넷 사이트를 정기적으로 점검·유지·관리해요. 또한 인터넷 사이트상에서 발생한 문제점을 확인하고, 직접 해결하거나 관련자(개발자)에게 통보하기도 해요.

웹마스터가 되려면 컴퓨터의 구조 및 시스템, 인터넷 사이트 구축 등에 대한 지식과 기술이 있어야 해요. 또한 기본적인 수리 능력 및 정보 분석 능력이 필요하고, 문제를 효과적으로 해결할 수 있는 분석적이고 논리적 사고 능력이 필요해요. 관습형, 진취형의 흥미를 가진 사람에게 적합하고, 협동심, 스트레스를 감내할 수 있는 성격을 가진 사람에게 유리해요.

웹디자이너
커리어맵

관련기관

- 한국디자인진흥회 www.kidp.or.kr
- 한국콘텐츠진흥원 www.kocca.kr
- 한국산업디자이너협회 www.kaid.or.kr
- 한국시각정보디자인협회 vidak.or.kr

준비방법

- 디자인 관련 동아리 활동
- 컴퓨터 활용 능력 키우기
- 디자인 관련 교내외 대회 참가
- 디자인 관련 회사 및 학과 탐방
- 미술 및 정보 관련 교과 역량 키우기
- 웹디자이너 직업 체험 활동

적성과 흥미

- 디자인 감각
- 창의력
- 색채 감각
- 협동심
- 의사소통 능력
- 꼼꼼함
- 시간 관리 능력
- 인내심

웹디자이너

관련학과

- 산업디자인학과
- 시각디자인학과
- 조형학과
- 광고홍보학과
- 미술학과
- 응용소프트웨어공학과
- 컴퓨터공학과

흥미유형

- 탐구형
- 예술형

관련교과

- 국어
- 영어
- 사회
- 기술·가정
- 정보
- 미술

관련자격

관련직업

- 웹디자인기능사
- 컴퓨터그래픽스운용기능사
- 시각디자인기사
- 제품디자인기사
- 컬러리스트기사

- 제품디자이너
- 시각디자이너
- 자동차디자이너
- 가구디자이너
- 주얼리디자이너
- 완구디자이너
- 광고디자이너
- 일러스트레이터
- 컬러리스트
- 비주얼머천다이저

적성과 흥미는?

웹디자이너는 그래픽 관련 프로그램을 능숙하게 다룰 수 있어야 하며, 시각적인 편의성과 아름다움을 표현할 수 있는 디자인에 대한 이해와 지식, 예술적 감각이 필요합니다. 디자인 시안을 작성하여 웹 상에 구축하기 위해서는 창조적이고 논리적인 사고도 필요합니다. 웹 사이트를 구축하는 경우, 웹디자인만으로 작업이 끝이 나는 것이 아니라 적용 후 테스트까지 완료하여 사용자들이 불편함 없이 사이트를 이용할 수 있어야 합니다. 웹사이트를 구축하는 작업 중 웹디자인 작업은 초기 단계에서 이루어지는데, 초기 작업부터 작업 스케줄이 밀리면 전체 일정에 차질이 생길 수 있으므로 주어진 일을 마감 날짜 안에 완료할 수 있는 시간 관리 능력도 중요합니다. 또한 여러 사람이 함께 작업하는 경우가 많으므로 협동심과 원만한 대인관계 능력이 필요합니다. 디자인의 특성상 디자이너의 취향에 영향을 받기 때문에 작업 과정에서 수정에 대한 요구가 빈번히 들어올 수 있습니다. 이런 경우 상대방이 의사를 정확하게 파악해야 원하는 디자인으로 수정이 가능하므로 의사소통 능력이 필요합니다. 또한 디자인한 작품이 마음에 들지 않는다고 수정 요구를 받았을 때 차분히 받아들일 수 있는 평정심을 유지하는 것도 필요합니다. 사소한 부분도 놓치지 않고 세심하게 일을 처리하는 성격이면 더욱 좋습니다. 예술형, 탐구형의 흥미를 가진 사람에게 적합하며, 혁신, 적응성, 융통성이 있는 사람에게 유리합니다.

Jump Up

웹퍼블리셔에 대해 알아볼까요?

웹퍼블리셔는 웹디자이너, 웹프로그래머, 웹기획자 등과 함께 웹사이트의 제작 및 진행 방향 등에 대해 협의하고 조언하는 일을 해요. 또한 웹사이트 제작에서 웹디자이너 또는 프로그래머가 디자인하고 웹코딩한 것을 웹 표준(국제표준화 단체가 지정한 표준안에 따라 웹사이트를 제작하는 것), 웹 접근성(손쉽게 정보를 얻을 수 있도록 웹사이트를 제작하는 것), 크로스브라우징(웹 브라우저의 종류와 관계없이 화면이 똑같이 나오도록 제작하는 것), 시멘틱마크업(어떤 사용자 환경에서도 브라우징에 제약이 없도록 제작하는 것) 원칙에 부합하는지 검토하고, 다시 코딩하는 일도 해요.

진출 방법은?

웹디자이너가 되기 위해서는 디자인과 컴퓨터에 대한 기본 지식과 응용 능력이 필요합니다. 이를 위해 전문 대학이나 대학에서 디자인, 멀티미디어, 컴퓨터 그래픽 관련 학문을 전공하거나 웹디자인, 게임 디자인, 컴퓨터 그래픽 전문 교육 기관에서 훈련을 받는 것이 좋습니다.

취업할 때에는 관련 자격증보다 실무 경험이 더욱 중요합니다. 그러므로 평소에 자신이 디자인한 작품들을 모아서 포트폴리오를 만들어 두는 것이 좋습니다. 컴퓨터그래픽스운용 기능사, 웹디자인기능사, 시각디자인기사, 제품디자인기사, 포장기사, 컬러리스트, 컴퓨터 그래픽스운용기능사 등의 자격증을 취득하면 일을 하는 데 도움이 될 수 있습니다.

웹디자이너들은 주요 웹사이트 개발 업체, 전문 디자인 업체, 게임 개발 업체의 공개 채용을 통해 취직을 하거나, 프리랜서로서 프로그래머들과 팀을 이뤄 일을 하기도 합니다. 웹사이트 개발 업체에서 일하거나 프리랜서로 활동하는 과정에서 경력과 실력을 쌓아 웹광고기획자, 웹마스터, 웹콘텐츠기획자 등으로 전직할 수도 있습니다.

관련 직업은?

영상그래픽디자이너, 게임그래픽디자이너,
2D그래픽디자이너, 3D그래픽디자이너,
3D입체영상디자이너, 모션그래픽디자이너,
시각디자이너, 광고디자이너, 제품디자이너,
가구디자이너, 자동차디자이너, 포장디자이너,
캐릭터디자이너, 일러스트레이터, 컬러리스트,
캐드원(제도사), 건축 및 토목캐드원,
비주얼머천다이저(VMD), 피오피(POP)디자이너 등

관련 학과 및 자격증은?

➡ 관련 학과 : 산업디자인학과, 시각디자인학과, 게임학부게임그래픽디자인전공(미술계), 디자인조형학과 시각디자인전공, 디자인조형학부, 융합조형디자인전공, 광고·홍보학과, 미술학과, 응용소프트웨어학과 등

➡ 관련 자격증 : 웹디자인기능사, 컴퓨터그래픽스운용기능사 등

미래 전망은?

우리나라 성인이라면 대부분 스마트폰을 가지고 있다고 해도 과언이 아닐 정도로 우리나라의 스마트폰 보급률은 세계 최고 수준입니다. 스마트폰 등의 IT 기기가 발전할수록 온라인상에서 이용할 수 있는 각종 앱이나 웹의 디자인 수요가 지속적으로 증가하고 있습니다.

모바일 시장의 급속한 발전은 고품질의 멀티미디어 디자인에 대한 수요를 높이고 있습니다. PC용보다 모바일용 웹사이트의 활용도가 더욱 커지면서 모바일 매체에 가장 효과적인 영상 콘텐츠 및 디자인적 요소가 필요하게 되고, 따라서 첨단 영상 기술을 반영할 수 있는 유능한 디자이너의 역할이 커지고 있습니다.

한편, 웹디자이너에 대한 수요가 증가하는 것과 비례하여 각 대학의 웹디자인, 컴퓨터 그래픽, 멀티미디어 디자인, 게임 디자인 등 관련 학과뿐만 아니라 사설 교육 기관에서 배출하는 인력도 증가하고 있습니다. 또한 웹사이트를 제작하는 프로그램이 간편해지면서 일반인도 조금만 공부하면 웹사이트를 제작할 수 있게 되었고, 포털 사이트에서 제공하는 블로그 제작 기능으로 인해 블로그가 웹사이트를 대체하게 되었습니다. 이러한 다양한 요인은 웹디자이너의 일자리 형성에 부정적인 영향을 끼칠 수는 있습니다.

관련 업체에서는 실력 있는 경력자를 선호하기 때문에 대학 졸업 후 바로 일자리를 구할때는 치열한 경쟁을 해야 할 것으로 예상됩니다. 기술 개발 기간의 단축으로 보다 새로운 기술을 활용할 수 있는 인력을 요구하는 경향이 커지면서 디자이너는 지속적인 학습과 연구를 하여 전문 분야를 특화하거나 공모전 수상 등 실력을 인정받을 수 있는 준비가 필요합니다.

시각디자인학과
웹디자이너 전공 분석

어떤 학과인가?

현대 사회에서는 시각적인 이미지가 중요해지고 있어 모든 분야에서 각광받는 것이 시각디자인입니다. 멀티시각디자인은 과학 기술이 발달하면서 전통적인 매체인 인쇄 매체를 비롯해 영상, 광고애니메이션, 컴퓨터 그래픽스, 멀티미디어 모바일에 이르기까지 점차 활용 범위가 넓어지고 있습니다.

지식 정보와 문화 예술이 삶의 질을 주도하는 요즘, 시각전달 디자인 분야의 중요성이 부각되면서 디자인의 영역에도 많은 변화가 나타나고 있습니다. 이에 시각디자인학과는 앞으로 필요한 디자인 전문 이론과 실무 능력을 겸비한 인재 양성을 목표로 교육합니다. 디자인을 통해 풍요로운 인간 환경을 추구함과 동시에, 건실한 예술적 기량과 창의적 조형성을 두루 지닌 시각디자이너를 배출하기 위해 다양한 교육 과정을 운영하고 있습니다.

시작디자인학의 분야는 크게 타이포그래피, 광고 디자인, 포장 디자인, 일러스트레이션, 컴퓨터 그래픽 등으로 구분되며, 각 분야들이 서로 연계되어 종합적인 통찰력을 익힐 수 있도록 체계를 갖추고 있습니다. 특히 이론 학습뿐만 아니라 다양한 미디어의 활용과 실습을 통해 유능한 아트디렉터로서의 자질을 훈련하여 전문적인 능력을 갖추게 됩니다.

교육 목표와 교육 내용은?

시각디자인학과는 시각 정보의 전달 및 상품과 서비스의 유통 과정에서 직면하는 각종 커뮤니케이션 문제를 분석하고, 이에 대처해 나갈 수 있도록 다양한 분야에 적용하는 교육을 하고 있습니다. 보다 다양하고 광범위한 양상으로 급변하는 현대 사회의 요구에 부응 하기 위해 개성적이며 창의적인 예술적 감각과 전문성을 지닌 디자이너를 양성하는 데 목표를 두고 있습니다.

학과에 적합한 인재상은?

시각디자인학과에서는 디자인에 대한 전문적인 이론을 배우고, 이를 다양한 미디어에 활용하는 방법을 배웁니다. 시각디자인학과에 진학하려면 기본적으로 미술, 영화, 디자인 등 예술 관련 교과목을 좋아하고, 독창적이고 개성이 뚜렷한 사람이 적합합니

> » 시각 디자인 분야의 전문적 지식과 기술을 갖춘 인재를 양성합니다.
> » 우리 문화를 새롭고 창의적인 방식으로 이끌 수 있는 리더십을 지닌 인재를 양성합니다.
> » 기발하고 독창적이고 창의적인 사고와 감수성, 표현력을 지닌 인재를 양성합니다.
> » 다양한 분야의 예술과 사상을 접하는 안목을 지닌 인재를 양성합니다.
> » 남다른 미적 감각과 감수성, 창의력, 표현력을 지닌 인재를 양성합니다.
> » 시각 예술이나 문화 전반에 대한 관심과 탐구력을 지닌 인재를 양성합니다.
> » 인간의 삶과 복지 향상에 이바지할 수 있는 국제 감각을 겸비한 인재를 양성합니다.

다. 누구나 할 수 있는 일반적인 표현이 아닌, 자신만의 독창적인 감각이 있어야 사람들의 시선을 사로잡을 수 있는 디자인을 만들 수 있기 때문입니다. 이를 위해서 열린 마음으로 책이나 영화, 음악 등 다양한 자료를 가까이 하는 자세가 필요합니다. 또한 주위의 것에 관심을 가지고 잘 관찰하는 태도가 필요합니다. 호기심을 가지고 세심하게 주위를 관찰한다면 생활 속에서 아이디어가 떠오르는 경우가 많기 때문입니다.

시각디자인은 순수 예술이 아니라 주로 상품이나 서비스를 팔기 위한 보조 수단으로서의 역할을 합니다. 그러므로 시장의 흐름을 잘 분석하고, 때마다 달라지는 유행을 잘 알고 있어야 사람들의 관심을 끌 수 있는 디자인이 탄생할 수 있습니다. 시각디자인에서는 색상이나 구도, 배치, 묘사력 등을 중요시하기 때문에 미술을 좋아하고 이를 조화롭게 표현하는 능력이 필요합니다.

자신만의 미적 감각과 분석력, 창조력, 응용력을 지니고, 이를 매체에 담아 전문적으로 표현하는 기술적 능력을 지니는 것이 중요합니다.

관련 학과는?

멀티미디어학과, 산업디자인과, AI디자인학과, 공간디자인학과, 공업디자인학과, 디자인과, 디자인조형학과 시각디자인전공, 디자인조형학부, 디자인학과, 멀티디자인학과 등

주요 교육 목표

이미지를 시각적으로
표현할 줄 아는 인재 양성

- - - - - - - - - - - - - - - - -

디자인의 새로운 가능성을
찾아낼 수 있는 인재 양성

- - - - - - - - - - - - - - - - -

역사와 문화적 맥락을
이해하는 인재 양성

- - - - - - - - - - - - - - - - -

독창적이고 창의적인
시각을 지닌 인재 양성

- - - - - - - - - - - - - - - - -

디자인으로 사회 문제를
해결하는 실천적 인재 양성

- - - - - - - - - - - - - - - - -

창조성으로 사회 변화에
앞장서는 인재 양성

취득 가능 자격증은?

- ☑ 게임그래픽전문가
- ☑ 게임기획전문가
- ☑ 시각디자인산업기사
- ☑ 제품디자인기사
- ☑ 제품디자인산업기사
- ☑ 컬러리스트기사
- ☑ 컬러리스트산업기사
- ☑ 포장산업기사
- ☑ 문화예술교육사 등

진출 직업은?

게임그래픽디자이너, UXUI디자이너. 콘텐츠/서비스 기획자, 공공기관 디자인행정직, 영상그래픽디자이너, 웹디자이너, 일러스트레이터, 제품디자이너, 직물디자이너(텍스타일디자이너), 캐릭터디자이너, 광고디자이너, 자동차인테리어디자이너, 환경디자이너, 무대디자이너, 디스플레이디자이너, 전시디자이너, 컬러리스트, 편집디자이너, 출판기획자, 광고기획, 미디어아티스트, 브랜드디자이너, 연출가, 광고감독, 만화가, 애니메이터, 교사 등

추천 도서는?

- 아름다워 보이는 것들의 비밀 우리 미술이야기
  (더불북, 최경원)
- 디자인과 인문학적 상상력(안그라픽스, 최범)
- UX/UI의 10가지 심리학 법칙
  (책만, 존 야블론스키, 이미령 역)
- UX/UI디자이너를 위한 실무 피그마
  (한빛미디어, 클레어 정)
- 이것이 UX/UI디자인이다(위키 북스, 조성봉)
- 사용자를 끌어들이는 UX/UI의 비밀
  (인사이트, 제니퍼 티드웰 외, 박재현 역)
- 콘텐츠시대, 나만의 기획으로 승부하라
  (청년정신, 노동형)
- 디지털 콘텐츠 기획(한빛아카데미, 김성은)
- 오늘부터 광고를 시작합니다
  (토야네북스, 한국광고총연합회)
- 광고는 어떻게 세상을 유혹하는가?
  (팬덤북스, 공병훈)
- 광고로 읽는 인문학(민속원, 백승곤)
- 자신이 상상한 캐릭처를 만드는 캐릭터디자인
  수업(삼호미디어, 아카기 순, 김재훈 역)
- 디자인 레시피 내지 디자인(달꽃, 달꼴 디자인팀)
- 의미를 파는 디자인
  (유엑스리뷰, 로베르토 베르간티, 벙어디자인연구소 역)
- 디자인 미학(인물과 사상사, 최경원)

학과 주요 교과목은?

기초 과목	드로잉, 입체디자인, 평면디자인, 디지털디자인, 예술과디자인의이해, 현대미술사, 시각디자인연구, 커뮤니케이션디자인사, 타이포그래피, 편집디자인, 디자인기획과실무, 기초시각디자인, 일러스트레이션&미디어, 디자인심리, 데스크탑그래픽, 시각적사고와 일러스트레이션, 크리에이티브디자인, 디자인마케팅, 기초 UX 등
심화 과목	광고디자인, 무빙인포메이션디자인, 브랜드패키지디자인, 캐릭터개발연구, 광고사진기법, 인터렉티브콘텐츠디자인, 디자인경영전략사례연구, 디자인경영전략사례연구, 비주얼커뮤니케이션디자인연구, 아이덴티티디자인, 디자인비즈니스, CX디자인, 경험디자인캡스톤, 디자인과 창업 등

졸업 후 진출 분야는?

일반 기업	자동차 제조 회사, 멀티미디어 업체, 문구 완구 업체, 게임 및 캐릭터 개발 업체, 무대·뮤지컬·영화세트·특수효과 관련 설치 업체, 공간 디자인 업체, 디지털 제품·팬시 제품·가구·조명 관련 디자인 업체, 산업 기기 디자인 업체, 방송국, 영화사, 잡지사, 광고 기획사, 일반 기업의 홍보실, CF 프로덕션 등
정부 및 공공 기관	문화체육관광부, 영화진흥위원회, 한국콘텐츠진흥원, 한국디자인진흥원 등
기타	편집디자인 분야, 서체 디자인 분야, 포장 디자인 분야, 사진, 영상 디자인 분야, 크리에이터, 대학원 진학 등

전공 관련 선택 과목은?

▶ 국어, 영어 교과는 모든 학문의 기초적인 성격을 가진 도구교과로 모든 학과에 이수가 필요하여 생략함.

수능 필수	화법과 언어, 독서와 작문, 문학, 대수, 미적분Ⅰ, 확률과 통계, 영어Ⅰ, 영어Ⅱ, 한국사, 통합사회, 통합과학, 성공적인 직업생활(직업)		
교과군	**선택 과목**		
	일반 선택	**진로 선택**	**융합 선택**
수학, 사회, 과학	세계시민과 지리, 세계사, 사회와 문화, 현대사회와 윤리	인문학과 윤리	여행지리, 사회문제 탐구, 융합과학 탐구
체육·예술	미술	미술 창작, 미술 감상과 비평	미술과 매체
기술·가정/정보	정보	인공지능 기초	지식 재산 일반
제2외국어/한문			
교양		인간과 철학, 인간과 심리	

학교생활기록부 관리는?

출결 사항	• 미인정(무단) 출결 사항이 없도록 관리하세요. 미인정(무단) 결석 등이 있으면 학교생활 충실도나 인성, 성실성 영역에서 부정적인 평가를 받을 가능성이 높아요.
자율·자치활동	• 다양한 교내외 활동을 통해 협업 능력, 창의력, 성실성이 드러나도록 하세요. • 디자인에 대한 관심과 흥미를 바탕으로 인성, 나눔과 배려, 팀워크와 협동심, 의사 결정 능력, 리더십 등이 드러나도록 하세요.
동아리활동	• 미술, 디자인, 정보에 대한 역량을 개발할 수 있는 동아리 활동이면 우수한 평가를 받을 수 있어요. • 동아리 가입 동기, 동아리 내 자신의 역할, 동아리 활동으로 변화된 자신의 모습, 전공과 관련된 자신의 소질 계발 경험 등이 드러나도록 하세요 • 교내외 행사(축제, 체육 대회, 발표회 등)에서의 미술 관련 봉사 활동, 환경 정화 봉사 활동(환경 디자인)등에 적극 참여하세요.
진로 활동	• 디자인 관련 학과 및 직업에 대한 정보 탐색 활동을 권장해요. • 영화사, 디자인 회사 탐방, 미술 관련 학과에 대한 체험 활동을 권장해요. • 디자인 관련 진로 활동을 통해 자신의 진로 역량이 나타날 수 있도록 하세요.
교과학습 발달상황	• 디자인와 관련성이 높은 미술, 예술 교과에서 우수한 학업 성취를 올릴 수 있도록 관리하고, 수업 활동에서 전공 적합성, 자기주도성, 문제 해결 능력, 창의력, 발전 가능성 등의 역량이 발휘될 수 있도록 수업에 적극 참여하세요. • 수업 참여 과정에서 미술, 디자인에 대한 관심과 흥미를 실제 생활에 적용하여 의미 있는 결과를 이끌어 낼 수 있도록 하세요.
독서 활동	• 인문학, 철학, 역사, 심리학 등 다양한 분야의 책을 읽으세요. • 무조건적인 다독보다는 미술과 관련하여 의미 있는 책을 정독하고, 의문점을 해결하기 위해 적극적으로 독서 활동을 하세요
행동 발달 특성 및 종합 의견	• 창의력, 문제 해결 능력, 협업 능력, 자기주도적 학습 능력 등이 드러날 수 있도록 해요. • 학교생활에서 자기주도성, 경험의 다양성, 성실성, 나눔과 배려, 학업 태도와 학업 의지에 대한 장점이 기록되도록 관리해야 해요.

웹툰작가란?

우리는 만화 속의 캐릭터와 함께 웃고, 울면서 어린 시절을 지냈습니다. 그만큼 만화는 어린 시절의 우리들과 꿈과 희망을 함께 나누던 다정한 친구였습니다

1997년 IMF 이후, 출판 만화 시장이 급격히 침체되고, 인터넷 기술이 발달하자 만화가들은 자신이 그린 만화를 인터넷상에 올리기 시작했고, 재미있는 작품들이 대중들에게 알려지게 되었습니다. 그 후 각종 포털 사이트에서 인기 있는 만화가와 계약을 맺고 연재만화를 올리기 시작하면서 지금의 웹툰 시장이 형성되었습니다.

웹툰은 다른 나라에는 없는 우리나라만의 콘텐츠로서 세계 속으로 뻗어 나가고 있습니다. 웹툰은 '웹코믹스(webcomics)' 또는 '웹(Web)과 카툰(Cartoon)'의 약자로 웹사이트에 게재된 이미지 파일 형식의 만화를 말합니다. 책 형태로 출간되던 만화가 인터넷 공간을 통한 온라인 서비스로 제공되면서 많은 사람들로부터 인기를 얻게 된 것입니다.

웹툰작가는 인터넷을 통해 흥미로운 이야기와 재미있는 그림으로 많은 사람들에게 즐거움과 감동을 전달하는 직업입니다. 초기에는 출판 만화를 그렸거나 만화가를 지망했던 사람들이 많았지만, 최근에는 웹툰작가로 데뷔하는 사람들이 많습니다. 웹툰작가는 웹툰이 탄생되기까지의 거의 모든 과정을 혼자서 진행해야 합니다.

웹툰작가
만화애니메이션학과

　기획, 취재, 대본, 연출, 글, 그림을 혼자서 결정하고, 이를 마감 기한 내에 완성하는 것은 굉장히 힘든 일입니다. 그렇기 때문에 일의 양도 많고, 창작의 고통이 따르는 직업입니다. 단순히 그림 그리는 것을 좋아한다는 이유만으로 직업을 선택한다면 많은 어려움에 처할 수 있습니다. 웹툰의 특징은 종이로 인쇄하는 책과 달리 작가의 기량에 따라 음악이나 기타 효과음 등을 넣어 폭넓게 표현할 수 있다는 것입니다. 최근에는 애니메이션처럼 이미지가 움직이는 웹툰도 등장했습니다. 일반적으로는 작가 한 명이 글도 쓰고 그림도 그리지만, 스토리작가와 그림작가가 한 팀으로 일하는 경우도 많습니다. 스토리가 좋아도 그림으로 표현하는 능력이 떨어지거나, 그 반대의 경우가 생긴다면 독자들의 호응을 받기 힘들기 때문입니다.

　만화는 예전에는 주로 손으로 그렸지만 요즘에는 거의 다 디지털 작업으로 이루어집니다. 그렇기 때문에 컴퓨터 프로그램을 잘 활용하는 능력이 필요합니다. 또한 웹툰작가는 자신의 컨디션 조절에 신경을 써야 합니다. 작업 시간이 길고, 마감 기한을 맞추기 위해 밤낮의 구분 없이 일을 해야 하는 경우가 많기 때문에 몸과 마음의 상태를 늘 조절하고, 체력을 기르기 위해 노력해야 합니다. 인기 있는 작품이 되기 위해서는 독자층을 분석하는 것도 중요합니다. 여성, 남성, 청소년, 직장인 등 계층에 따라 원하는 이야기가 다르기 때문입니다.

웹툰작가가 하는 일은?

웹툰작가는 사람들의 흥미를 끌거나 감동을 줄 수 있는 소재를, 연속된 그림과 인물의 대화를 이용해 스토리를 만드는 일을 합니다. 재미있는 작품을 만들기 위해 주제를 잡고 상황을 설정하며, 등장인물의 특성이나 분위기에 맞도록 그림을 그립니다.

대부분의 웹툰작가는 작품의 기획 과정부터 줄거리 구성, 그림, 대화, 색채 등의 모든 과정을 혼자서 담당합니다. 자신의 아이디어를 바탕으로 전체적인 만화 스토리를 정하고, 이후 주요 등장인물, 배경 등을 설정하여 내용을 스케치하며, 인물과 장면을 배치하는 콘티를 작성합니다. 콘티가 완성되면 연필로 밑그림을 그리는 데생 작업을 하고, 다시 펜으로 그림을 그린 후 색칠을 합니다. 요즘 웹툰작가들은 데생 작업을 한 후 컴퓨터로 색칠하는 경우가 대부분입니다.

웹툰은 순정 만화에서부터 풍자만화까지 장르가 다양합니다. 수많은 영역 중에서 자신의 개성을 살릴 수 있는 분야에 전문성을 갖고 실력을 갖춘다면 인기 있는 웹툰작가가 될 가능성이 커집니다.

» 주제, 스토리, 집필 의도, 캐릭터 등이 담긴 기획서를 작성합니다.
» 제작이 결정되면 스토리를 구성하기 위해 취재를 하러 다닙니다.
» 캐릭터의 대사와 상황을 구체적인 줄거리로 적습니다.
» 컷의 모양, 앵글, 카메라의 위치, 배경 등을 시각화하는 콘티를 그립니다.
» 연필로 밑그림을 그리는 데생 작업을 합니다.
» 컴퓨터 프로그램을 이용하여 원고를 완성합니다.
» 회의에 참가하여 편집자들의 의견을 반영하여 수정 작업을 합니다.

Jump Up

포털과 플랫폼에 대해 알아볼까요?

웹툰은 네이버, 다음과 같은 포털과 레진코믹스, 리디, 봄툰, 북큐브, 투믹스, 탑툰과 같은 플랫폼에 연재할 수 있어요.
포털과 플랫폼은 차이가 있어요. 포털은 여러 카테고리 중의 하나가 웹툰으로, 유저 수에 따른 광고 수익으로 작가의 원고료를 주기 때문에 웹툰으로 수익을 내지 않아도 돼요. 그러나 플랫폼은 오직 웹툰만을 다루기 때문에, 플랫폼 회사에서는 작가에게 선투자를 해요. 이후 작품이 잘 팔려야 회사가 이익을 보는 구조이기 때문에 독자의 시선을 끌 수 있는 자극적인 장르를 선호하는 경향이 있어요.

웹툰작가
커리어맵

관련기관

- 한국웹툰산업협회 www.kwia.or.kr
- 한국웹툰작가협회 coreawebtoon.or.kr
- 한국애니메이션협회 www.koreaanimation.or.kr

준비방법

- 미술, 정보 교과 역량 키우기
- 미술, 컴퓨터 관련 동아리 활동
- 웹툰 관련 회사나 학과 탐방
- 웹툰작가 직업인 인터뷰
- 다양한 독서로 스토리 구성 능력 키우기

**적성과
흥미**

- 미술 실기 능력
- 관찰력
- 창의성
- 상상력
- 컴퓨터 활용 능력
- 외국어 능력
- 인내력
- 연출력

관련학과

- 만화애니메이션학과
- 웹툰학과
- 애니메이션&웹툰전공
- 웹툰만화콘텐츠학과
- 웹툰애니메이션학과
- 웹툰영상애니메이션학부
- 영상애니메이션학과

웹툰작가

흥미유형

- 예술형
- 탐구형

관련교과

- 국어
- 영어
- 사회
- 정보
- 미술

관련자격

- 컴퓨터그래픽스운용기능사
- 멀티미디어콘텐츠제작전문가
- 웹디자인기능사

관련직업

- 만화가
- 일러스트레이터
- 시나리오작가
- 만화에이전트
- 애니메이터
- 웹툰기획자
- 만화컬러작가

웹툰작가는 평소에 사람이나 사물을 꼼꼼하게 관찰한 후 상세하게 표현할 수 있는 능력을 갖추어야 합니다. 웹툰은 스토리, 연출, 글자체 등이 조화롭게 구성되어야 하기 때문에 그림을 잘 그리는 것도 중요하지만, 감동을 줄 수 있는 스토리를 만들 수 있는 구성 능력, 연출 능력, 편집 능력 등을 갖추는 것도 매우 중요합니다.

이러한 능력을 갖추기 위해서는 학창 시절부터 많은 책을 읽고 일기, 독후감 등 생활 속에서 글 쓰는 연습을 하는 것이 좋습니다. 평소에 주위를 세심하게 관찰하고, 애니메이션, 영화 등을 많이 보면서 풍부한 상상력을 갖는 것도 필요합니다. 또한 항상 긍정적인 마인드로

어려운 상황에서 쉽게 좌절하지 않는 자세가 필요합니다. 연재가 안된다거나 작품에 대한 독자들의 반응이 좋지 않다고 금방 좌절한다면 항상 스트레스에 시달릴 수 있습니다. 참고 인내하며 기다릴 줄 아는 자세가 필요합니다.

외국어 중에서도 특히 일본어를 잘한다면 도움이 됩니다. 일본은 만화와 애니메이션 산업이 매우 발달한 나라이기 때문에 일본어를 읽고 듣고, 말하는 데에 능숙하다면 웹툰작가로서 일하는 데 많은 도움이 될 수 있습니다.

웹툰작가 커리어맵

Jump Up

우리나라의 최초 웹툰작가에 대해 알아볼까요?

웹툰은 1990년대 후반 인터넷이 보급되면서 생겨나기 시작했어요. IT 기술의 발달로 신문사의 카툰이 디지털화되면서 2000년도에 본격적으로 발전하기 시작했어요. 다양한 포털 사이트들이 등장하면서 1세대 웹툰작가들이 등장해요. 인터넷의 특성상 최초의 웹툰작가가 누구인지 정확하게 알 수 없지만, 강풀, 강도하 등이 선두에 있었던 작가들이에요.
강풀 작가는 사실체 이야기 만화인 극화 장르를 개척했고, 강도하 작가는 2001년에 인터넷 만화 잡지인 '약진'을 만들어 여러 작가의 작품을 소개하면서 자신도 깊이 있는 만화를 창작했어요. '약진'에서 활동한 많은 신인 작가들이 지금까지도 열심히 웹툰작가의 길을 가고 있어요.

진출 방법은?

만화 그리는 것을 좋아한다면 누구나 웹툰작가라는 직업에 도전할 수 있습니다. 자신의 작품이 완성되면 언제든지 개인 블로그에 올리든 유명 사이트에 올리든 자신의 만화를 공개하는 방법은 무궁무진합니다.

웹툰작가가 되는 데 필요한 학력 조건이나 자격 조건은 없지만, 애니메이션 고등학교나 대학의 만화 관련 학과에 진학하면 체계적으로 배울 수 있습니다. 관련 학과에서는 드로잉, 색채학, 만화 제작, 스토리 작법 등 만화 제작과 관련된 전 과정을 이론과 실습으로 나누어 교육합니다. 일부 웹툰작가들은 유명 작가의 제자가 되어 훈련을 받으며 작가로 성장하는 경우도 있습니다.

웹툰작가가 되기 위해서는 평소 꾸준하게 자신만의 스토리를 만들고, 작품을 그린 후 자신의 작품을 많은 사람들에게 알리는 것이 중요합니다. 또한 각종 공모전에 자신의 작품을 출품하고, 인터넷 포털 사이트 등을 통해 작품 홍보 활동을 해야 합니다. 이런 과정으로 대중의 주목을 받게 되면, 웹툰 전문 회사나 유명 포털사에 스카우트되어 소속 웹툰작가로서 연재할 수 있는 기회를 얻게 됩니다.

관련 직업은?

만화가, 애니메이터, 웹툰기획자, 만화출판기획자, 만화컬러작가, 일러스트레이터, 만화영화작가, 시나리오작가, 만화에이전트 등

관련 학과 및 자격증은?

→ 관련 학과 : 만화애니메이션학과, 웹툰학과, 애니메이션&웹툰전공, 웹툰만화콘텐츠학과, 웹툰애니메이션학과, 웹툰영상애니메이션학부, 영상애니메이션학과 emd 등

→ 관련 자격증 : 컴퓨터그래픽운용기능사. 멀티미디어콘텐츠제작전문가. 웹디자인기능사 등

미래 전망은?

최근 웹툰은 문화의 한 영역으로 당당하게 자리 잡고 있습니다. 특히 웹툰의 환경이 PC에서 모바일로 옮겨 가면서 시장은 앞으로도 더욱 확대될 전망입니다. 우리 주위에는 출퇴근 시간을 활용하거나 여가 시간을 즐기기 위한 취미 활동으로 웹툰을 보는 사람들이 많습니다.

우리나라는 세계에서 가장 먼저 웹툰 시장이 활성화되었습니다. 또한 인터넷 강국으로 통신 서비스도 계속 발전할 것으로 예상되기 때문에 웹툰작가라는 직업은 전망이 좋다고 볼 수 있습니다. 그러나 아직까지 웹툰을 올릴 수 있는 매체는 한정되어 있고, 대학이나 사설 학원에서는 매년 웹툰작가 지망생을 배출하고 있기 때문에 웹툰작가가 되기 위한 경쟁은 더욱 치열해질 것으로 예상됩니다.

그리고 불법 스캔 만화와 같은 불법 복제 문제는 웹툰 시장의 활성화에 부정적인 영향을 미칠 것으로 예상됩니다.

Jump Up

영상 매체의 소재가 된 웹툰에 대해 알아볼까요?

인기 있는 웹툰은 드라마나, 영화 또는 게임 등과 같은 다양한 영상 매체를 통해 다시 만나볼 수 있어요. 인기리에 방영했던 드라마 '미생'이나 영화 '내부자들'은 웹툰을 원작으로 하여 탄생한 작품이에요. 이외에도 영화 '은밀하게 위대하게', '패션왕', '신과 함께', '이웃사람', 드라마 '치즈 인 더 트랩', '김비서가 왜 그럴까?', '내 아이디는 강남미인' 등이 있어요.

하지만 웹툰 원작의 드라마와 영화 제작이 항상 인기 있는 것은 아니에요. 원작 자체의 인기와 각 캐릭터를 향한 애정이 드라마나 영화의 배우캐스팅에 대한 관심으로 이어져 논란을 일으키기도 해요.

웹툰의 캐릭터와 비슷한 배우가 그 역할을 더욱 잘하기를 바라는 마음은 당연하지만, 자칫하면 예상치 못한 결과를 낳기도 해요.

만화애니메이션학과
웹툰작가 전공 분석

어떤 학과인가?

예전에는 만화를 주로 책으로 보았으나 최근 들어 만화가 멀티미디어와 결합하면서 복합 예술이 되고 있습니다. 만화는 회화, 디자인, 컴퓨터 그래픽 등이 결합된 애니메이션분만 아니라 게임 캐릭터 등 다양한 콘텐츠와 연계되고 있습니다. 최근 여기에 디지털 기술이 접목되면서 영상 콘텐츠의 중심으로 자리를 잡아 영화보다 더욱 생생한 감동을 주고 있습니다.

만화와 애니메이션 관련 학과에서는 드로잉 등 출판 만화의 기초에서부터 스토리 구성, 콘텐츠 기획, 애니메이션 제작에 대한 전 과정을 이론적 학습과 실기를 통해 교육하며, 다양한 멀티미디어 기법의 활용에 대해서도 교육합니다. 이를 통해 정보화 시대의 새로운 표현 매체를 잘 활용할 수 있는 능력을 갖추게 됩니다.

교육 목표와 교육 내용은?

만화애니메이션학과는 예술과 디지털 기술이 결합한 융합형 콘텐츠입니다. 따라서 만화애니메이션학과에서는 만화와 애니메이션을 폭넓게 이해하고, 관련 분야별 이론과 실기를 병행하는 체계적인 문화 콘텐츠 융합 교육을 합니다. 이로써 창의력과 응용력을 향상시키고, 디지털 미디어를 복합적으로 연출하고 운용할 수 있도록 교육합니다. 콘텐츠의 질을 향상시키고, 세계화 시대에 새로운 문화 창달의 가치를 실천해 나갈 수 있는 우수한 인력을 양성하는 데 목표를 두고 있습니다.

» 디지털 이미지의 다양한 가능성을 모색하고, 이를 창의적으로 발전시킬 수 있는 응용 능력을 가진 인재를 양성합니다.
» 디지털 미디어의 효용성과 유용성을 인식하고, 콘텐츠의 질을 향상시킬 수 있는 인재를 양성합니다.
» 세계화 시대에 새로운 문화 창달의 가치를 실천할 수 있는 글로벌 인재를 양성합니다.
» 융합형 문화 콘텐츠로서 만화 애니메이션을 이해하고 체계화하는 능력을 지닌 인재를 양성합니다.
» 새로운 디지털 기술 및 사회 환경 변화에 대응하여 양질의 콘텐츠를 제작하는 능력을 기릅니다.
» 미래 예술을 선도하는 전문가로서 스토리 기획을 위한 창의력을 지닌 인재를 양성합니다.
» 다양한 분야의 예술과 사상을 접하여 안목을 넓히고, 남다른 미적 감각을 지닌 인재를 양성합니다.
» 전체 내용을 하나의 그림으로 표현할 수 있는 통찰력, 분석력, 표현력을 지닌 인재를 양성합니다.

학과에 적합한 인재상은?

만화는 크게 출판 만화와 애니메이션으로 구분됩니다. 출판 만화는 극화, 한 장짜리 만화인 카툰, 네 칸 만화와 캐리커처 등으로 세분화되고, 애니메이션은 우리가 흔히 영상 만화라고 부르는 분야입니다.

영상 만화를 전공하려는 학생들은 음향 효과, 촬영 기술, 공간 연출까지 할 수 있는 능력을 키워야 합니다. 특히 요즘은 컴퓨터와 프로그램의 기능까지 알아야 하므로 여러 방면에 흥미가 많은 사람에게 적합합니다. 또한 평소 새로운 것에 관심이 많고, 그림을 좋아하고 글 쓰는 것을 즐기는 사람에게 적합합니다. 포토샵, 3D그래픽, 디자인의 이론부터 시작하여 실무에서 사용할 수 있는 프로그램 활용 능력을 배워야 애니메이션을 만들 수 있고, 만화의 기획 능력까지 겸비해야 스토리를 구성할 수 있기 때문입니다.

일생생활을 하면서 만나는 사람들의 성격, 행동, 습관, 말투 등을 세심하게 관찰하여 잘 기록해 두면 새로운 캐릭터를 만들 때 도움이 됩니다. 이를 위해 세심한 관찰력과 인내심, 그리고 정형화되지 않은 유연한 사고력을 키우도록 노력해야 합니다.

관련 학과는?

만화게임영상전공, 미술만화게임학부, 예술학부 디지털만화영상전공, 웹툰만화콘텐츠학과, 창의소프트학부(만화애니메이션텍전공,) 웹툰학과 등

주요 교육 목표

창의적 응용 능력을 지닌
인재 양성

첨단 기술에 인간 중심 가치를
담는 인재 양성

융합형 문화 콘텐츠를
체계화하는 인재 양성

콘텐츠 시장을 개척하는
추진력을 지닌 인재 양성

새로운 문화 창달을
실천할 수 있는 글로벌 인재 양성

콘텐츠의 질을
향상시킬 수 있는 인재 양성

🔎 취득 가능 자격증은?

- ☑ 게임그래픽전문가
- ☑ 항공사진기능사
- ☑ 사진기능사
- ☑ 컴퓨터그래픽스운용기능사
- ☑ 멀티미디어콘텐츠제작전문가
- ☑ 웹디자인기능사
- ☑ 시각디자인기사
- ☑ 문화예술교육사 등

진출 직업은?

만화콘티작가, 애니메이션기획자, 애니메이션작가, 애니메이터, 일러스트레이터, 만화가, 웹툰만화가, 게임그래픽디자이너, 영상그래픽디자이너, 캐릭터디자이너, 프로듀서, 콘셉트아티스트, 스토리보드아티스트, 컬러리스트, 애니메이션시나리오작가, 교사, 대학교수 등

추천 도서는?

- 대중문화와 글쓰기(태학사, 김진규 외)
- 웹툰 제작 무작정 따라하기(길벗, 로웰씨 외)
- 웹툰 작가, 미리보기(크루, 마브로)
- 잘 팔리는 웹툰, 웹소설 이야기 만들기
  (한빛미디어, 이동우)
- 웹툰만 읽어도 공부가 된다(푸른사상, 이임정 외)
- 다음 화가 궁금해지는 웹툰 연출(더블북, 박연조)
- 웹툰 작가에게 변호사 친구가 생겼다
  (바다출판사, 윤영환 외)
- 웹툰PD가 되고 싶습니다(길벗, 정영훈)
- 웹툰과 영상의 기호학
  (커뮤니케이션북스, 이수진)
- 스토리테크전쟁(리더스북, 류현정)
- 다시, 문화콘텐츠(해남출판사, 안채린)
- 콘텐츠 시대, 나만의 기획으로 승부하라
  (청년정신, 노동형)
- 문화다양성 시대의 문화콘텐츠
  (경진출판, 이명현 외)
- 소년과 두더지와 여우와 말 애니메이션스토리
  (상상의 힘, 찰리 맥커시, 이진경 역)
- 생생하게 살아 있는 캐릭터 만드는 법
  (아날로그, 키라앤 펠리컨, 정미화 역)

학과 주요 교과목은?

기초 과목	인체드로잉, 애니메이션기초, 표현매체연구, 만화기초, 기초컴퓨터그래픽, 애니메이션의이해, 만화의이해, 애니메이션제작기법, 카툰창작, 디지털드로잉, 캐릭터디자인, 동작연구, 디지털아트워크, 스토리보드표현연구 등
심화 과목	3D애니메이션, 극화창작, 디지털페인팅, 웹툰제작, 특수효과기초, 2D애니메이션, 게임인터페이스제작, 만화애니메이션스토리텔링, 현장실습, 캡스톤디자인, 졸업작품제작, 산학협력스튜디오, 독립프로젝트, 어시스턴트프로그램 등

졸업 후 진출 분야는?

일반 기업	애니메이션 제작사, 광고 대행사, 방송국, 출판사, 멀티미디어 제작사, 게임소프트웨어 개발 업체, 팬시상품 제작 업체 등
정부 및 공공 기관	문화체육관광부, 한국콘텐츠진흥원, 중·고등학교, 대학교 등
기타	시각 효과(VFX), 가상 현실(VR), 증강 현실(AR) 분야의 아티스트 및 테크니컬 디렉터, 학원 강사 등

🔍 전공 관련 선택 과목은?

▶ 국어, 영어 교과는 모든 학문의 기초적인 성격을 가진 도구교과로 모든 학과에 이수가 필요하여 생략함.

수능 필수	화법과 언어, 독서와 작문, 문학, 대수, 미적분Ⅰ, 확률과 통계, 영어Ⅰ, 영어Ⅱ, 한국사, 통합사회, 통합과학, 성공적인 직업생활(직업)		
교과군	선택 과목		
	일반 선택	진로 선택	융합 선택
수학, 사회, 과학	세계시민과 지리, 세계사, 사회와 문화, 현대사회와 윤리		여행지리, 사회문제 탐구, 융합과학 탐구
체육·예술	음악, 미술, 연극	음악 감상과 비평, 미술 창작, 미술 감상과 비평	미술과 매체
기술·가정/정보	정보	생활과학 탐구, 인공지능 기초	지식 재산 일반
제2외국어/한문	일본어	일본어 회화	
교양		인간과 철학, 인간과 심리	

학교생활기록부 관리는?

출결 사항	• 미인정(무단) 출결 사항이 없도록 관리하세요. 출결 사항은 학교 생활 충실도나 성실성 영역의 평가 요소로 작용해요.
자율·자치활동	• 다양한 교내외 활동에서 자기주도적 참여를 통해서 만화애니메이션 분야에 대한 관심과 흥미, 창의적 문제 해결 능력, 의사소통 능력, 협업능력, 발전가능성 등이 드러나도록 하세요.
동아리활동	• 미술, 만화, 애니메이션, 웹툰, 영상 관련 동아리 활동에 참여하여 영상애니매이션 전공에 대한 역량을 키우세요. • 동아리 가입 동기, 동아리 내 자신의 역할, 동아리 활동으로 변화된 자신의 모습, 전공과 관련된 자신의 소질 계발 경험 등이 드러나도록 하세요. • 교내외 행사를 통해 만화 홍보물 만들기, ucc만들기, 페이스페인팅, 벽화 그리기 등의 봉사 활동에 적극 참여하세요.
진로 활동	• 만화가, 만화 관련 직업 및 학과에 대한 정보 탐색 활동을 권장해요. • 게임 회사나 만화 애니메이션 관련 학과에 대한 체험 활동을 권장해요. • 만화, 디자인, 영상 관련 진로 활동을 통해 자신의 진로 역량이 드러나도록 하세요.
교과학습 발달상황	• 만화애니메이션학과 관련 있는 미술, 국어 교과에 대해 우수한 학업 성취를 올릴 수 있도록 하고, 수업 활동에서 전공 적합성, 자기주도성, 문제 해결 능력, 창의력 등의 역량이 발휘될 수 있도록 수업에 적극 참여하세요. • 영상, 만화, 애니메이션 관련 분야의 교과 연계 독서 활동 내용이 기록되도록 하세요.
독서 활동	• 인문학, 철학, 역사, 심리학, 문학 등 다양한 분야의 책을 읽으면서 기초 소양을 키우세요. • 전공과 관련된 책을 정독하면서 궁금한 점을 스스로 탐구하는 모습이 드러나도록 하세요.
행동 발달 특성 및 종합 의견	• 창의력, 문제 해결 능력, 의사소통 능력, 협업능력, 리더십, 발전가능성 등이 드러날 수 있도록 하세요. • 학교생활에서 자기주도성, 경험의 다양성, 성실성, 나눔과 배려, 학업 태도와 학업 의지에 대한 장점이 기록되도록 관리해야 해요.

음악치료사에 대해 알아볼까요?

➡️ 음악치료사는 음악을 통해 마음이나 몸이 아픈 사람을 낫도록 도와주는 일을 해요. 음악치료사는 환자의 진단 검사와 상담, 그리고 가족과의 상담을 통해 계획을 세운 다음 치료해요. 치료에는 다양한 악기와 음악이 동원되고, 치료 방법으로는 음악 감상, 노래 부르기, 악기 연주, 즉흥 연주, 작곡, 음악을 듣고 토론하기, 음악에 맞춰 신체 활동하기, 음악을 들으며 명상하기 등이 있어요.

➡️ 음악치료사는 음악적·심리적 지식을 다 갖추어야 해요. 음악치료사가 되기 위해 정해진 학력은 없지만, 대학에서 음악 관련 공부를 하면 도움이 돼요. 또한 대학원에 음악 치료 과정이 있으며, 사설 훈련기관에서도 음악 치료 분야를 배울 수 있어요.

음반기획자란?

예로부터 우리 민족은 춤과 노래를 좋아했습니다. 우리는 일을 하거나 쉴 때, 기쁘거나 슬플 때, 늘 노래를 흥얼거리고 어깨춤을 추면서 힘겨움을 달래거나 기쁨을 나누었습니다. 우리 민족의 이러한 특성은 전래되는 민요나, 판소리, 마당극 등을 통해 확인할 수 있습니다.

요즘 전 세계는 K-Pop에 열광하고 있습니다. 방탄소년단은 이미 월드스타가 되었고, 이외에도 많은 한국의 아이돌들이 세계 곳곳에서 활약하며 우리나라의 춤과 음악을 알리고 있습니다. 이러한 현상은 춤과 음악을 좋아하는 민족성이 낳은 필연적인 결과물이라고 할 수 있습니다.

한 곡의 노래가 탄생하기 위해 가장 먼저 움직여야 하는 사람이 음반기획자입니다. 음반기획자는 음반의 콘셉트를 잡아 기획을 한 후, 그에 맞는 작곡가들을 선정해서 곡을 의뢰하고, 곡이 나오면 작사가들에게 가사를 의뢰합니다. 많은 사람들에게 좋은 음악을 들

음반기획자
실용음악과

려주기 위해 음반기획자는 음반 시장의 트렌드를 분석하고, 각 연령층이 좋아하는 음악적 특징을 분석합니다. 또한 그 음악에 적합한 가수를 선정하고, 그에게 적합한 콘셉트를 잡아주기도 합니다.

  음반 제작 규모의 영세성으로 인해 음반기획자는 기획뿐만 아니라 마케팅, 유통, 배급 등 전 과정을 책임져야 하는 경우가 많습니다. 그래서 앞으로는 기획의 전문성을 살리는 방향으로 발전해야 더욱 좋은 음반을 만들 수 있을 것으로 보입니다. 자신이 기획한 음악이 널리 퍼져 지구촌 어디를 가더라도 들을 수 있다면 정말 신나는 일일 것입니다. 그만큼 음반기획자라는 직업은 전망도 밝고, 보람도 있는 직업이라고 할 수 있습니다. 그러나 대중가요의 유행으로 인해 일자리는 한정적이나 희망하는 사람들이 늘어나면서 취업경쟁 또한 치열한 것으로 보입니다. 또한 근무 시간이 불규칙하고, 창의적인 작업이라 정신적·육체적 스트레스가 높은 편입니다.

음반기획자가 하는 일은?

음반기획자는 단순히 음반만 만드는 것이 아닙니다. 음악에 대한 지식뿐만 아니라 마케팅에 대한 지식도 필요합니다. 음반 시장의 동향을 분석하고, 대중의 요구를 파악해서 적절한 시기에 적절한 주제와 내용을 담은 음반을 발매할 기획을 합니다. 대중이 좋아할 만한 음악을 발굴하기 위해 마케팅 조사도 실시합니다. 또한 기획한 음반의 주제를 음악 감독 등과 협의하고, 노래를 완성도 높게 제작할 가수, 작사가, 편곡가, 연주자 등도 선정합니다. 음반이 완성되면 홍보 및 판매 전략까지 세우는 등 음반의 기획부터 마케팅까지 모든 것을 총괄합니다.

» 음악의 장르를 구분하여 작곡의 전체적인 흐름을 계획합니다.
» 예산과 지출, 시장성 등을 검토하여 음반 제작을 위한 프로그램을 기획합니다.
» 대중에게 인기 있는 음반을 제작하기 위해 제작에 참여하는 작업자들의 활동을 조정합니다.
» 기획된 프로그램에 맞는 가수를 선정합니다.
» 선정된 가수에게 맞는 작사가, 작곡가 및 편곡가를 선정하여 노래의 가사, 편곡, 연주 등을 의뢰하고, 음악에 대해 논의합니다.
» 준비된 작곡 및 편곡을 녹음하도록 녹음실의 음향녹음기술자에게 지시합니다.
» 음향이 준비되면 가수에게 녹음을 지시하고, 음높이, 밸런스 등이 최상이 되도록 감독합니다.
» 제작 음반에 대한 디자인을 하기 위해 음반디자이너와 협의합니다.
» 음반을 홍보하기 위해 방송국, 신문사, 잡지사 등 홍보 매체에 인터뷰 및 마케팅 스케줄을 조정합니다.
» 각종 가요제, 가요 프로그램 등의 방송 기획이 확정되면, 방송연출가와 협의하여 음반에 관한 전반적인 사항을 총괄하기도 합니다.
» 작곡가, 작사가 등과 저작권 계약을 하며, 저작권협회에 관리 목록을 제출하고, 방송 후에 방송 횟수만큼의 저작권료를 방송사로부터 받아 작곡가, 작사가 등에게 사용료를 지불하는 등 저작권 관리 업무를 수행합니다.

Jump Up

폴리아티스트에 대해 알아볼까요?

폴리아티스트는 새로 생겨난 직업이 아니에요. '폴리'라는 말은 할리우드의 효과음의 전설로 불리는 잭 폴리(Jack Foley)의 이름에서 따왔어요. 잭 폴리(1891~1967)는 1930년대부터 할리우드 영화에서 효과음을 만들었고, 발소리만으로도 캐릭터를 표현해 내는 재능을 인정받은 인물이에요. 그래서 몸으로 효과음을 내는 사람을 '폴리아티스트'라 부르게 되었어요.

우리나라에서도 30년 전부터 이 분야에서 활동한 사람들이 있었고, 90년대까지 '효과맨', '음향 효과'라고 불렀어요. 그러다 2000년대에 들어오면서 해외의 폴리 기술이 도입되고, 이 분야가 전문직으로 인정받으면서 우리나라에서도 폴리아티스트라고 부르게 되었어요. 음향 효과, 음향 제작이 발전하여 전문된 것이죠

음반기획자

커리어맵

관련기관

- 한국음악콘텐츠산업협회 k-mca.or.kr
- 한국음악협회 www.mak.or.kr
- 한국음반산업협회 www.riak.or.kr

준비방법

- 음악 및 영어, 정보, 사회 교과 역량 키우기
- 음악 및 기획, 마케팅 관련 동아리 활동
- 음악 관련 학과 체험 활동
- 음반기획자 직업 체험 활동
- 음악, 문화, 마케팅 분야의 독서 활동

적성과 흥미

- 의사소통 능력
- 음악적 재능
- 창의성
- 분석력
- 대인관계 능력
- 기획력
- 판단력
- 리더십
- 독립성

관련학과

- 공연예술음악과
- 기악과
- 작곡과
- 실용음악과
- 음악학과
- 뮤지컬학과
- 경영학과

음반기획자

흥미유형

- 예술형
- 탐구형

관련교과

- 영어
- 사회
- 기술·가정
- 정보
- 음악

관련자격

- 문화예술교육사
- 무대예술전문인
- 레크리에이션지도사
- 음악심리지도사
- 음악치료사
- 음악재활지도사
- 피아노실기지도사
- 방과후지도사

관련직업

- 작사가
- 편곡가
- 가수
- 연주가
- 지휘자
- 프로듀서

음반기획자는 기본적으로 음악을 좋아하고 즐기면서 새로운 것에 호기심이 많은 창의적인 사람에게 적합합니다. 대중에게 인기 있는 음반을 제작하기 위해 음반 제작에 참여하는 작업자들의 활동을 조정하고, 알맞은 가수 선성과 그에 맞는 작시가, 작곡가 및 편곡가를 선정하여 음악에 대해 논의해야 하므로 음악에 대한 관심은 물론, 음악적인 재능도 필요합니다. 또한 음악뿐만 아니라 마케팅에 대한 지식도 필요합니다. 대중에게 호응받는 음반을 기획하기 위해서는 음반 시장의 동향과 소비자의 잠재적 요구 등을 파악하고 분석하는 시장 조사를 해야 하기 때문입니다. 이를 위해 현상을 종합하여 결정하는 판단력과 기획력도 요구됩니다.

음반기획자는 혼자서 일을 하는 것이 아니라 많은 사람들을 만나고 대화해야 하는 직업입니다. 가수, 작곡가, 편곡가 등 다양한 예술가들과 함께 작업을 해야 하므로 그들을 포용하고 이끌어 갈 수 있는 리더십을 갖추어야 합니다.

예술형과 탐구형의 흥미를 가진 사람에게 적합하며, 적응성, 리더십, 혁신, 독립성 등의 성격을 가진 사람에게 유리합니다.

음반기획자
커리어맵

Jump Up

가수에 대해 알아볼까요?

가수는 공연장, 콘서트, 텔레비전, 라디오 등 대중 매체를 통해 노래를 부르면서 사람들에게 즐거움과 감동을 주는 직업이에요. 주로 대중음악을 하는데, 장르에 따라 록, 댄스, 트로트, 발라드, 팝페라 가수 등으로 나눌 수 있어요.

가수는 노래는 기본이고, 춤도 잘 춰야 하고, 노래의 내용을 잘 전달하기 위해 연기도 잘해야 해요. 자신의 곡을 직접 작곡·작사하고, 편곡까지 하는 등 다재다능한 가수도 많아요.

가수는 끊임없이 자기 계발을 해야 해요. 무대 위에서 노래하고 춤출 수 있는 적극적이고 활발한 성격을 지니고, 다른 사람들의 의견을 잘 듣고 수용하는 태도도 필요해요. 어릴 때부터 음악 공부를 체계적으로 하고, 하나 이상의 악기를 다룰 수 있는 것이 좋아요. 최근 가수들의 해외 진출이 많기 때문에 영어나 일본어, 중국어 등 외국어에 능숙하다면 더욱 좋아요.

진출 방법은?

현대 사회에서 음악은 사람들의 생활과 뗄 수 없는 동반자가 되었습니다. 우리가 느끼지 못하는 사이에 늘 함께하며, 슬플 때나 기쁠 때 우리들의 감정을 정화시켜주는 음악은 우리 생활 곳곳에 자리 잡고 있습니다.

음반기획자가 되는 데 반드시 필요한 전공이나 학력은 없습니다. 그러나 음반기획자 중에는 대학에서 음악이나 경영, 마케팅을 공부한 사람들이 많습니다. 음반 회사의 기획이나 마케팅 업무 분야로 취업해서 2~5년 동안 일을 배우면 음반기획자로서 일하는 데 많은 도움이 됩니다.

음반 제작은 다양한 능력이 총체적으로 필요한 일입니다. 다양한 장르의 음악적 지식을 갖추는 것은 물론, 오랜 기간 동안 음반 제작과 관련된 실무 능력을 탄탄히 쌓는 것이 중요합니다.

관련 직업은?

작사가, 편곡가, 가수, 연주가, 지휘자 등

관련 학과 및 자격증은?

➡ 관련 학과 : 공연예술음악과, 기악과, 작곡과, 실용음악과, 뮤지컬학과, 음악학과, 경영학과 등

➡ 관련 자격증 : 문화예술교육사, 무대예술전문인, 레크리에이션지도사, 피아노실기지도사, 음악심리지도사, 음악치료사, 음악재활지도사, 방과후지도사 등

미래 전망은?

생활 수준이 높아지고, 여가 시간이 늘어나면서 취미 생활에 대한 대중의 관심이 꾸준히 늘고 있습니다. 다양한 음악 장르와 새로운 가수에 대한 일반인의 관심과 욕구가 더욱 커지고 있습니다. 이러한 사회적 현상을 반영해 최근 각 방송사에서 앞다투어 실시하고 있는 음악 오디션 프로그램이 대중들의 인기를 끌고 있습니다.

이러한 현상으로 볼 때, 색다르고 다양한 음악을 기획할 수 있는 음반기획자는 더욱 주목받는 직업이 될 것입니다.

한편, 인터넷과 휴대폰의 발달은 기존 음악 산업에 새로운 패러다임을 요구하고 있습니다. 음반 제작사나 기획사에서도 새로운 매체에 맞는 디지털 싱글 앨범 등을 제작하고, 관련 부서를 신설하는 등 기존 음반 판매 외에 수익 구조를 개선하기 위한 노력을 하고 있습니다. 그러나 음악 파일 공유, MP3 파일 무료 다운 등은 음반 매출에 부정적인 영향을 끼칩니다.

현재 우리의 K-Pop은 아시아뿐만 아니라 유럽, 미국 등 전 세계적인 인기를 끌고 있기 때문에 해외 진출을 도모하는 음반기획자도 더욱 많아질 것으로 보입니다.

실용음악과

음반기획자 전공 분석

어떤 학과인가?

실용음악과는 현대 사회가 요구하는 대중적 감각을 음악 세계에 부여하면서 동시에 예술성을 잃지 않는 독특한 음악 장르를 구축하는 학과입니다. 대중음악의 독자성과 창의성이 창출되도록 유도하고, 전통과 현대 대중음악과의 접목을 시도함으로써 음악 세계에 실험적 접근을 꾀합니다.

실용음악 관련 학과에서는 영화, 방송, 가요 등의 대중음악과 관련한 일반 이론은 물론, 실용 음악계의 전문가를 양성할 수 있는 실습 및 현장 교육을 위주로 교육합니다. 대중음악의 발달과 멀티미디어 및 방송 콘텐츠의 발전이 급증함에 따라 실용 음악도 사회적으로 수요가 증가하고 있습니다. 실용음악과는 다양한 대중음악 표현에 부응하기 위해 실용적인 교과 과정 및 실습을 바탕으로 연주(보컬, 기타, 베이스, 드럼 등) 능력 향상과 대중음악 작곡 및 제작 능력을 배양시킵니다.

교육 목표와 교육 내용은?

실용음악과는 자유롭게 사고하며 자신의 연주와 음악, 예술가로서의 개성을 주체적으로 형성해가는 창조적인 음악인과 교육자를 비롯한 실용 음악 전문 인력 양성을 목적으로 설립된 학과입니다.

우리문화예술의 정통성을 바탕으로 그 본류를 주도하고 미래를 선도하는 예술인, 기본에 충실한 이론을 바탕으로 수준 높은 연주력과 창의적인 작품 활동을 이끌어 낼 수 있는 음악인을 양성합니다. 더불어 우리의 대중적인 실용 음악을 외국 음악과 접목하여 세계로 발돋움하게 하는 글로벌한 음악인의 양성이 과제입니다.

» 무한 상상력을 음악적 소재와 접목시켜 콘텐츠화하는 창의적 인재를 양성합니다.
» 우리의 전통 예술에 바탕을 둔 대중음악 분야의 연주, 작·편곡 능력을 지닌 인재를 양성합니다.
» 재즈를 비롯한 팝, 가요 등 대중음악 장르의 연주, 작곡 및 편곡을 선도할 능력을 지닌 인재를 양성합니다.
» 음악 녹음, 연출 및 제작을 선도하는 음악 기술인을 육성합니다.
» 영상, 방송 및 무대 음악의 작·편곡 및 연주와 관련된 멀티미디어 매체 음악을 선도하는 음악가를 양성합니다.
» 창작 활동을 통해 인간 순수의 내면을 표현하는 능력을 지닌 인재를 양성합니다.

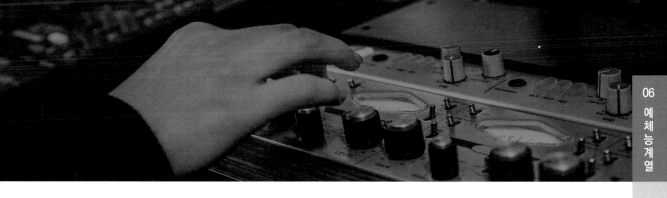

학과에 적합한 인재상은?

실용음악은 20세기에 형성된 가장 중요한 예술 장르 중 하나로, 음악 장르에만 국한되지 않고 미디어 사회를 선도하는 멀티미디어의 총아로 떠올랐습니다. 현재 전 세계적인 추세는 재즈의 이론적 기반을 중심으로 한 재즈와 상업 음악이 주류를 이루고 있으며, 이에 첨단 기술이 결합된 음악의 한 부류로 인정되고 있습니다.

실용음악을 전공하기 위해서는 음악의 전반적인 것에 관심이 많아야 합니다. 어릴 때부터 음악 속에서 산다고 할 정도로 음악과 밀접한 생활을 하는 사람들이 많습니다. 다양한 종류의 음악을 접하면서 몸 깊숙이 음악이 스며들게 해야 합니다. 또한 세상의 모든 일을 마음속으로 느낄 수 있는 감성을 키우고, 새로운 것을 만들 수 있는 창의력도 필요합니다.

여행도 많이 다니고, 책도 많이 읽고, 영화 및 연극 관람, 미술 작품 감상 등 직간접적인 경험을 많이 하는 것이 좋습니다. 그리고 이를 음악으로 표현하기 위해 많은 노력을 해야 합니다.

새로운 음악을 창조한다는 것은 매우 어려운 일입니다. 좋은 음악을 창조하기 위해서는 인내심을 가지고 꾸준히 연습하는 자세가 필수입니다.

주요 교육 목표

음악적 상상력을 콘텐츠화하는
창의적 인재 양성

- -

대중음악 장르를 선도할
인재 양성

- -

멀티미디어 매체 음악에
능숙한 인재 양성

- -

미래 대중음악 분야를
이끌어갈 인재 양성

- -

음악 녹음, 연출 및 제작을
선도하는 인재 양성

- -

전통 음악과 대중음악을
융합하는 인재 양성

관련 학과는?

K-POP학과, 공연예술음악과, 실용음악음향과, 실용음악전공, 음악학부 실용음악학 전공, 현대실용음악학과 등

진출 직업은?

가수, 디스크자키(DJ), 연주가, 음반기획자, 음악치료사, 음향기사, 녹음기사, 작곡가, 음악 평론가, 편곡자, 대학교수, 음악 전문 기자, 음향 담당 프로듀서, 관현악단, 합창단, 반주자, 지휘자, 예체능강사, 예능강사, 공연기획자, 작사가, 대중악기연주자 등

취득 가능 자격증은?

- ☑ 문화예술교육사
- ☑ 피아노실기지도사
- ☑ 음악심리지도사
- ☑ 음악치료사
- ☑ 음악재활지도사
- ☑ 방과후지도사
- ☑ 실기교사 등

추천 도서는?

- 실용음악 기초화성악(1458music, 이채현)
- 꼭 알아야 하는 실용음악 이론 : 기초 편
  (가득뮤직, 이지영)
- 알기 쉬운 실용음악 이론(예솔, 이기녕)
- 실용시창청음 : 기초음악이론
  (삼호ETM, 손진숙)
- 편곡프로(예솔, 주지영)
- 실용시창청음 : 기초음악이론
  (삼호ETM, 손진숙)
- 재즈를 듣다
  (꿈꿀자유, 테드 지오이아, 강병철 역)
- 재즈, 끝나지 않는 물음
  (갈마바람, 남예지)
- 시벨리우스 2023(글로벌, 박영권)
- 니홀로 일렉기타(기타캠프, 기타캠프)
- 미국 대중음악(한울, 래리 스타, 김영애 역)
- 한국 대중음악 명반 100 앨범리뷰
  (태림스코어, 강일권 외)
- 내 일기장 속 영화음악
  (꿈꿀장플러스, 김원중)
- 청소년을 위한 보컬트레이닝 수업(지노, 차태휘)
- 성악과 보컬(이담북스, 김도수)

학과 주요 교과목은?

기초 과목	시창, 청음, 화성학, 음향학, 세계음악, 실용음악사, 음악 편곡법, 재즈개론, 음악비지니스, 기초연기, 재즈화성학, 팝록앙상블, 클래스피아노, 컴퓨터음악, 클래스기타, 리듬 연구, 작사법, 퓨전앙상블, R&B앙상블 등
심화 과목	녹음실습, 편곡실습, 전공실기, 전자음악, 영화음악작곡, 보컬테크닉, 밴드앙상블, 재즈앙상블, 영상음악제작실습, 보컬앙상블, 아카펠라앙상블, 음악영상콘텐츠제작실습, 오케스트레이션, 뉴미디어연구 등

졸업 후 진출 분야는?

일반 기업	음반 제작 회사, 방송국, 잡지사, 음악 기획사, 연예 기획사, 음반 에이전시, 합창단, 연주 단체, 오페라단, 광고 회사, 음악 전문 출판사, 음악 전문 잡지사 등
정부 및 공공 기관	한국방송공사, 한국문화예술교육진흥원, 초·중·고등 학교, 국립·공립·사립대학교 등
기타	창업, 학원 강사, 음악 비평 및 평론 분야 활동 등

전공 관련 선택 과목은?

▶ 국어, 영어 교과는 모든 학문의 기초적인 성격을 가진 도구교과로 모든 학과에 이수가 필요하여 생략함.

수능 필수	화법과 언어, 독서와 작문, 문학, 대수, 미적분Ⅰ, 확률과 통계, 영어Ⅰ, 영어Ⅱ, 한국사, 통합사회, 통합과학, 성공적인 직업생활(직업)		
교과군	**선택 과목**		
	일반 선택	진로 선택	융합 선택
수학, 사회, 과학	세계사, 사회와 문화, 현대사회와 윤리		여행지리, 사회문제 탐구, 융합과학 탐구
체육·예술	음악	음악 연주와 창작, 음악 감상과 비평	음악과 미디어
기술·가정/정보	정보	인공지능 기초	지식 재산 일반
제2외국어/한문			
교양		인간과 철학, 인간과 심리	

학교생활기록부 관리는?

출결 사항	• 미인정 출결 내용이 없도록 관리하세요. 미인정 출결 내용이 있으면 인성, 성실성 영역 등에서 부정적 평가를 받을 가능성이 높아요.
자율·자치활동	• 다양한 교내외 활동에서 자기주도적 참여를 통해서 실용음악 분야에 대한 관심과 흥미, 창의적 문제 해결 능력, 의사소통 능력, 협업 능력, 발전 가능성 등이 드러나도록 하세요.
동아리활동	• 기악, 합창, 보컬, 밴드, 오케스트라, 사물놀이 등 음악관련 동아리 활동에 참여하여 자신의 음악적 감수성과 자질이 입증될 수 있도록 하세요. • 동아리 가입 동기, 동아리 내 자신의 역할, 동아리 활동으로 변화된 자신의 모습, 전공과 관련된 자신의 소질 계발 경험 등이 드러나도록 하세요. • 교내외에서 자신의 음악적 능력을 나눌 수 있는 활동에 참여하세요.
진로 활동	• 음반기획자, 기타 음악 관련 학과 및 직업에 대한 정보 탐색 활동을 권장해요. • 음반기획사나 음악 관련 학과에 대한 체험 활동을 권장해요. • 음악 관련 진로 활동을 통해 자신의 진로 역량이 드러나도록 하세요.
교과학습 발달상황	• 음악, 사회, 정보 등의 교과 성적은 상위권으로 유지시키고, 관련 교과 수업에서 학업 역량, 전공 적합성, 자기주도성, 문제 해결 능력, 창의력, 발전 가능성 등의 역량이 발휘될 수 있도록 수업에 적극 참여하세요. • 음악 관련 분야의 교과 연계 독서 활동 내용이 기록되도록 하세요.
독서 활동	• 인문학, 철학, 역사, 심리학 등 다양한 분야의 책을 읽으세요. • 음악과 관련하여 자기를 계발할 수 있는 의미 있는 책을 정독하고, 자신의 궁금증을 해결하기 위해 탐구하는 독서 활동을 하세요.
행동 발달 특성 및 종합 의견	• 창의력, 문제 해결 능력, 협업 능력, 자기주도적 학습 능력 등이 드러날 수 있도록 해요. • 학교생활에서 자기주도성, 경험의 다양성, 성실성, 나눔과 배려, 학업 태도와 학업 의지에 대한 장점이 기록되도록 관리해야 해요.

Jump Up

메디컬일러스트레이터에 대해 알아볼까요?

➡️ 메디컬일러스트레이터는 쉽게 말해 의학 전문 화가 예요. 사회가 발전하면서 건강에 대한 관심이 높아 졌고, 인터넷의 발달로 일반인도 의학 정보를 쉽게 접할 수 있게 되면서 어려운 의학 정보를 좀 더 쉽게 전달하기 위해 그림으로 표현하는 경우가 많아졌어 요. 즉, 어려운 의학 정보를 일반 사람들이 이해하기 쉽도록 그림으로 표현하는 사람이 바로 메디컬일러 스트레이터예요.

➡️ 현재 미국, 캐나다 등에는 메디컬일러스트 전공이 대 학원 과정으로 개설되어 있지만, 우리나라에는 개설 된 곳이 없으니 메디컬일러스트에 대해 체계적으로 공부하고 싶다면 미술, 생물학 등을 전공하고 유학 을 가는 것도 좋은 방법이에요. 앞으로 전문성을 갖 춘 메디컬일러스트레이터를 필요로 하는 곳이 더욱 늘어날 전망이에요.

일러스트레이터란?

글자를 익히지 못했던 어린 시절, 예쁜 색깔의 그림책을 보며 울고, 웃고, 꿈을 키우던 기억이 누구나에게 있을 것입니다. 이런 것을 보면 그림 한 컷이 글이나 말보다 훨씬 더 큰 의미와 감동을 준다는 것을 일 수 있습니다. 또한 복잡한 책 내용을 쉽게 그려 놓은 그림이 나 현실의 상황들을 한 컷으로 표현한 시사만평은, 그 속에 담긴 핵심적인 메시지를 사람들에게 쉽게 전달한다는 것을 알 수 있습니다.

이처럼 그림이나 사진, 도표 등 시각적인 요소를 이용해 어떤 내용을 이해하기 쉽게 표현하는 것을 일러스트레이션이라고 하고, 이 를 만드는 사람을 일러스트레이터라고 합니다. 예전에 일러스트레이터는 삽화를 그리는 것으로 작업이 한정적이었으나, 지금은 캐릭 터, 애니메이션, 광고, 멀티미디어, 순수 회화까지 작업 영역이 넓어지고 있습니다.

일러스트레이션은 지면 일러스트레이션과 멀티미디어 일러스트레이션으로 나눌 수 있습니다. 지면 일러스트레이션은 신문과 잡지 의 기사, 단행본의 내용과 책표지, 그림책, 소설책, 학습지, 공연·홍보 포스터 등에 들어갑니다. 요즘 들어 확장된 분야인 멀티미디어 일러스트레이션은 게임 캐릭터, 방송·광고 애니메이션 등에 사용됩니다.

현재 우리나라 일러스트레이터가 가장 많이 활동하고 있는 분야는 지면 일러스트레이션 분야입니다. 지면 일러스트레이션이라고

일러스트레이터
미술학과

해서 꼭 그림만 사용되는 것이 아니라 지점토를 형상화하여 만든 인형이나 종이를 잘라 만든 캐릭터 등 다양한 기법을 활용한 입체 일러스트레이션도 많이 활용되고 있습니다.

　일러스트레이터는 주로 광고나 출판 업체로부터 일러스트 제작을 의뢰받아 일을 하는데, 의뢰인이 원하는 방향과 작가의 의견이 맞지 않을 때가 있고, 그럴 때마다 일러스트레이터는 자신의 작품을 수정합니다. 정작 작가는 너무나 만족하는 작품이지만 의뢰인의 입장에서는 그렇지 않을 경우도 있기 때문에 여러 번의 협의를 거쳐서 일러스트 작업을 합니다. 또한, 일반적으로 작업 기한이 정해져 있기 때문에 아이디어를 내고, 협의하고, 수정하고, 완성하는 데까지 시간이 짧은 편입니다. 창의적인 작업인데, 시간적 제약이 크다는 것은 일러스트레이터에게는 힘든 일이기도 합니다.

　일러스트레이터는 그림 실력뿐만 아니라 이것을 창조적이고 개성적으로 표현할 수 있는 자기만의 스타일이 있어야 합니다. 그러므로 일러스트레이터가 되고 싶다면 창의력을 키우기 위한 다양한 경험을 하는 것이 좋습니다.

일러스트레이터가 하는 일은?

일러스트레이터는 책이나 잡지, 신문, 광고 등에 삽입될 그림을 그려 사람들의 이해를 돕거나 글의 내용을 잘 전달하는 역할을 합니다. 일러스트레이터의 작업은 크게 세 가지로 구분할 수 있습니다. 첫 번째는 잡지 표지나 단행본에 들어가는 출판 분야 일러스트 작업, 두 번째는 기업 홍보 이미지에 사용되는 기업 광고 일러스트 작업, 세 번째는 시사만화, 콩트, 웹툰 일러스트 작업입니다.

일러스트레이터는 광고나 출판 업체로부터 일러스트 작업을 의뢰받으면, 의뢰인과 작업주제와 작업 방향, 주제와 관련된 시장의 흐름 등에 대해 상의를 합니다. 그 후 그릴 내용과 크기를 확인한 후 각종 도구를 사용하여 작업을 합니다. 작업한 그림에 색을 입혀 견본을 만든 다음, 의뢰인과 여러 번의 협의를 거쳐 완성품을 만드는 과정으로 작업을 진행합니다.

> » 일러스트 의뢰가 들어오면 의뢰인과 함께 작업 방향과 주제에 대해 논의합니다.
> » 관련 분야의 주제와 시장의 흐름 등에 대해 조사합니다.
> » 디자인 콘셉트를 바탕으로 각종 도구를 사용하여 일러스트 작업을 합니다.
> » 작업이 끝나면 견본품을 만들어 의뢰인과 다시 협의합니다.
> » 협의 시 수정 요구가 있으면 다시 작업을 하여 완성품을 만듭니다.

일러스트레이터 커리어맵

• 한국일러스트레이션학회
www.illustkorea.or.kr

• 미술 및 정보 교과 역량 키우기
• 미술 및 디자인 관련 동아리 활동
• 미술 분야 교내외 대회 참가
• 출판사나 관련 학과 탐방 활동
• 일러스트레이터 직업 체험 활동

관련기관

준비방법

• 미술 실기 능력
• 꼼꼼함
• 창의성
• 의사소통 능력
• 컴퓨터 활용 능력
• 기획력
• 인내력
• 사회성

**적성과
흥미**

관련학과

• 디지털디자인학과
• 시각디자인학과
• 산업디자인학과
• AI디자인학과
• 미술디자인학부
  만화애니메이션학과

일러스트레이터

흥미유형

• 예술형
• 탐구형

관련교과

관련자격

관련직업

• 영어
• 기술·가정
• 정보
• 미술

• 시각디자인산업기사
• 시각디자인기사
• 컴퓨터그래픽스운용기능사
• 컬러리스트기사
• 컬러리스트산업기사

• 만화가
• 애니메이션작가
• 시나리오작가
• 만화에이전트
• 애니메이터
• 웹툰작가
• 웹툰기획자
• 만화출판기획자

적성과 흥미는?

일러스트레이터가 되려면 뛰어난 색채 감각, 조형 감각 및 세심함과 꼼꼼함이 필요합니다. 시장의 흐름을 읽을 수 있는 폭넓은 안목과 통찰력, 다른 작품과 구별되는 작품을 만드는 창의적 능력도 필요합니다. 작업을 의뢰한 고객을 설득하고 자신의 작품을 이해시킬 수 있는 의사소통 능력도 중요합니다.

일러스트레이터가 되려면 그림을 잘 그리는 것도 중요하지만, 자신만의 독창적인 그림 스타일을 만드는 것이 중요하므로 많이 그리고, 보고, 읽고, 체험하는 것이 중요합니다. 일러스트레이터는 출퇴근 시간이 따로 있는 것이 아니라 작품을 완성하는 동안 스스로 시간을 잘 분배해서 사용해야 하고, 마감 날짜를 지켜야 하는 경우가 많으므로 시간 관리 능력도 중요합니다.

폭넓은 독서를 통해 교양을 쌓고, 다양한 체험 활동을 통해 세상을 바라보는 안목을 키워야 합니다. 또한 작업의 대부분이 컴퓨터를 활용하여 진행되기 때문에 컴퓨터 활용 능력을 키우기 위해 체계적인 준비가 필요합니다. 일러스트레이터는 예술형, 탐구형의 흥미를 지닌 사람에게 적합합니다.

일러스트레이터 커리어맵

Jump Up

만화가에 대해 알아볼까요?

만화가는 풍자나 우스갯거리 등을 경쾌하고 익살스러운 그림으로 표현하거나 줄거리가 있는 이야기를 연속된 그림과 대화로 엮어 표현하는 일을 해요. 만화의 제작 과정은 만화 기획→스토리 작업→콘티(글과 그림 연결) 작업→그림 작업 순이에요. 만화는 글과 그림이 함께 어우러진 작품이라 할 수 있는데, '만화'라는 말에서 알 수 있듯이 말보다는 그림이 중심 역할을 해요. 하지만 그림들 사이에서 이야기를 엮어 나가야 하기 때문에 전체의 스토리가 있어야 하고, 그것을 쪽과 칸으로 나누어 그림으로 전환하는 작업을 해야 해요. 그래서 전체의 이야기를 만드는 것도 중요하지만 이를 장면마다 끊어 표현하더라도 이야기가 긴장감이나 박진감을 더해 이어지도록 구성하는 것도 중요하죠. 본격적으로 그림 작업을 할 때는 대략적으로 밑그림을 그린 후 펜으로 최종 그림을 그리고, 채색과 말풍선 작업을 해요. 만화가는 이런 작업을 통해 한 편의 만화를 만드는 사람이에요.

만화가가 되려면 감수성과 상상력이 풍부해야 하며, 독립적이고 꼼꼼한 성격이면 좋아요. 만화책을 읽거나 만화 영화를 보는 것을 즐기며, 직접 만화를 그리는 데 소질이 있어야 해요. 만화 속의 이야기를 짜임새 있게 전달할 수 있도록 언어 능력을 지녀야 하고, 포토샵, 일러스트, 플래시, 마야, 맥스 등과 같은 그래픽 프로그램을 활용할 수 있어야 해요. 정치 풍자 만화가의 경우 평소에 정치 및 사회문제에 대해 관심을 가져야 하며, 한정된 지면에 함축적으로 풍자 내용을 담을 수 있는 통찰력이 필요해요.

진출 방법은?

전문 대학이나 대학에서 시각디자인, 산업디자인, 컴퓨터그래픽스 등 관련 학문을 전공하고 일러스트레이터가 되는 경우가 대부분입니다. 대학의 관련 학과에서는 색채론, 디자인론 등의 이론과 그래픽디자인, 편집디자인, 출판디자인, 일러스트레이션, 포장디자인, 광고디자인 등에 대한 실습을 합니다. 반드시 관련 학문을 전공해야만 하는 것은 아니지만 관련 내용을 체계적으로 배울 수 있기 때문에 일러스트레이터로 활동하는 데 유리합니다. 일러스트레이터가 되는 또 다른 방법으로는 전문 학원에서 관련 교육을 받는 것입니다.

이렇게 그림을 배웠다고 바로 프로 일러스트레이터가 되는 것은 아닙니다. 자기가 하고 싶은 분야를 정해서 그 분야 출판사나 매체의 담당자에게 자신의 포트폴리오를 보여 주거나, 온라인 사이트에 작품을 올려놓고 출판사의 연락을 기다릴 수도 있습니다. 매년 일러스트레이션 관련 공모전이 여러 개 있으니 자신과 맞는 공모전을 찾아 출전하는 방법도 있습니다. 요즘은 블로그, 페이스북, 트위터, 유튜브 등 온라인 매체를 활용하여 그림을 보여 주고 인기를 얻어서 프로 일러스트레이터가 되기도 합니다. 요즘에는 장르 구분도 많이 허물어져 영역을 넘나들며 작업하기 때문에 딱히 일러스트레이션이라 말하기 어려운 작업도 많습니다. 독특한 캐릭터로 문구나 티셔츠 등 제품을 만드는 경우도 있고, 순수 회화로 발전시켜 작업하는 경우도 있습니다. 또 요즘 뜨고 있는 웹툰 형식으로 만들기도 합니다.

관련 직업은?

만화가, 애니메이션작가, 시나리오작가, 웹툰작가, 웹툰기획자, 만화에이전트, 만화출판기획자, 만화컬러작가, 애니메이션감독, 클레이애니메이터, 인형애니메이터 등

관련 학과 및 자격증은?

➜ 관련 학과 : 미술학과, 디지털디자인학과, 시각디자인학과, 산업디자인학과, 애니메이션학과, 만화애니메이션학과, 웹툰학과, AI디자인학과 등
➜ 관련 자격증 : 시각디자인산업기사, 시각디자인기사, 컴퓨터그래픽스운용기능사 등

미래 전망은?

디자인의 중요성과 가치가 커지면서 디자인과 관련된 직업의 종류와 일자리가 늘어나고 있습니다. 향후 일러스트레이터는 디자인 산업의 성장세와 맞물려 현재보다 전망이 밝기는 하지만 일자리는 크게 늘지 않고 현상태를 유지할 것으로 보입니다. 일러스트레이터는 자기 계발 가능성이 높은 직업으로, 자신의 노력이나 능력에 따라 인기를 얻거나 직장 내에서 승진할 수 있습니다. 신문사나 어린이 책 전문 출판사, 학습지, 게임 업체 등에 소속되어 일하는 일러스트레이터는 고정적인 수입이 보장되어 안정적으로 그림을 그릴 수 있지만, 프리랜서 일러스트레이터는 수입이 일정치 못한 경우가 많습니다. 몇몇 유명한 게임 원화 일러스트레이터나 인기 작가들은 연수입이 고액이지만, 이는 극히 일부입니다. 수입이 불규칙하고 작업 시간도 길기 때문에 그림 그리는 것을 정말 좋아하지 않는다면 힘든 직업이기도 합니다.

Jump Up

애니메이터에 대해 알아볼까요?

애니메이션 만드는 것을 직업으로 하는 사람이에요. 애니메이터는 흔히 애니메이션 작품의 기획, 창작, 연출, 디자인, 채색, 촬영 등 제작 전 분야에 종사하는 스태프들을 총칭하는 용어로 사용되기도 해요. 그러나 엄밀히 말하자면, 제작 현장에서 가장 중요한 부문이라 할 수 있는 동작을 그리는 사람, 즉 핵심이 되는 요소와 동작을 그리는 원화가, 원화와 원화 사이에 그림을 그려 넣어 움직이는 그림을 만드는 동화가 등 연출을 담당하는 사람만을 가리켜요. 숙련된 기술뿐만 아니라 카메라와 컴퓨터에 대한 지식이 필요하고, 폭넓은 교양도 쌓아 다양한 스타일의 캐릭터를 형상화할 수 있는 다재다능한 능력이 필요해요.

수작업한 그림을 채색하고 촬영하며 특수 효과를 만들어 내기도 하는데, 요즘은 기존의 수작업 애니메이터를 대신해 컴퓨터 그래픽을 이용하는 컴퓨터 3D 애니메이터라는 직업이 새로 생겼어요. 컴퓨터 애니메이션은 속도가 빠르고 정확하지만 수작업에서만 느낄 수 있는 생동감이 조금 부족해요. 그러나 앞으로 애니메이션 프로그램이 발달하면 활용도는 더 커질 전망이에요.

애니메이션 교육은 예술 고등학교, 전문 대학, 대학, 애니메이션 전문 학원 등에서 받을 수 있어요. 관련 직업으로는 만화작가, 만화영화제작자, 애니메이터, 일러스트레이터, CF애니메이터, 출판사 일러스트레이터 등이 있어요.

미술학과
일러스트레이터 전공 분석

어떤 학과인가?

미술은 미적 세계를 창조하고, 생활 공간을 예술화함으로써 삶의 질을 윤택하게 합니다. 미술학과에서는 다양한 전공 분야, 즉 한국화, 서양화, 조소 등을 교육할 분만 아니라 실무에 응용할 수 있는 컴퓨터 그래픽, 광고론, 디자인 마케팅, 일러스트레이션을 교육함으로써 다양한 분야에서 자신의 진로를 탐색하고, 진출할 수 있도록 합니다. 미술학과는 이러한 교육을 통해 지성과 창조 능력을 갖추어 사회에 공헌하는 전문 미술인, 미술 교육인을 배출하는 학과입니다.

교육 목표와 교육 내용은?

미술학과에서는 개인의 창작 능력을 높이기 위해 다양한 신소재를 도입하거나 새로운 예술 정보화 교육을 신속하게 수용하는 등 여러 교육 과정을 통해 향후 교사, 작가, 프리랜서 등의 광범위한 진로 선택의 가능성을 열어 주고, 자율적인 창작 활동 및 연구를 목적으로 교육하고 있습니다.

자유롭고 창의적인 사고로 호기심을 키우고, 미적 표현 능력을 적극적으로 발현할 수 있도록 개개인의 개성과 기본 실기 능력을 향상시키는 것이 미술학과의 중요한 목표입니다.

» 학문의 실천과 미래 사회 발전에 기여하는 예술인을 양성합니다.
» 창의적 사고를 바탕으로 세계와 인간을 생각하는 예술인을 양성합니다.
» 한국 미술의 전통을 계승하여 시대의 변화에 능동적으로 대응하는 인재를 양성합니다.
» 다양한 매체와 공학을 활용하여 미술적 창의성을 표현할 수 있는 인재를 양성합니다.
» 자신의 미적 표현 능력을 적극적으로 발현하고, 과감하면서도 독창적인 실험을 지향하는 인재를 양성합니다.

학과에 적합한 인재상은?

　미술학과는 순수 미술 영역뿐만 아니라, 이를 실생활에 적용하는 실천적인 성격을 지니는 응용 미술까지도 다루는 학과입니다. 미술학과는 기본적으로 미술, 음악, 연극 등 예술관련 교과에 관심과 흥미가 많은 학생에게 적합합니다.

　평소 주위의 모든 것들에 대한 관심을 가지고, 많이 보고, 느끼고, 생각하여 미적 호기심과 감수성을 키워야 합니다. 그러기 위해서는 여러 가지 경험을 많이 하는 것이 좋습니다. 체험 학습을 통해 다양한 것을 경험하고, 책을 통해 미처 알지 못했던 세계를 인식하며, 전시회나 공연장을 찾아다니며 사람들이 자신의 감정을 어떻게 표현하는지 직접 느껴 보는 태도가 필요합니다.

　미술학과는 자신의 느낌을 독창적이고 창의적으로 표현하는 것을 좋아하는 사람에게 적합하며, 미술학과에 진학하려면 독창성과 창의성의 토대가 되는 기본 실기 능력을 갖춰야 합니다. 또, 오랜 연습을 견딜 수 있는 인내력, 성실성, 끈기가 필요합니다. 창작 활동에 관심이 많고, 창의력이 있는 학생, 전문 작가나 미술 교육자로의 진로를 희망하는 학생에게 적합합니다.

관련 학과는?

미술학과(서양화전공), 미술학과(조소전공), 미술학과(한국화전공), 미술학과(공예전공), 미술학부, 미술학부(생활예술전공), 미술학부(조형예술전공), 미술학부(큐레이터학전공), 조형예술학과, 현대미술학과, 회화학부 등

주요 교육 목표

자신의 미적 표현 능력을
적극적으로 발현하는 인재 양성

다양한 매체와 공학을
활용하는 인재 양성

전통을 계승하여 시대의 변화에
능동적으로 대응하는 인재 양성

독창적인 실험을 지향하는
인재 양성

창의적 사고로 세계와 인간을
생각하는 인재 양성

학문의 실천과 미래 사회 발전에
기여하는 인재 양성

취득 가능 자격증은?

- ☑ 중등학교 2급 정교사(미술)
- ☑ 2급 준학예사
- ☑ 컴퓨터그래픽스 운용기능사
- ☑ 2급 문화예술교육사,
- ☑ 멀티미디어콘텐츠제작전문가
- ☑ 가구제작기능사
- ☑ 실내건축기사
- ☑ 목공예기능사
- ☑ 도자공예기능사
- ☑ 세라믹기술사 등

진출 직업은?

학예사(큐레이터), 만화가 및 애니메이터, 광고 및 홍보전문가, 일러스트레이터, 시각디자이너, 공예원, 인테리어디자이너, 무대디자이너, 작가, 공간연출가, 전시기획자, 문화예술행정가, 미술평론가, 웹툰작가 등

추천 도서는?

- 김달진, 한국 미술 아키비스트(벗나래, 김재희)
- 현대미술교육의 이론과 쟁점
  (교육과학사, 한국국제미술교육학회 편집위원회)
- 프랑스미술산책(미술문화, 김광우)
- 오컬트 미술(미술문화, S. 엘리자베스 , 하지은 역)
- 수용적 미술치료에 기초한 명화 감상 미술치료
  (학지사. 정여주)
- 내 곁에 미술(모요사, 안동선)
- 미술로 읽는 지식재산(굿플러스북, 박병욱)
- 현대미술이란 무엇인가
  (북커스, 오자키 테츠야, 원정선 역)
- 또 다른 현대미술
  (크루, 뱅자맹 올리벤느, 김정인 역).
- 비평으로 보는 현대 한국미술
  (메디치미디어, 이영욱 외)
- 새롭게 읽는 서양미술사(메이트북스, 박송화)
- 한국의 미를 읽다
  (연립서가, 노마 히데키, 신승모 역)
- 유홍준의 한국미술사 강의(눌와, 유홍준)
- 보편성과 개성으로 본 한국미술사 아홉마당
  (진인진, 전호태)
- 점·선·면(안그라픽스, 구마 겐고, 송태욱 역)

학과 주요 교과목은?

기초 과목	소묘, 소재와 기법, 한국미술사. 자유제작, 현대미술조형연구, 컨셉드로잉, 영상, 서양화, 서양미술사. 현대미술프로젝트, 디자인창작세미나. 동시대예술현장론, 한국화, 판화, 애니메이션 스토리텔링, 캐릭터 애니메이션, 스토리보드 기초, 애니메이션 음향, 만화,애니메이션 소프트웨어실습, 웹툰애니메이션 전공실기 등
심화 과목	예술철학, 전공실기, 현대미술조형연구, 전시기획실습, 현대미술포트폴리오제작, 현대미술 미디어아트, 현대미술캡스톤디자인, 현대미술론, 전시 커뮤니케이션, 현대미술비평론, 동시대 미술의 쟁점 워크샵, 미술교과교육론, 만화애니메이션 역사와 이론, 웹툰애니메이션 캡스톤디자인, 만화의 이해, 웹툰애니메이션 3D기초, 웹툰애니메이성스토리텔링, 공간디자인. 공예와 문화 등

졸업 후 진출 분야는?

일반 기업	신문사, 방송국, 광고 회사, 출판사, 컴퓨터 영상 제작업체, 미술관, 박물관, 디자인 관련 업체, 섬유 의류 제품생산 및 유통 업체 등
공공 기관	문화체육관광부, 한국콘텐츠진흥원, 서울문화재단, 국립현대미술관, 중고등학교, 대학교 등
기타	미술 학원, 미술 행정 관련 기관, 중고등학교 미술교사, 문화 센터, 방과 후 교사, 미술 행정, 미술 경영, 미술 비평 및 평론 분야 활동 등

🔍 전공 관련 선택 과목은?

▶ 국어, 영어 교과는 모든 학문의 기초적인 성격을 가진 도구교과로 모든 학과에 이수가 필요하여 생략함.

수능 필수	화법과 언어, 독서와 작문, 문학, 대수, 미적분Ⅰ, 확률과 통계, 영어Ⅰ, 영어Ⅱ, 한국사, 통합사회, 통합과학, 성공적인 직 업생활(직업)		
교과군	선택 과목		
	일반 선택	진로 선택	융합 선택
수학, 사회, 과학	세계시민과 지리, 세계사, 사회와 문화, 현대사회와 윤리	동아시아 역사 기행	여행지리, 사회문제 탐구
체육·예술	미술	미술 창작, 미술 감상과 비평	미술과 매체
기술·가정/정보		생활과학 탐구, 인공지능 기초	지식 재산 일반
제2외국어/한문			
교양		인간과 철학, 인간과 심리	

학교생활기록부 관리는?

출결 사항	• 미인정(무단) 출결 사항이 없도록 관리하세요. 미인정(무단) 결석 등이 있으면 학교생활 충실도나 인성, 성실성 영역에서 부정적인 평가를 받을 가능성이 높아요
자율·자치활동	• 다양한 교내외 활동을 통해 미술 교과에 관심과 소질, 창의적이고 분석적인 사고력이 드러나도록 하세요. • 미술 분야에 대한 관심과 흥미, 창의적 문제 해결 능력, 의사소통 능력, 협업 능력, 발전 가능성 등이 드러나도록 하세요.
동아리활동	• 미술 관련 동아리 활동을 통해 미술 분야에 대한 관심과 발전 가능성이 드러나도록 하세요. • 동아리 가입 동기, 동아리 내 자신의 역할, 동아리 활동으로 변화된 자신의 모습, 전공과 관련된 자신의 소질 계발 경험 등이 드러나도록 하세요. • 교내외에서 진행되는 미술 봉사 활동(벽화 그리기, 학교 교실 꾸미기, 페이스페인팅 등)에 적극 참여하세요.
진로 활동	• 미술 관련 학과 및 직업에 대한 정보 탐색 활동을 권장해요. • 미술 관련 학과에 대한 체험 활동을 권장해요. • 미술 분야에 대한 적극적 진로 탐색 활동을 통해서 자신의 진로 역량, 전공 적합성, 발전 가능성 등이 나타날 수 있도록 하세요
교과학습 발달상황	• 미술학과와 관련 있는 미술, 예술 교과의 우수한 학업 성취를 올릴 수 있도록 관리하고, 수업 활동에서 전공 적합성, 자기주도성, 문제 해결 능력, 창의력, 발전 가능성 등의 역량이 발휘될 수 있도록 수업에 적극 참여하세요. • 수업 참여 과정에서 미술에 대한 관심과 흥미를 실제 생활에 적용하여 의미 있는 결과를 이끌어 낼 수 있도록 하세요.
독서 활동	• 예술, 인문학, 철학, 역사, 심리학 등 다양한 분야의 책을 읽으세요. • 미술과 관련된 분야의 독서 활동을 통해서 미술전공에 대한 기본적인 지식을 쌓는 것이 중요해요.
행동 발달 특성 및 종합 의견	• 창의력, 문제 해결 능력, 협업 능력, 자기주도적 학습 능력 등이 드러날 수 있도록 해요. • 학교생활에서 자기주도성, 경험의 다양성, 성실성, 나눔과 배려, 학업 태도와 학업 의지에 대한 장점이 기록되도록 관리해야 해요.

Jump Up

제품디자이너에 대해 알아볼까요?

제품디자이너는 물건을 아름답고 사용하기 편리하게 디자인하는 사람이에요. 휴대폰, 컴퓨터, 냉장고와 에어컨 등 일상에서 사용하는 제품들은 보통 기능과 품질이 비슷한 경우가 많기 때문에 소비자는 디자인을 보고 제품을 선택하는 경우가 많아요. 그러므로 제품디자이너는 심미성과 기능성의 문제를 고려하여 제품을 디자인하려고 노력해요. 제품디자이너의 구체적인 업무는 다음과 같아요.

▶ 시장 조사를 통해 대중의 취향과 욕구를 분석해요.

▶ 제품의 기능과 용도에 따라 디자인을 해요.

▶ 디자인에 따라 모형을 제작해요.

▶ 제작된 모형을 보고 수정 작업을 거쳐 설계 도면을 만들어요.

▶ 기술팀, 제작팀과 협의해 제품을 만들어요.

▶ 판매된 제품에 대한 고객의 사용 후기를 확인하고, 다음 제품에 적용해요.

자동차디자이너란?

자신이 꿈에 그리던 디자이의 자동차를 타고 도로를 달리는 모습을 상상해 본 적이 있나요? 자동차디자이너는 이런 면에서 아주 매력적인 직업입니다. 세계적으로 유명한 자동차 브랜드인 아우디, 람보르기니, 폭스바겐, BMW뿐만 아니라 우리 나라의 현대, 기아 등의 자동차들이 모두 자동차디자이너의 손을 거쳐 탄생했습니다.

자동차디자이너는 자동차의 외부와 내부 모형을 디자인하는 직업으로, 더 멋있고 새로운 자동차를 만들기 위해 항상 고민하고 연구합니다. 자동차의 모형, 색상 등을 디자인한다는 점에서는 일반적인 디자인과 같지만, 사람을 싣고 달리는 자동차의 특성상 자동차디자이너에게는 보다 높은 전문성이 요구됩니다. 보기 좋고 멋지게 디자인하는 것은 물론이고, 안정성과 편리성, 그리고 경제성 문제까지 고려해야 하기 때문입니다.

자동차디자이너들은 가장 먼저 어떤 자동차를 만들지 구상도를 그립니다. 처음 그린 구상도를 기본으로 하여 팀원이나 회사 간부들과 많은 회의를 하면서 여러 가지 수정 작업을 합니다. 이 과정에서 가장 많은 시간과 노력이 필요합니다. 사람들이 보기에는 아주 단순하고 쉬워 보일 수 있지만, 디자이너의 입장에서는 계속된 회의와 그 결과를 반영한 수정 작업으로 인해 힘들고 지치기 쉽습니다.

자동차디자이너
산업디자인학과

자동차디자이너들은 혼자서 디자인하는 것이 아니라 팀으로 작업하는 경우가 대부분입니다. 그래서 팀원으로서의 책임감과 다른 사람에 대한 배려가 요구됩니다. 국내외의 다양한 브랜드를 살펴보면서 연구하여 자신의 디자인 역량을 키워야 하고, 외국 디자이너와의 협업의 기회가 많으므로 글로벌 마인드가 요구됩니다. 예술적감각과 자동차 기술에 대한 이해, 소비자의 요구를 정확히 분석하는 능력 등 다방면의 능력을 키워야 합니다.

자동차디자이너로 일하려면 체계적인 교육과 훈련이 필요합니다. 현재 활동 중인 디자이너 중 대부분은 전문 대학이나 대학에서 제품 디자인 관련 학과를 졸업하였습니다. 또한, 해외에서 디자인을 공부한 후 활동하는 사람도 있습니다. 일부 비전공자의 경우에는 디자인 관련 사설 교육 기관을 수료하고 취업하기도 합니다. 미적 감각이 남보다 뛰어나야 하며, 디자인 아이디어를 구상하기 위해 자동차를 비롯한 문화 예술 전반에 대해 관심을 갖는 태도가 필요합니다.

자동차디자이너가 하는 일은?

자동차 디자인 작업은 보통 10여 명 정도의 디자이너가 팀을 이루어 진행합니다. 회사에서 개발하고자 하는 자동차 모델이 결정되면, 자동차 외관을 담당하는 디자이너들이 만든 여러 장의 디자인 구상도를 놓고, 팀원들이 협의하여 디자인을 선정합니다.

선정된 외형 디자인을 가지고, 각각의 디자이너들이 자기가 맡은 부분의 작업을 통해 최종 디자인 시안을 완성합니다. 최종 디자인이 완성되기까지는 여러 번의 수정 및 보완 작업을 거치게 됩니다.

자동차디자이너는 자동차에 감성을 입히고, 편리함과 새로움, 활동성 등 소비자가 요구하는 부분들을 반영한 디자인 작업에 주력합니다. 최종적으로 자동차가 완성되었을 때 외관 이미지뿐만 아니라 내부 인테리어에서도 소비자가 만족할 만한 감성과 우아함을 느낄 수 있어야 합니다.

> » 디자인 의뢰가 들어오거나 회사 내 신제품을 만들 경우, 먼저 최근 소비자의 취향, 요구(needs), 유행 흐름 등을 분석하고, 업계의 디자인 동향을 파악합니다.
> » 자동차의 차종과 크기, 가격 등을 고려하여 자동차 외장 디자인을 결정하고, 자동차 내부의 색상, 재료, 부자재의 위치 등과 관련된 자동차 내장 디자인을 결정합니다.
> » 결정된 디자인을 바탕으로 이미지 스케치, 아이디어 스케치, 2D·3D 렌더링, 도면 작업을 거쳐 보다 편리하고 아름다운 디자인이 되도록 합니다.
> » 디자인한 대로 시제품을 생산(엔진 등 제외)하여 검토합니다.

Jump Up

유명한 세계 3대 자동차디자이너에 대해 알아볼까요?

▶ 브랜드의 정체성을 만드는 디자이너, 피터 슈라이어 독일 출신의 자동차디자이너로, 90년대 아우디 재직 당시 선보였던 A3, A6, TT 등의 작업으로 유명해졌어요. 이후 폭스바겐을 거쳐 2006년부터 기아자동차의 디자인 책임자로서 일하며 K5, K7, 쏘렌토, 모하비 등을 차례대로 성공시켰어요. 그가 자동차 디자인에서 가장 중요하게 생각하는 것은 각 브랜드의 정체성과 스타일을 뚜렷하고 통일되게 확립하는 것이라고 해요.

▶ 혁명적 디자이너, 크리스 뱅글 1992년부디 2009년까지 BMW 디자인 총괄 책임자를 지낸 디자이너로, 특유의 파격과 창의성으로 업계에서 '이단아'로 불리곤 했어요. 그는 인문학을 전공한 색다른 이력을 가지고 있어서인지 자동차 디자인에서 근본적인 변화를 추구했어요. 단순히 보기에 멋진 차에 그치는 것이 아니라 대중의 감성과 일치되는 디자인을 만들고자 했죠. 그의 대표작으로는 BMW 7시리즈 4세대, BMW 콘셉트 카 지나 등이 있어요.

▶ '덕업일치' 디자이너, 이안 칼럼 최장수 디자인 총괄로 일한 경력으로 업계의 전설로 통해요. 그는 어릴 때부터 부모가 장래를 걱정할 만큼 자동차 디자인 스케치에만 매진 했다고 해요. 그의 대표작은 007 영화에 등장하는 '본드 카'로, 아름다운 곡선이 인상적인 애스턴마틴의 뱅퀴시, 재규어의 XK가 있어요. 또한 애스턴마틴의 DB7은 인간이 만든 가장 아름다운 물건이라는 평가를 받았어요.

자동차디자이너
커리어맵

관련기관

• 한국자동차디자인협회 koreanautodesign.org
• 한국산업디자이너협회 www.kaid.or.kr
• 한국디자인진흥원 www.kidp.or.kr

준비방법

• 미술 및 과학 교과 역량 키우기
• 미술 및 디자인 관련 동아리 활동
• 디자인 분야 교내외 대회 참가
• 자동차 디자인 관련 회사나 학과 탐방 활동
• 자동차디자이너 직업 체험 활동
• 미술 및 디자인 소양 키우기

적성과 흥미

• 공간 지각 능력
• 창의력
• 마케팅 감각
• 표현력
• 관찰력
• 컴퓨터 활용 능력
• 미적 감각
• 인내심

관련학과

• 산업디자인학과
• 시각디자인학과
• 제품디자인학과
• 공업디자인학과
• 자동차·운송디자인
  학과

자동차디자이너

흥미유형

• 탐구형
• 예술형

관련교과

• 국어
• 영어
• 수학
• 과학
• 기술·가정
• 정보
• 미술

관련자격

관련직업

• 제품디자인산업기사
• 제품디자인기사
• 제품디자인기술사
• 게임그래픽전문가
• 게임기획전문가
• 시각디자인기사

• 제품디자이너
• 시각디자이너
• 자동차디자인관리자

자동차디자이너는 우선적으로 디자인 분야의 지식과 감각을 갖추어야 하며, 소비자들이 추구하는 자동차 유행 흐름을 읽을 수 있는 안목과 자동차 기술에 대한 해박한 지식도 갖추어야 합니다.

소비자의 취향에 맞추어 독창성이 있는 디자인을 개발할 수 있는 창의력과 표현력 등을 갖추기 위해 평소 끊임없는 스케치 연습으로 자신의 디자인 실력을 쌓는 것이 중요합니다. 사소한 것도 놓치지 않고 세심하게 관찰하다보면 좋은 아이디어가 떠오르는 경우가 많으므로 호기심을 가지고 주위를 관찰하는 자세가 필요합니다. 최근에는 자동차 디자인 작업 과정 중 많은 부분이 컴퓨터를 통해 이루어지기 때문에 디자인 관련 CAD, 3D 렌더링, 포토샵 등의 프로그램을 다루는 능력도 필요합니다.

자동차디자이너에 관심이 있다면 자동차에 대한 지식을 쌓기 위해 평소 자동차 잡지나 관련 서적을 읽고, 자동차 회사를 탐방하는 기회를 가지는 것이 좋습니다.

자동차디자이너 커리어맵

Jump Up

세계적인 자동차 디자인 학교에 대해 알아볼까요?

▶ 미국의 Art Center College of Design (ACCD) 운송디자인학부 과정에서는 북미의 아트스쿨 중 최고의 권위를 지닌 학교로, 수많은 자동차디자이너들을 많이 배출했어요.
  이곳은 북미의 아트스쿨답게 스파르타식의 교육을 하고 있는데, 그 이유는 대부분의 재학생들이 일정 수준의 능력을 함양하도록 하기 위해서예요.

▶ 미국의 College for Creative Studies (CCS) 디트로이트에 위치하고 있으며, 운송 디자인에 대한 명성이 자자한 아트스쿨이에요. 아트센터와 마찬가지로 북미의 학교답게 스타일링 위주의 디자인을 교육하고 있으며, 위치상 배출된 디자이너의 상당수는 북미의 토종 브랜드로 진출했어요.

▶ 영국의 Coventry School of Art & Design 영국의 자동차디자인학부 과정 중에서는 전통적으로 유명한 아트스쿨이에요. 코벤트리는 자동차 디자인을 스타일링 위주로 하는 다른 아트스쿨과는 달리, 본질적인 개념, 방법론 등의 철학 위에 자동차를 개발하는 하나의 과정으로 인식해요. 자유로운 수업을 지향하기에 학생들의 능력 차이는 크지만, 개인의 성향과 철학을 중요시해요

진출 방법은?

자동차디자이너가 되기 위해서는 전문 대학이나 대학교에서 산업디자인학이나 공업디자인학, 시각디자인학 등 디자인 관련 학문을 전공하는 것이 일반적입니다. 일부 디자이너들은 자동차 디자인 분야의 견문을 높이고, 전문성을 키우기 위해 유학을 가기도 합니다. 세계적으로 널리 알려진 자동차 디자인 학교인 영국의 왕립예술학교, 미국의 패서디나 아트센터, 독일의 포르츠하임 대학, 스페인의 우메오 디자인 스쿨 등에서 공부한 후 자동차디자이너로 활동하는 경우도 많습니다.

자동차 회사에서는 대부분 디자이너를 공개 채용하는데, 일반적으로 서류, 실기, 면접의 과정을 거칩니다. 1차 서류 심사에서는 이력서와 포트폴리오를 요구하는데, 회사에서 가장 중요하게 보는 것은 그동안 자신의 작품을 한 눈에 볼 수 있는 포트폴리오입니다.

회사 입장에서는 실무 경험이 전혀 없는 신입 사원을 뽑는 것은 여러 가지로 부담스러운 일입니다. 그래서 대부분의 회사에서는 실무를 경험한 경력직을 선호하고, 신입이라고 하더라도 실력을 검증할 수 있는 포트폴리오를 중요하게 생각하는 것입니다. 따라서 자동차디자이너가 되고 싶다면 평소 자신의 작품을 잘 모아서 관리하는 것이 필수적입니다.

관련 직업은?

제품디자이너, 시각디자이너, 가구디자이너, 팬시완구디자이너, 광고디자이너, 생활용품디자이너, 자동차디자인관리자 등

관련 학과 및 자격증은?

➡ 관련 학과 : 자동차·운송디자인학과, 산업디자인학과, 공업디자인학과, 제품디자인학과, 시각디자인학과 등

➡ 관련 자격증 : 제품디자인산업기사, 제품디자인기사, 제품디자인기술사, 게임그래픽전문가, 게임기획전문가, 시각디자인기사 등

미래 전망은?

사람들이 자동차를 구입할 때 가장 먼저 고려하는 것 중의 하나가 자동차의 외형 즉, 디자인이라고 합니다. 제품의 경쟁력을 좌우하는 중요한 요소로 상품의 외적인 차별성과 가치를 부여하는 디자인의 중요성이 점차 부각되면서 자동차디자이너의 역할이 중요해지고 있습니다. 최근 많은 기업들이 더욱 성장하기 위해 디자인을 전략적으로 활용하는 '디자인 경영(Design Management)'을 추구하고 있습니다. 기업 입장에서 디자인은 기술 혁신에 비해 투자비가 상대적으로 적게 들어 중요한 경영 전략이 될 수 있기 때문입니다. 즉, 동일한 성능을 갖춘 차라면 디자인이 뛰어난 차를 선호하는 것을 자동차 생산 기업이 알고 있기에 디자인을 그만큼 중요시하는 것입니다. 그러므로 소비자의 구매 욕구를 자극하기에 충분한 디자인을 할 수 있는 인력을 많이 확보하려고 노력하고 있습니다. 그러나 좋은 디자인은 사람이 많다고 나오는 것이 아니라 역량 있는 소수의 디자이너에 달려 있습니다.

이러한 이유로 자동차디자이너의 중요성은 커지지만, 이 분야에 종사하는 사람이 원래 많지 않은 상황에서 급속하게 일자리가 증가하는 것은 어려울 전망입니다. 특히 근무 환경이나 보수가 좋은 일부 대기업의 경우, 해외에서 전문적으로 지식을 쌓은 사람 위주로 채용하는 등 고학력자의 진출이 이어지고 있어 향후에도 입사 경쟁은 치열할 것으로 예상됩니다. 또한 자동차디자이너의 경우, 소비자의 반응으로 그 실력이 즉각 검증되기 때문에 지속적인 자기계발을 통해 경쟁력을 갖추지 않으면 시장에서 쉽게 도태될 수 있습니다.

산업디자인학과
자동차디자이너 전공 분석

어떤 학과인가?

산업디자인학과에서는 전자 제품, 가구, 자동차 등 각종 공산품의 디자인 개발을 주도하는 지식과 방법을 배우게 됩니다. 디자인 분야 중 가장 광범위한 분야로, 제품 디자인과 시각전달 디자인을 중심으로 한 이론과 실기를 배우며, 제품의 외형 디자인뿐만 아니라 기능 활용의 유용성까지도 고려해야 하므로 조형 예술과 과학 기술, 인문학 등이 융합된 분야입니다.

교육 목표와 교육 내용은?

산업디자인학과에서는 현대 사회가 지향하는 새로운 가치와 환경 자원, 생활 문화 창출을 위한 인공 환경의 문제들을 다각적으로 해석합니다. 그리고 이를 종합하여 새로운 것을 창조할 수 있도록 합리적 디자인 사고 능력과 독창적 조형 능력을 함양합니다. 또한 시대정신을 이끌어 미래에 디자인의 주역이 될 수 있는 디자이너를 양성하는 것이 교육 목표입니다.

» 종합적 문제 해결 능력 및 의사소통 능력을 갖춘 인재를 양성합니다.
» 일상생활의 사물과 공간에 대한 관심과 그에 대한 감각을 지닌 인재를 양성합니다.
» 기발하고 독창적이고 창의적인 사고와 감수성, 표현력을 갖춘 인재를 양성합니다.
» 다양한 분야의 예술과 사상을 접하여 남다른 미적 감각을 갖춘 인재를 양성합니다.
» 작품을 완성해 내는 끈질긴 근성과 꼼꼼함을 갖춘 인재를 양성합니다.
» 최신 트렌드를 읽고, 디자인에 적용할 수 있는 능력을 지닌 인재를 양성합니다.
» 디자인에 대한 전문성과 창의력을 지닌 인재를 양성합니다.
» 산학 협동 교육을 병행함으로써 사회에 기여할 수 있는 인재를 양성합니다.

학과에 적합한 인재상은?

산업디자인을 전공하기 위해서는 자신만의 독창성과 아이디어, 미적 감각, 표현력이 필요합니다. 특히 색이나 배치, 균형, 구조 등에 대한 감각이 있어야 자신이 전하고자 하는 메시지를 효과적으로 표현할 수 있습니다.

디자인 작업은 한 번에 마치는 것이 아니라 여러 차례의 수정 작업을 거쳐야 의미 있는 완성품이 나올 수 있습니다. 그렇게 때문에 끈기와 인내심이 강해야 하며, 체력이 뒷받침되어야 합니다.

학교생활에서 그리기, 만들기 등과 관련된 미술 과목에 흥미를 가지고, 컴퓨터 작업이 가능하도록 컴퓨터를 다루는 것에 능숙하면 도움이 됩니다. 사람들의 관심사나 사회의 흐름을 잘 관찰하고, 유행 감각을 지니면 더욱 좋습니다.

관련 학과는?

자동차운송디자인학과, 산업디자인과, 산업디자인학전공, 실내산업디자인학과, 제품디자인공학과, 생활제품디자인학과, 디자인학과(산업디자인전공), 디자인공학과, 디자인과, 디자인비즈니스학과, 디자인비즈학부 디자인예술학부, 디자인융합학과, 디자인공학부(산업디자인공학전공), 시각디자인과,. 시각디자인전공, 시각디자인학과 등

주요 교육 목표

디자인의 역사와
문화적 맥락을 이해하는
인재 양성

- - - - - - - - - - - - - - - -

새로운 기술에 도전하는
인재 양성

- - - - - - - - - - - - - - - -

창조적 디자인을 끊임없이
연구하는 인재 양성

- - - - - - - - - - - - - - - -

미디어의 가능성을
탐구하는 인재 양성

- - - - - - - - - - - - - - - -

독창적이고 창의적인
시각을 지닌 인재 양성

- - - - - - - - - - - - - - - -

능동적인 자세를 갖춘
세계적인 인재 양성

 ### 취득 가능 자격증은?

- ☑ 중등학교 2급 정교사(미술)
- ☑ 2급 준학예사
- ☑ 컴퓨터그래픽스 운용기능사
- ☑ 2급 문화예술교육사,
- ☑ 멀티미디어콘텐츠제작전문가
- ☑ 가구제작기능사
- ☑ 실내건축기사
- ☑ 목공예기능사
- ☑ 도자공예기능사
- ☑ 세라믹기술사 등

진출 직업은?

제품디자이너, 제품연구원, 자동차인테리어 및 익스테리어디자이너, 실내디자이너, 환경디자이너, 전시디자이너, 방송국무대디자이너, 인테리어디자이너, 디스플레이디자이너 등

추천 도서는?

- THE NEW 좋아보이는 것들의 비밀(지와인, 이랑주)
- 포르쉐 UX디자이너가 알려주는 자동차 인터페이스 디자인(책만, 박수레)
- 자동차 디자인, 사연 없는 형태는 없다 (이담북스, 김경환)
- 산업디자인 학교에서 배운 101가지 (동녘, 마틴 테일러 외, 김은영 역)
- 도널드 노먼의 사용자 중심 디자인 (유엑스리뷰, 도널드 노먼, 범어디자인 연구소 역)
- 브랜드, 디자인, 혁신(싱긋, 에릭 로스캠 애빙, 이연준 역)
- 사람, 디자인, 브랜드(클래스101, 큐리)
- 디자인 너머(윌북, 게슈탈텐, 오수원 역)
- 커브:자동차 디자인 불변의 법칙 (유엑스리뷰, 파비오 필리피니, 권은현 역)
- 볼보 그리는 남자(매일경제신문사, 이정현)
- 디자인의 정석(지경사, 우에다 아키, 김유선 역)
- 의미를 파는 디자인 (유엑스리뷰, 로베르토 베르간티, 범어디자인 연구소 역)
- 제품디자인 조형 개발을 위한 제너레이티브 디자인(피앤피북, 나한범)
- 사실은 이것도 디자인입니다(한빛미디어, 김성연)
- 디자인 미학(인물과 사상사, 최경원)

학과 주요 교과목은?

기초 과목	기초디자인, 컴퓨터와 디자인, 디자인제도, 디자인과 사회, 디자인의 역사, 색채와 생활, 환경디자인과 인간, 서양미술사, 공간조형연습 등
심화 과목	디자인공학, 디자인방법론, 공공시설물디자인, 제품디자인, 공간디자인, 디스플레이디자인, 3D디자인, 환경디자인, 미디어디자인, 디자인마케팅, 재료 및 가공학, 인간공학 등

졸업 후 진출 분야는?

기업 및 광고 회사	일반 기업의 디자인실, 자동차 제조 업체, 멀티미디어 업체, 이벤트 업체, 문구 완구 업체, 게임 및 캐릭터 개발 업체, 공간 디자인 업체, 라이프스타일 관련(디지털 제품, 팬시 제품, 가구, 조명 등) 디자인 업체, 의류 제조 업체, 방송국, 영화사, 잡지사, 디스플레이 디자인 사무소, 광고 기획사 등
공공 기관 및 연구 기관	문화체육관광부, 한국콘텐츠진흥원, 서울문화재단, 국립현대미술관, 중고등학교, 대학교 등
창업	디자인 컨설팅 창업, 영상·사진 스튜디오, 프리랜서 디자이너, 교육 사업 등

전공 관련 선택 과목은?

▶ 국어, 영어 교과는 모든 학문의 기초적인 성격을 가진 도구교과로 모든 학과에 이수가 필요하여 생략함.

수능 필수	화법과 언어, 독서와 작문, 문학, 대수, 미적분Ⅰ, 확률과 통계, 영어Ⅰ, 영어Ⅱ, 한국사, 통합사회, 통합과학, 성공적인 직업생활(직업)		
교과군	선택 과목		
	일반 선택	진로 선택	융합 선택
수학, 사회, 과학	대수, 미적분Ⅰ, 확률과 통계, 세계시민과 지리, 세계사, 사회와 문화, 현대사회와 윤리	인공지능 수학	여행지리, 사회문제 탐구, 융합과학 탐구
체육·예술	미술	미술 창작, 미술 감상과 비평	미술과 매체
기술·가정/정보	정보	인공지능 기초	지식 재산 일반
제2외국어/한문			
교양		인간과 철학, 인간과 심리	

학교생활기록부 관리는?

출결 사항	• 미인정(무단) 출결 사항이 없도록 관리하세요. 미인정(무단) 결석 등이 있으면 학교생활 충실도나 인성, 성실성 영역에서 부정적인 평가를 받을 가능성이 높아요.
자율·자치활동	• 다양한 교내외 활동을 통해 미술, 디자인 분야에 대한 흥미, 적성, 창의적이고 세심한 관찰력이 드러나도록 하세요. • 미술 분야에 대한 관심과 흥미를 바탕으로 인성, 나눔과 배려, 협동심, 의사 결정 능력, 리더십 등이 드러나도록 하세요.
동아리활동	• 동아리 가입 동기, 동아리 내 자신의 역할, 동아리 활동으로 변화된 자신의 모습, 전공과 관련된 자신의 소질 계발 경험 등이 드러나도록 하세요. • 미술반, 디자인반, 영상제작반 등 미술 관련 동아리 활동 참여를 통해서 산업디자인학 전공에 대한 준비를 하세요. • 벽화 그리기, 장애인과 함께하는 미술 봉사, 낙후된 학교 시설 디자인하기 등과 같은 봉사 활동에 적극 참여하세요.
진로 활동	• 디자인 관련 학과 및 직업에 대한 정보 탐색 활동을 권장해요. • 산업디자인학과나 자동차디자인학과에 대한 체험 활동을 권장해요. • 디자인 관련 진로 활동을 통해 자신의 진로 역량이 드러날 수 있도록 하세요.
교과학습 발달상황	• 미술, 인문학, 예술 교과의 학업 성취도를 상위권으로 유지하고, 수업 활동에서 전공 적합성, 자기주도성, 문제 해결 능력, 창의력, 발전 가능성 등의 역량이 발휘될 수 있도록 수업에 적극 참여하세요. • 수업 참여 과정에서 디자인 부분에 대한 관심과 흥미를 실제 생활에 적용하여 의미 있는 결과를 이끌어 낼 수 있도록 하세요.
독서 활동	• 인문학, 철학, 역사, 심리학 등 다양한 분야의 책을 읽으세요. • 미술이나 예술, 디자인과 관련하여 의미 있는 책을 정독하고, 의문점을 해결하기 위해 적극적으로 독서 활동을 하세요.
행동 발달 특성 및 종합 의견	• 창의력, 문제 해결 능력, 협업 능력, 자기주도적 학습 능력 등이 드러날 수 있도록 해요. • 학교생활에서 자기주도성, 경험의 다양성, 성실성, 나눔과 배려, 학업 태도와 학업 의지에 대한 장점이 기록되도록 관리해야 해요.

편곡가, 작사가, 싱어송라이터에 대해 알아볼까요?

➡ 편곡가 :

최근에는 작곡가분만 아니라 편곡가의 역할이 중요해지고 있어요. 작곡가는 곡의 뼈대가 되는 멜로디를 만들고, 편곡가는 작곡가의 의도를 파악하여 음악의 전달력을 극대화하기 위해 화성, 악기 연주, 박자, 효과음 등으로 분위기를 조절해요. 같은 음악이라도 편곡을 어떻게 하느냐에 따라 곡이 완전히 달라지기도 해요. 예전 노래를 재해석하여 편곡한 리메이크 곡을 원곡과 비교해 보면 편곡에 따라 음악이 어떻게 달라지는지 알 수 있어요.

➡ 작사가 :

한 노래의 가사를 전문적으로 작성하는 사람을 말해요. 가수가 작사를 하는 경우도 있지만, 싱어송라이터와는 구별돼요. 가사의 주제는 음악 장르에 따라 달라져요.

➡ 싱어송라이터(Singer-songwriter) :

작사가, 작곡가와 가수를 겸하면서 자신이 부르는 노래를 직접 만드는 사람을 말해요. 작사가 겸 가수 또는 작곡가 겸 가수도 싱어송라이터라고 부르는 경우가 있는데, 이것은 잘못된 상식이에요. 1990년대 이후 컴퓨터 소프트웨어의 발달로 작곡이 쉬워지면서 다른 작사가나 작곡가로부터 곡을 받아 부르는 일반 가수들도 자신의 음반에 1~2곡 정도의 자작사, 자작곡을 넣는 사례가 늘어났지만 이들 역시 싱어송라이터의 범주에는 포함시키지 않아요

작곡가란?

영화나 드라마를 볼 때, 인물들의 대사나 스토리만큼이나 중요한 것이 무엇일까요? 바로 음악입니다. 행복하거나 우울하거나 긴박한 순간, 사람의 마음을 움직이는 음악이 흐르면 사람들은 화면 속의 내용에 더욱 몰입하게 됩니다. 음악은 사람의 감정을 자극하고, 느낌을 풍성하게 하는 역할을 합니다.

음악은 하나의 요소가 아닌 멜로디, 가사, 악기, 목소리 등이 어우러져 완성됩니다. 작곡가는 화음, 리듬, 음악 이론 등을 기초로 하여 느낌이 살아있는 가락, 즉 멜로디를 만드는 사람입니다. 기쁨, 슬픔, 사랑, 증오, 평화 등 인간이 느끼는 여러 가지 감정들을 멜로디에 담아 악보로 표현하는 일을 합니다.

작곡가는 분야별로 전문화되어 있습니다. 대중가수가 부르는 노래를 만드는 작곡가를 대중음악작곡가라고 하고, 만드는 음악 장르에 따라 클래식음악작곡가, 공연음악작곡가, 교회음악작곡가, 영화음악작곡가 등으로 나뉩니다. 영화나 드라마, 뮤지컬과 같이 이야기가 정해져 있는 경우, 작곡가는 그 이야기의 분위기에 가장 적합한 음악을 만들어야 합니다. 또한 다양한 장르의 기존 음악들을 새로운 악기로 연주하기에 적합한 곡으로 편곡하는 일을 하기도 합니다. 같은 멜로디의 음악이라도 피아노, 바이올린, 첼로, 기타 등 연주하는 악기에 따라 느낌이 완전히 다른 곡으로 재탄생합니다.

작곡가
작곡학과

작곡가는 하나의 곡을 완성하기까지 작사가, 편곡가 등과 수차례 논의하고, 완성된 곡을 연주자나 가수가 녹음할 때 곡의 분위기나 메시지 등에 대해서도 의견을 제시합니다. 즉 작곡가는 자신이 만든 곡을 연주할 악기를 정하거나 반주자와 가수가 녹음하는 과정을 지켜보며 조언을 하는 등 자기가 만든 음악이 완성되기까지 모든 과정을 감독하고 조율하는 일을 합니다.

작곡가는 자신이 만든 음악을 듣는 사람이 즐거워할 때 가장 큰 보람을 느낀다고 합니다. 음악이란 듣는 사람의 상황에 따라 기쁘거나 슬픈 일을 추억하게 만들기 때문입니다. 그러나 많은 사람에게 사랑받는 곡을 작곡하는 것은 쉬운 일이 아닙니다. 취향에 따라 사람마다 좋아하는 곡의 종류가 다르기때문입니다. 작곡가는 좋은 음악을 만들기 위해 창작의 고통을 겪습니다. 자신이 의도하는 곡이 금방 만들어지기는 어렵기 때문입니다.

작곡가가 되기 위해서는 일반적으로 음악학과, 작곡과, 실용음악학과 등에서 작곡에 대한 전문 이론을 배워야 합니다. 이들 학과에서는 현장에서 활발하게 활동하고 있는 교수님들의 실기 지도를 받고, 다양한 분야의 음악을 작곡해 볼 수 있습니다. 이름이 알려진 작곡가가 운영하는 사설 학원, 방송사 아카데미 등에서도 작곡 교육을 받을 수 있습니다.

작곡가가 하는 일은?

작곡가는 단순히 가수가 부를 노래의 곡만 만드는 것이 아닙니다.

자신이 만든 곡을 연주할 악기를 정하거나 반주를 하기도 하고, 가수가 녹음하는 과정을 지켜보며 조언하는 등 자기가 만든 음악이 완성되기까지 모든 것을 감독하고 조율하는 일을 합니다.

> » 음악의 장르를 구분하여 작곡의 전체적인 흐름을 계획합니다.
>
> » 주제에 맞는 음악의 분야를 결정하고 곡을 구성합니다.
>
> » 음악의 가사를 파악한 후 가사와 적합한 곡을 구상합니다.
>
> » 멜로디, 리듬, 화음, 음악 이론 등의 기초적인 지식을 이용해 자신의 감정을 표현하도록 악보에 그리거나 컴퓨터의 음악 프로그램을 이용해 직접 작곡합니다.
>
> » 작곡한 곡을 편곡합니다.
>
> » 작사가, 편곡가 등과 곡에 대해 논의하고, 작곡한 곡을 녹음할 때 녹음 방향에 대하여 조언합니다.
>
> » 대중가요 가수의 음반, 영화 및 드라마의 OST 음반, 가곡, 합창곡, 교향곡 등 특정 분야를 전문적으로 작곡하기도 합니다.

Jump Up

화음, 화성, 리듬에 대해 알아볼까요?

▶ 화음 : 높이가 다른 2개 이상의 음이 동시에 울릴 때 일어나는 음의 어울림을 말해요. 도미솔, 도파라, 시레솔처럼 음이 함께 울릴 때 더 아름다운 소리가 나올 수 있어요.

▶ 화성 : 화음이 2개 이상 연결된 것을 말해요. 도미솔과 도파라가 연결되어 곡이 진행되면 화성이 되는 거예요.

▶ 리듬 : 음의 장단이나 강약이 되풀이될 때 그 규칙적인 음의 흐름을 말해요.

작곡가

커리어맵

관련기관
- 한국문화예술위원회 www.arko.or.kr
- 한국작곡가협회 www.kocoas.com
- 한국음악협회 www.mak.or.kr

준비방법
- 음악 및 외국어 교과 역량 키우기
- 음악 동아리 활동
- 교내외 음악 콩쿠르 참여
- 작곡가 직업 체험
- 음악 관련 학과 탐방
- 각종 음악회 관람

적성과 흥미
- 음악적 재능
- 창의력
- 책임감
- 표현력
- 집중력
- 컴퓨터 활용 능력
- 끈기

관련학과
- 실용음악과
- 음악과
- 작곡과
- 피아노학과
- 기악과
- 공연예술음악과 (작곡전공)

작곡가

흥미유형
- 예술형
- 탐구형

관련교과
- 국어
- 영어
- 정보
- 음악
- 제2외국어

관련자격
- 음악치료사
- 문화예술교육사
- 중등 2급 정교사(음악)

관련직업
- 작사가
- 편곡가
- 가수
- 연주자
- 지휘자

작곡가가 되기 위해서는 음악에 대한 흥미가 있어야 하는 것은 물론이고, 늘 새로운 음악을 만들어야 하므로 창의적인 멜로디와 리듬을 만들 수 있는 음악적 재능이 필요합니다. 그리고 다른 음악과 차별되면서도 자기만의 색깔을 담은 음악을 창조해 내는 독창성과 창의력도 필요합니다.

작곡가에 관심이 있다면 어려서부터 음악에 대한 상식을 넓힐 필요가 있으며, 한 가지 이상의 악기를 다룰 수 있으면 좋습니다. 여러 악기의 음색과 특징을 알면 표현하고자 하는 음악의 느낌을 더욱 잘 살릴 수 있기 때문입니다.

최근에는 컴퓨터를 이용하여 작곡하는 경우가 대부분이므로 작곡 관련 컴퓨터 프로그램을 다루는 능력도 필요합니다. 또한 음악 작업에 몰두할 수 있는 집중력과 책임감, 끈기 있게 노력하는 태도도 필요합니다. 예술형, 탐구형의 흥미를 가진 사람에게 적합합니다.

작곡가

커리어맵

Jump Up

작곡가의 역사에 대해 알아볼까요?

작곡가라는 직업이 언제부터 있었는지 정확히 알 수는 없어요. 원시 시대에도 돌, 나무 등을 두드리며 음악을 즐겼는데, 주로 신에게 제사를 지낼 때 음악을 사용했다고 해요. 고대에도 음악을 작곡하긴 했어요. 하지만 대체로 즉흥 연주나 구전 음악을 즉흥 연주로 다시 편곡하는 수준이었죠. 그래서 고대 노래는 작사자는 전해져도 작곡가는 알 수 없는 경우가 많아요. 그러다 중세 시대부터 화성학과 악기가 발달하며 오케스트라와 같은 협연이 중요해졌는데, 이때부터 본격적으로 작곡가가 생기기 시작했어요. 서양 최초의 작곡가는 독일의 수녀였던 '힐데가르트 폰 빙엔'이에요. 그녀는 자신이 쓴 시를 바탕으로 교회 음악을 주로 작곡했어요. 1098년도에 태어난 그녀의 작품은 지금도 연주되고 있으며, 음반으로도 발매되고 있어요. 우리나라 최초의 작곡가는 홍난파에게 작곡과 바이올린을 가르쳐 준 '김인식'이라고 알려져 있어요. 그는 1905년 평양에서 서양 음계로 최초의 악곡인 '학도가'를 작곡했어요. 우리나라에 서양 음악이 막 도입되기 시작하던 때에 주로 활동하여 서양 음악이 뿌리를 내리는 데 큰 역할을 했어요.

진출 방법은?

작곡가가 되기 위해서는 대학의 작곡과, 음악과, 피아노과, 관현악과, 기악과, 성악과 등의 관련 학과를 졸업하는 것이 좋습니다. 관련 학과에 진학하기 위해서는 적어도 청소년기가 되기 전에 자신의 진로를 결정하여 꾸준히 연습을 해야 합니다. 이 때문에 음악가 중에는 예술계 중고등학교로 진학하는 사람이 많고, 그렇지 않은 경우에는 대부분 사설 학원이나 개인 레슨을 통해 교육을 받습니다. 또한 음악가 중에는 이탈리아를 비롯해 유럽으로 유학을 다녀오는 경우도 많습니다.

작곡가가 되기 위해서는 폭넓은 음악 감상을 통해 음악가로서의 소양을 지속적으로 키워 나가야 하며, 각종 음악 콩쿠르에 참여하여 입상 경력을 쌓는 것도 중요합니다. 음악을 전공하게 되면 서양 음악에 대해 주로 다루기 때문에 영어, 이탈리아어, 독일어, 프랑스어 등 외국어 실력을 쌓으면 음악 활동을 하는 데 도움이 됩니다.

관련 직업은?

작사가, 편곡가, 가수, 연주가, 지휘자 등

관련 학과 및 자격증은?

➡ 관련 학과 : 실용음악과, 작곡과,
　　　　　　　피아노학과, 기악과, 음악과,
　　　　　　　공연예술음악과(작곡전공) 등

➡ 관련 자격증 : 음악치료사, 문화예술교육사,
　　　　　　　음악심리지도사,
　　　　　　　피아노실기지도사 등

미래 전망은?

영화, 연극, 무용 등 음악을 필요로 하는 분야가 넓어지고, 문화에 대한 국민의 욕구가 커지면서 음악을 즐기는 소비자의 수요가 증가하였습니다. 특히 작곡가는 드라마, 영화, 연극, 무용, 뮤지컬 등으로 활동 영역이 넓어지고 있어, 향후 일자리 전망이 밝을 것으로 예상됩니다. 하지만 순수 음악은 다른 공연 산업 분야에 비해 경기 변화에 더 민감하게 영향을 받고, 기업들의 문화 콘텐츠 지원도 연주나 창작 활동에 집중되어 있어 순수 음악 작곡자에 대한 수요는 크게 증가하지 않을 것으로 보입니다.

인기와 명성을 얻는 작곡가는 일부이고, 작곡을 하는 사람 중에는 수입이 보장되지 않아 활동을 유지하기 어려울수 있습니다. 다만 장기적인 관점에서 보면, 음악가는 다른 예술 분야와 마찬가지로 본인이 원하는 진로를 개척하기 위해 선택하는 직업이라는 점에서 예술에 대한 인간의 갈망이 사라지지 않는 한 음악가로 활동하려는 사람들은 꾸준히 생겨날 것으로 보입니다. 또한 음악가는 로봇이나 인공 지능 기술의 발달에 의해 대체될 수 없는 창의성 영역의 직업으로, 온라인 플랫폼 및 소셜 미디어의 발달로 인해 개인이 쉽게 음악 콘텐츠를 생산하고, 판매할 기회가 늘어날 것으로 보입니다. 특히, 우리나라 국민은 어느 문화 예술 분야보다 음악을 사랑하고 즐기기 때문에, 경기 침체에도 음악 산업은 꾸준히 성장하는 편입니다.

Jump Up

지휘자에 대해 알아볼까요?

지휘자는 관악기, 현악기 및 타악기 등을 연주하는 관현악단을 지휘하고, 화음을 연출하기 위해 합창단을 지휘하는 일을 담당해요. 연주를 심사하여 기악 연주자를 선정하고, 계획된 공연에 적합하고 연주자들의 재능과 능력에 알맞은 연주곡을 선정해요. 각악기의 화음이 균형과 조화를 이룰 수 있도록 하기 위해 연주자들을 적절히 배치해요.
음악 작품을 해석하여 음색과 화음이 조화되고 리듬, 빠르기 등의 음악적 효과를 낼 수 있도록 연주자들을 연습시키고 감독해요. 악보를 편곡하기도 하고, 지방 또는 해외 연주 계획을 세우기도 해요.
지휘자가 되기 위해서는 타고난 음악적 재능과 예술적 감각을 지녀야 하며, 꾸준히 연습해야 하기 때문에 남다른 인내와 끈기가 필요해요. 악보 읽는 법 등 음악적 지식이 필요하며, 화성의 진행이나 악기들의 음색 등을 파악할 수 있는 청력도 중요해요. 연주 단원들을 통솔할 수 있는 리더십과 판단력, 의사소통 능력도 필요해요. 예술형, 탐구형의 흥미를 가진 사람에게 적합하며, 성취, 책임감 등의 성격을 가진 사람에게 유리해요.

작곡과
작곡가 전공 분석

어떤 학과인가?

곡이 없다면 천상의 악기나 천상의 목소리라 할지라도 단순한 소리 이상은 낼 수 없습니다. 작곡은 다양한 음계를 재배열하고, 강약과 빠르기 등을 조절하여 한 편의 조화로운 곡을 만들어 냄으로써 인간의 내면과 영혼을 음악적으로 표현하는 예술입니다. 작곡가는 단순히 곡을 만들고 프로듀싱하는 사람이 아닙니다. 가수나 연주자의 심리적인 부분까지 읽어 내고, 녹음할 때 좋은 컨디션을 유지할 수 있도록 하는 것도 작곡가의 몫입니다. 작곡과는 문화 예술의 수준을 높이고, 삶을 풍요롭게 해 줄 창의적인 인재 양성을 목적으로, 이론 공부를 통해 음악의 형식과 구조를 교육합니다. 또, 다양한 악기를 위한 곡을 창작하기 위해 여러 악기에 대해서도 교육합니다.

교육 목표와 교육 내용은?

작곡과는 미래 지향적인 전문 작곡가와 음악학자를 양성할 목적으로 설립된 학과입니다. 이런 이유로 체계적인 교과 과정과 함께 모든 음악 분야를 경험할 수 있도록 다양한 창작과 연주를 할 수 있는 교육 환경을 제공합니다.

실기뿐만 아니라 작품 분석을 통한 작곡 기법을 습득하도록 하며, 정기적인 뮤직 포럼을 통해 국내외 주요 작곡가, 연주자 및 음악학자들과 만나 작곡 및 연구의 흐름을 이해할 수 있도록 교육합니다.

따라서 작곡과는 음악 이론과 음악사에 대한 학습과 활동을 통해 창작, 연주, 이론, 비평, 연구 분야의 경계를 넘나드는 융합형 음악인의 양성을 목표로 합니다.

» 국가 인류 사회에 봉사하는 문화적인 인재를 양성합니다.
» 다양한 교육과 부단한 노력을 통해 작곡 능력을 갖춘 인재를 양성합니다.
» 창작 활동을 통해 인간 순수의 내면을 표현하는 능력을 지닌 인재를 양성합니다.
» 이론과 실기를 겸비한 전문 음악인을 양성합니다.
» 변화하는 시대에 적절하게 대응하는 예술 감각이 뛰어난 음악인을 양성합니다.

학과에 적합한 인재상은?

작곡과는 음악 이론과 함께 창작, 연주, 비평 등 음악에 대한 모든 분야를 다루는 학과입니다. 이 학과에서 공부하려면 기본적으로 음악을 좋아하고 즐기는 태도를 지녀야 합니다.

그러나 단순히 음악을 좋아한다는 것만으로는 부족합니다. 작곡가는 타고난 음악적 재능과 함께 끊임없이 노력해야 하는 직업입니다. 어릴 때부터 음악적 환경에 지속적으로 노출되어서 한 가지 이상의 악기를 자유자재로 연주할 수 있고, 음악을 폭넓게 감상할 수 있는 능력을 갖추어야 합니다. 또한 음악은 시간과 공간의 경계가 없는 예술 영역이기 때문에 영어, 프랑스어, 이태리어 등 외국어에 관심과 흥미가 많은 학생이라면 더욱 좋습니다.

요즘은 컴퓨터를 이용한 작곡이 일반화되고 있습니다. 따라서 작곡 관련 프로그램에 관심이 많고 이를 이용하여 창의적인 음악을 만들고자 하는 학생들에게도 어울립니다. 이와 함께 자신이 하고자 하는 일에 대한 집중력, 책임감, 그리고 다른 사람의 감정을 움직일 수 있도록 자신의 느낌을 음악에 담아 내는 표현력도 중요합니다.

관련 학과는?

기악과, 관현악과, 피아노과, 성악과, 국악과 등

주요 교육 목표

이론과 실기를 겸비한
전문 음악 인재 양성

- - - - - - - - - - - - - - - - -

악기를 이해하고 그 특징을
살려 작곡하는 인재 양성

- - - - - - - - - - - - - - - - -

부단히 노력하는 진취적
기상을 지닌 인재 양성

- - - - - - - - - - - - - - - - -

첨단기기를 활용하여
미래 음악 문화를 리드할
인재 양성

- - - - - - - - - - - - - - - - -

독창적이고 창의적인 시각을
지닌 인재 양성

- - - - - - - - - - - - - - - - -

능동적인 태도로 앞서가는
글로벌 인재 양성

취득 가능 자격증은?

☑ 중등학교 2급 정교사(음악)
☑ 문화예술교육사
☑ 피아노실기지도사
☑ 음악심리지도사
☑ 음악치료사
☑ 음악재활지도사
☑ 방과후지도사 등

진출 직업은?

작곡가, 음반기획자, 평론가, 예체능강사, 편곡자, 음악기자, 음향프로듀서, 반주자, 지휘 자, 국악인, 성악가, 악기수리원 및 조율사, 연주가, 음악치료사, 음향 및 녹음기사, 전통예능인, 음악감독, 공연장하우스매니저, 공연기획자, 오페라뮤지컬 등 음악진행 및 감독, 대학교수, 음악교사 등

추천 도서는?

- 미디왕의 작곡독학(옴니사운드, 이신재)
- 음악을 한다는 것
  (지노, 베네데타 로발보, 임진모 역)
- 나 혼자 음악만들기(그래서음악, 송택동)
- 음악형식의 이론과 분석
  (모노폴리, 송무경 외)
- 음악의 사생활 99 : 2012년 신승은
  (삐약삐약북스, 신승은)
- 실용응막 기초화성악(1458music , 이채현)
- 나 혼자 피아노친다(삼호ETM , 차영은)
- 클래식작곡가 열전
  (시원북스, 야마미치 유카, 안혜은 역)
- 한국 현대음악 작곡가의 초상(현대문화, 김규현)
- 클래식 작곡가 열전
  (시원북스, 야마미치 유카, 안혜은 역)
- 클래식이 좋다(미디어샘, 조희창)
- 음악으로 자유로워지다
  (청미래, 류이치 사카모토, 양윤옥 역)
- 모차르트 평전(혜다, 이채훈)
- 삶이 행복해지는 순간의 클래식
  (태림스코어, 스칼라 라디오, 정은동 역)
- 미술관에 간 클래식(믹스커피, 박소현)

학과 주요 교과목은?

기초 과목	조성음악분석, 작곡전공실기, 악기론, 컴퓨터 사보실습, 형식론, 20세기 음악양식, 관현악법, 악기실습, 음악사, 음익분석, 악보분석, 화성법, 대위법, 시창, 청음, 서양음악, 국악개론 등
심화 과목	컴퓨터음악, 지휘법, 푸가작법, 악기실습, 이론세미나, 주제별음악학, 음악전공역량강화, 작곡인턴십, 우용영상음악, 음악학개론, 주제별음악학, 현대음악, 피아노실기, 관현악실기, 반주실습, 관현악합주, 건반화성, 실내악 등

졸업 후 진출 분야는?

일반 회사	음반 제작 회사, 음악 기획사, 전문 공연장, 악기 제작사, 연예 기획사, 합창단, 관현악단, 연주 단체, 오페라단, 출판사, 방송사, 광고 회사 등
공공 기관	문화체육관광부, 한국문화예술교육진흥원, 서울시립교향악단, 서울문화재단, 초·중·고등학교, 국립·공립·사립 대학교 등
기타	음악 관련 작가, 예능 강사, 음악 학원, 음악 비평과 평론 분야 활동 등

전공 관련 선택 과목은?

▶ 국어, 영어 교과는 모든 학문의 기초적인 성격을 가진 도구교과로 모든 학과에 이수가 필요하여 생략함.

수능 필수	화법과 언어, 독서와 작문, 문학, 대수, 미적분Ⅰ, 확률과 통계, 영어Ⅰ, 영어Ⅱ, 한국사, 통합사회, 통합과학, 성공적인 직업생활(직업)		
교과군	선택 과목		
	일반 선택	진로 선택	융합 선택
수학, 사회, 과학	세계시민과 지리, 세계사. 사회와 문화, 현대사회와 윤리	윤리와 사상, 인문학과 윤리	여행지리
체육·예술	음악	음악 연주와 창작, 음악 감상과 비평	음악과 미디어
기술·가정/정보		생활과학 탐구, 인공지능 기초	지식 재산 일반
제2외국어/한문			
교양		인간과 철학, 인간과 심리	

학교생활기록부 관리는?

출결 사항	• 미인정(무단) 출결 사항이 없도록 관리하세요. 미인정(무단) 결석 등이 있으면 학교생활 충실도나 인성, 성실성 영역에서 부정적인 평가를 받을 가능성이 높아요.
자율·자치활동	• 다양한 교내외 활동을 통해 창의적이고 독창적인 사고력이 드러나도록 하세요. • 음악 분야에 대한 관심과 흥미를 바탕으로 인성, 나눔과 배려, 협동심, 의사 결정 능력, 리더십 등이 드러나 도록 하세요.
동아리활동	• 오케스트라, 밴드부, 합창반, 보컬부 등 음악 관련 동아리 활동을 통해 작곡 전공에 대한 준비를 하세요. • 가입동기, 본인의 역할, 배우고 느낀 점, 작곡학과 진학을 위해 기울인 활동과 노력이 나타날 수 있도록 참여하세요. • 장애인, 다문화 가정 학생, 불우 이웃 돕기 음악회 등과 같은 봉사 활동에 꾸준하게 참여하세요.
진로 활동	• 작곡가 및 기타 음악 관련 직업들의 정보 탐색 활동을 권장해요. • 음악대학 학과 체험 활동이나 작곡가 직업인 탐방 등을 권장해요 • 음악 관련 진로 활동을 통해서 자신의 진로 역량이 나타날 수 있도록 하세요.
교과학습 발달상황	• 작곡과와 관련 있는 음악 교과에 대해 우수한 학업 성취를 올릴 수 있도록 관리하고, 수업 활동에서 전공 적합성, 자기 주도성, 문제 해결 능력, 창의력, 발전 가능성 등의 역량이 발휘될 수 있도록 수업에 적극 참여하세요. • 수업 참여 과정에서 작곡에 대한 관심과 흥미를 실제 생활에 적용하여 의미 있는 결과를 이끌어 낼 수 있도록 하세요.
독서 활동	• 인문학, 철학, 역사, 예술, 사회학 등 다양한 분야의 책을 읽으세요. • 전공과 관련한 책을 정독하고, 평소 본인이 궁금했던 점들을 독서를 통해 해결하는 능동적인 독서 활동을 하세요.
행동 발달 특성 및 종합 의견	• 창의력, 문제 해결 능력, 협업 능력, 자기 주도적 학습 능력 등이 드러날 수 있도록 해요. • 학교생활에서 자기주도성, 경험의 다양성, 성실성, 나눔과 배려, 학업 태도와 학업 의지에 대한 장점이 기록되도록 관리해야 해요.

연구직 공무원 학예 연구사에 대해
알아볼까요?

1) 국공립기관의 학예연구사(관)

국립은 국가직, 공립은 지방직을 말해요. '학예연구사'라고 말할 때는 이 기관에서 일하는 6~7급 상당의 공무원이에요. 학예연구관의 경우 국가직이 TO도 많고 좀 더 되기 쉬운 편이며, 지방직의 경우는 TO 자체가 없는 경우가 많아요.

2) 직위 형태 : 국가직, 지방직, 임기제

국가직과 지방직은 근무하는 곳과 성격의 차이로, 둘 다 똑같은 정식 연구직 공무원이고 정년이 보장돼요. 임기제의 경우는 전문임기제, 일반임기제, 한시임기제로 나뉘며 보통 전문의 경우 5년, 일반은 3년, 한시임기제는 1년 6개월 이내에서 계약하는 계약직이에요.

3) 공무원 신분의 학예연구사가 되는 방법

채용 방법은 크게 두 가지 형태로 분류돼요.

① 서류-전공시험-면접 순 : 국립중앙박물관, 국립민속박물관, 대한민국역사박물관 등 중앙부처 산하의 국립 박물관 및 부처 직속의 연구직

② 서류-면접 순 : 국립현대미술관, 서울시립미술관, 국립중앙도서관, 국립극장, 기상청, 국립아시아문화전당, 국가보훈처, 국가기록원 등의 정규직, 임기제 공무원

큐레이터란?

박물관이나 전시관을 방문하면 유물과 작품 앞에서 무엇인가를 열심히 설명하는 사람들을 볼 수 있습니다. 이들은 역사와 유물, 예술 작품에 대한 전문 지식을 지니고, 이를 알기 쉽게 설명합니다. 이들을 우리는 도슨트, 전시해설사, 학예사, 큐레이터 등으로 혼용해서 부르고 있습니다. 그러나 엄밀하게 따진다면 전시회에서 마이크를 들고 전시 해설을 전담하는 사람은 큐레이터가 아니라 도슨트입니다.

큐레이터(curator)는 '관리자'에서 유래한 말로, '미술관 자료에 관하여 최종적으로 책임을 지는 사람'을 뜻합니다. 주로 박물관이나 미술관 등에서 전시물의 수집과 관리 및 연구, 전시 기획 등 종합적인 업무를 담당합니다. 또한 큐레이터는 기능에 따라서 연구를 담당하는 직종과 교육 및 홍보를 담당하는 직종, 전시 관계의 업무를 담당하는 직종 등으로 세분됩니다. 실무 외에도 작품의 수집과 보존, 녹음과 녹화와 같은 기술적인 문제들을 해결하는 일을 담당하기도 합니다.

국공립 시설에서 근무하는 경우에는 학예사나 학예연구사, 학예연구원으로 불리기도 합니다. 학예사는 학예 업종에 종사하는 직업인의 통칭이며, 이에는 큐레이터, 컨서베이터, 에듀케이터, 리서처, 레지스트라 등이 있습니다. 학예사 가운데 큐레이터는 학예 분야 중 전시 기획자의 명칭입니다. 또한 전시해설사는 전시 안내 및 콘텐츠 설명을 전문적으로 담당하며 학예 업무와는 실제적인 관련이 없는 직업입니다.

큐레이터
서양학과

큐레이터는 해당 분야에 대한 전문 지식은 기본이고 전시물의 가치를 판단할 수 있는 안목, 특정 테마로 전시를 기획할 수 있는 예술적인 감각, 소속 기관에서 보유하지 못한 전시물을 끌어올 수 있는 인맥과 정보력 등을 갖추어야 합니다.

큐레이터들은 소속 기관에 좋은 작품을 전시할 수 있도록 꾸준히 노력해야 합니다. 경매에 참여하여 원하는 작품을 위해 다른 수집가나 큐레이터들과 경쟁하기도 하고, 소유자에게 적절한 가격을 제시하여 매수하기도 합니다. 이 과정에서 외국이나 깊은 산 속, 외딴 섬까지 가서 작품을 얻기 위해 사정해야 하는 경우도 있습니다.

또한 박물관에 소속된 큐레이터라면 단순 수집 업무뿐만 아니라 발굴이나 손상된 부분의 복원, 작품에 대한 연구도 필요합니다. 우리나라의 큐레이터들은 전시 디자인 업무를 하는 경우도 많습니다. 물론 국립현대미술관이나 대형 국공립 박물관에서는 별도의 디자인 팀에서 전시 디자인 업무를 하기는 하지만, 대부분의 소규모 박물관이나 미술관 큐레이터들은 많은 일을 해야 하기 때문에 업무의 강도가 높은 편입니다. 최근에는 갤러리와 전시 시설의 분야가 확장되어 예술 작품이나 유물 말고도 다양한 분야의 전시가 이루어지고 있습니다. 따라서 큐레이터는 전시품에 대한 깊은 애정과 역사에 대한 이해가 필수적인 직업이라고 할 수 있습니다.

큐레이터가 하는 일은?

큐레이터는 좋은 작품을 택해 꾸준히 수집하고, 연구하는 일을 합니다. 또한 손상된 부분에 대한 복원을 하기도 합니다. 박물관 및 미술관에서 소장품에 대한 관리, 전시기획, 학술연구 등의 종합적인 업무를 수행합니다.

» 전시회를 개최하기 위해 전시 목적·유형·규모 등을 결정합니다.
» 자료 및 시장조사를 하고, 전시기획서를 작성합니다.
» 제작연도, 종류, 출토지역 등에 따라 소장품의 종류를 검토·분석합니다.
» 전시할 대상을 정해서 소장품을 선별합니다.
» 전시대상 소장품의 도록과 전시 홍보자료를 제작합니다.
» 전시장의 소장품을 진열하고 관리합니다.
» 전시개막식을 준비하는 등 전시와 관련한 업무를 총괄합니다.
» 소장품의 수집이나 대여, 기탁 등을 기획하고 관리합니다.
» 소장품에 대해 연구하고 보고서 및 출판물을 발간합니다.
» 관람객 또는 일반인을 대상으로 교육프로그램을 기획·관리합니다
» 외국문화재의 국내전시 및 국내문화의 해외전시를 기획합니다.
» 소장품의 진품여부나 가치 등을 감정합니다.
» 전시를 위해 작가 및 작품을 섭외합니다.

Jump Up

도슨트 직업에 대해 알아볼까요?

도슨트(Docent)는 박물관이나 미술관 등에서 관람객들에게 전시물을 설명하는 안내인을 말해요. 도슨트(docent)는 '가르치다'라는 뜻의 라틴어 'docere'에서 유래한 용어로, 1845년 영국에서 처음 생긴 뒤, 1907년 미국에 이어 세계 각국으로 확산된 제도로, 우리나라에는 1995년에 도입되었어요.

도슨트는 일정한 교육을 받고 박물관·미술관 등에서 일반 관람객들을 안내하면서 전시물 및 작가 등에 대한 설명을 제공함으로써 전시물에 대한 이해를 돕도록 하는 데 목적이 있어요. 도슨트가 되기 위해서는 문화재나 미술에 대한 애정과 일정한 수준의 전문지식이 있어야 하며, 소정의 교육과정을 마쳐야 해요.

큐레이터
커리어맵

관련기관
- 국립중앙박물관 www.museum.go.kr
- 국립현대미술관 www.mmca.go.kr

준비방법
- 예술작품 감상능력 키우기
- 미술관 관람 활동
- 박물관 체험 참여
- 관련 학과 탐방
- 관련 직업 체험 활동
- 다양한 독서 활동
- 외국어능력 키우기
- 미술관련 동아리 활동

적성과 흥미
- 예술적인 안목
- 기획력과 창의력
- 글쓰기능력
- 관찰력과 탐구력
- 다양한 문화에 대한 관심
- 비즈니스 감각
- 문제 해결 능력
- 의사소통 능력
- 외국어 능력
- 책임감
- 꼼꼼함

큐레이터

관련학과
- 미술학부 큐레이터학 전공
- 서양학과
- 고고문화인류학과
- 고고미술사학과
- 고고인류학과
- 고고학과
- 동양화과
- 문화예술학부
- 문화유산융합학부
- 문화인류학과
- 문화유산학과
- 미학과
- 미술학과
- 사학과

흥미유형
- 탐구형
- 예술형

관련교과
- 국어
- 영어
- 사회
- 미술
- 제2외국어

관련자격
- 박물관 및 미술관 정학예사
- 준학예사

관련직업
- 박물관해설사
- 디지털문화재복원전문가
- 문화재해설사
- 문화재보존가
- 학예연구사

적성과 흥미는?

큐레이터는 예술작품을 감상할 수 있는 예술적인 안목과 예술시각 능력이 필요합니다.또한 관람객들에게 의미 있고 기억에 오래 남는 전시를 하기 위해 참신한 사고와 기획력, 창의력도 중요합니다. 큐레이터는 주의 깊은 관찰력과 탐구 자세를 갖추어야 하고, 역사를 비롯해서 다양한 문화권의 생활 양식, 언어, 예술 등 문화 전반에 흥미가 있는 사람에게 적합합니다. 또한 전시를 위한 비즈니스 감각도 필요합니다. 하나의 전시회를 기획하고 관객에게 선보이기 위해서는 다양한 문제들을 처리해야 하며, 사람들과의 관계에서 일어나는 문제들을 원만하게 해결하는 문제 해결 능력도 요구됩니다. 전시를 글로

가장 먼저 표현하고 작가와 관객에게 말로 전달해야 하므로, 의사소통 능력과 글쓰기 능력이 있다면 더욱 좋습니다. 큐레이터는 예술 작품에 관심이 많은 사람에게 적합합니다. 현대 사회는 해외미술관이나 박물관과의 교류전시회가 늘어나고 국가 간의 교류도 활발하므로, 국제 전시나 작품 수집, 조사 연구를 위해 영어 불어 등 외국어 능력도 더욱 중요해지고 있습니다. 예술형, 탐구형의 흥미를 가진 사람에게 적합하며, 꼼꼼함, 정직성, 신뢰성, 책임감과 진취성을 갖춘 사람에게 유리합니다.

큐레이터 커리어맵

Jump Up

큐레이터의 근무 환경에 대해 알아볼까요?

큐레이터는 박물관, 미술관, 유적지 등에서 근무하기 때문에 근무 여건이 다양해요. 고객들과 함께 일하면서 교육 서비스를 제공하거나 전시물을 복원하여 설치하고, 부피가 크고 무거운 것들을 직접 옮기기도 해요. 또한 전시를 앞두거나 전시를 위한 설치 작업을 할 때에는 초과근무나 휴일 근무를 하기도 하고, 작가나 작품 섭외, 소장품 수집 등을 위해 장기간 지방이나 해외 출장도 가기도 해요. 큐레이터는 남성과 여성의 비율이 각각 50%로 동일하고, 연령은 30~40대가 60% 이상을 차지해요.

큐레이터의 평균연봉(중앙값)은 3,937만원으로, 조사 대상 전체 직업 평균연봉(중앙값)인 4,072만원과 비교하여 낮은 수준이에요. 그러나 일자리 증가 가능성, 발전가능성 및 고용안정에 대해 재직자가 느끼는 직업만족도는 76.1%로 높은 편이에요.

진출 방법은?

큐레이터가 되기 위해서는 대학에서 고고학, 사학, 미술사학, 예술학, 민속학, 인류학 등을 전공하는 것이 좋습니다. 박물관이나 미술관에서는 관련 전공자로 응시자를 제한하여 채용하는 경우도 있으며, 석사 이상의 학력을 요구하기도 합니다. 미술관에서 근무하는 경우는 동양화, 서양화, 조각, 도예 등을 전공한 사람도 많습니다. 이외에도 최근에는 대학의 큐레이터학과, 예술대학원이나 미술대학원의 예술기획전공, 예술경영학과, 박물관학과, 미술관학과, 문화관리학과 등에서도 전문적 지식을 교육하고 있습니다.

큐레이터는 작품 연구를 해야 하기 때문에 국공립 미술관이나 사립 미술관의 학예사로 근무하기 위해서는 주로 석사 이상의 학위가 필요합니다. 학예사와 관련된 자격에는 국립중앙박물관에서 시행하는 박물관·미술관 학예사가 있는데, 등급은 1급 정학예사, 2급 정학예사, 3급 정학예사, 준학예사로 구분됩니다. 3급 정학예사를 취득하기 위해서는 박사학위 취득 후, 경력인정대상기관에서 1년 이상의 실무경력을 갖추거나, 석사학위 취득 후 경력인정대상기관에서 2년 이상의 실무경력이 있어야 합니다. 또한 준학예사 자격 취득 후, 경력 인정대상기관에서 4년 이상의 재직경력이 필요합니다.

국공립 박물관 및 미술관 큐레이터의 경우 '학예연구사'로 입사하여 3~5년의 경력을 쌓으면 '학예연구관'으로 승진할 수 있으며, 능력을 인정받으면 독립큐레이터로 활동하기도 합니다. 사립 미술관이나 갤러리, 상업 화랑의 경우에는 학교 추천이나 인맥 위주의 채용이 주로 이루어지며, 인턴사원을 채용한 후 정식직원으로 전환하기도 합니다. 또한 공무원 시험을 통해 문화재청이나 지자체 혹은 문화재 관련 연구소 등에 진출할 수도 있습니다.

관련 직업은?

디지털문화재복원전문가, 문화재보존가, 문화재분석원, 박물관해설사, 문화재해설사, 소장품관리원, 학예연구사 등

관련 학과 및 자격증은?

➡ 관련 학과 : 서양학과, 미술학부 큐레이터학 전공, 고고문화인류학과, 고고미술사학과, 고고인류학과, 고고학과, 동양화과, 문화예술학부, 문화유산융합학부, 문화인류학과, 문화유산학과, 미술학과, 미학과, 사학과, 역사문화학과, 역사콘텐츠학과, 역사학과 등

➡ 관련 자격증 : 박물관 및 미술관 정학예사 1급/2급/3급, 준학예사 등

미래 전망은?

앞으로 큐레이터의 일자리는 다소 증가할 것으로 전망됩니다. 국민들의 소득이 늘어나고, 이에 따라 여가와 문화생활을 누리고자 하는 수요가 더욱 늘어나고 있습니다. 또한 학부모와 자녀들이 함께 박물관, 미술관, 전시관 등을 방문하여 관람하고 체험하는 경우도 더욱 늘어나고 있습니다. 이에 발맞추어 정부에서도 우리나라 문화에 대한 올바른 인식과 정체성 강화, 문화, 체육, 관광 등 문화 기반 시설 확충을 지속적으로 추진하고 있습니다. 특히 선진국에 비해 미흡한 수준인 박물관과 미술관의 건립과 운영에 지원을 늘리고 있습니다.

이러한 긍정적인 변화에도 불구하고, 일부 국공립 미술관이나 박물관을 제외하고는 대부분 1관당 1~2명의 소수 인력이 큐레이터 업무를 하고 있으며, 전체 고용 규모도 크지 않습니다. 또한 국공립박물관이나 미술관은 인력 규모를 늘리기보다는 적정 수준을 유지하고 있기 때문에 정규직으로 취업하기 위해서는 치열한 경쟁을 치러야 합니다.

사립 미술관의 경우는 대부분 정부 지원없이 자체적으로 운영되기 때문에 전시와 교육프로그램의 운영과, 소장 작품의 보존과 관리 등에 어려움을 겪고 있습니다. 이러한 여건으로 인해 소규모의 미술관들은 운영난으로 원하지 않는 폐업을 하기도 합니다. 이러한 현상은 현대 사회에서의 큐레이터 역할 증대에도 불구하고, 고용에 부정적인 영향을 끼쳐서 채용 인원은 크게 늘기는 어려울 것으로 전망됩니다.

서양학과
큐레이터 전공 분석

어떤 학과인가?

서양화는 서양의 전통적인 재료와 화법을 이용하여 그린 그림으로, 재료에 따라 유화, 수채화, 펜화, 연필화, 파스텔화 등으로 나뉩니다. 서양화는 한국의 그림, 즉 한국화와 대비되는 개념입니다. 한국화가 주로 직관적이며 단 한 번의 터치로 그려진다면, 서양화는 논리적이며 화면을 덧바르거나 깎는 식으로 그려집니다. 또한 서양화는 캔버스(천)에 유화 물감이나, 두터운 종이에 수채 물감이나 아크릴과 같은 특수 물감 등으로 그림을 그립니다. 최근에는 일부 작가들이 3D 디지털 회화를 개척하려는 시도도 하고 있습니다. 서양학과는 인간의 미적 감각을 서양화로 표현하여 예술적 작품으로 승화시키는 데 필요한 능력을 키우는 학과입니다.

서양화과는 21세기 시각 문화 환경에 능동적으로 대처하는 진취적인 미술인의 양성을 교육의 목표로 합니다. 따라서 전통적인 미술 장르의 경계를 넘어 평면, 입체, 사진, 설치 등 다양한 매체와 기법을 폭넓게 운영할 수 있는 역량을 기릅니다. 또한 사회문화의 전반적인 흐름에 대한 통찰과 뚜렷한 문제의식을 바탕으로 미술의 새로운 가능성을 넓혀가는 실험적이고 진취적인 태도도 중요합니다. 이에 발맞추어 창의력을 키우기 위한 실기 교육과 함께 판화, 입체, 사진, 영상, 회화사, 미학, 미술론, 영상학 등의 이론 교육도 실시하고 있습니다.

서양학과는 전인적인 미술 교육을 통해 삶과 세계에 대한 주체적인 인식과 창의적 표현 능력을 키우고, 다양한 현대미술의 총체적인 연구와 함께 비평 안목을 갖춘 세계적 수준의 능력 있는 예술 전문 인력을 육성합니다.

교육목표와 교육내용은?

서양학과는 순수예술만이 도달할 수 있는 인간성의 참다운 가치 발견을 교육의 목표로 하며, 새로운 미술 문화를 창조할 예술인을 양성하는 학과입니다. 자유로운 사고, 창조적인 조형 의지를 바탕으로 실천적이며 미래지향적인 작가, 교육자를 비롯한 미술 전문 인력 양성을 교육목표로 합니다.

조형 및 표현 능력의 함양을 위해 다양한 매체와 조형 방식을 활용하는 수업을 통해 다양한 표현 방법을 실험하고, 자신만의 창작 방식을 발견하는 데 중점을 둡니다. 또한 미술 문화에 대한 이해를 바탕으로 현대적 서양화 기법을 연구하며 작가로서의 다양한 실험정신과 문제의식을 함양하는 학과입니다. 서양학과의 교육목표는 다음과 같습니다.

» 창의적이고 전문성을 갖춘 미술가를 양성합니다.
» 글로벌 무대를 주도하는 융합·창의적 미술인재를 양성합니다.
» 삶과 세계에 대한 주체적인 인식과 창의적 표현 능력을 함양합니다.
» 세계의 시각 문화와 창의 산업을 선도할 전문 미술인을 양성합니다.
» 뉴미디어 시대를 이끄는 신조형을 창출할 수 있는 인재를 양성합니다.
» 비평 안목을 갖춘 세계적 수준의 능력 있는 예술전문인을 육성합니다.
» 사회적 요구에 부응하고, 새로운 미술문화를 창조할 예술인을 양성합니다.
» 이론과 실기를 통하여 창조적인 조형 활동을 할 수 있는 미술인을 양성합니다.

학과에 적합한 인재상은?

현대 사회에서는 삶에 지친 많은 사람들이 미술관을 찾아 정서적인 안정을 찾는 경우가 많습니다. 또한 경제적인 여유가 생기면서, 전반적인 삶의 수준이 높아짐에 따라 여가 시간을 이용하여 그림을 그리거나 다양한 예술을 향유하는 사람들도 많아졌습니다.

서양화과는 자신의 미적 감각을 이용해 시각적 표현을 하고, 예술 작품으로 승화시키는 예술가를 양성하는 학과로, 창조적인 예술 감각과 창작 능력을 요구합니다. 예술가는 풍부한 상상력과 창의력을 바탕으로 자기 특유의 표현 능력을 발휘하여 자신뿐만 아닌 타인에게도 미적 감동을 느낄 수 있는 작품세계를 보여주어야 합니다.

서양학과는 기본적으로 미술에 대한 남다른 흥미와 재능이 있는 학생에게 적합합니다. 모든 사물에 내재된 고유한 아름다움을 발견할 수 있는 미적 감수성과 추상적인 이미지를 구체화하는 것에 즐거움을 느낀다면 학과 공부를 하는데 도움이 됩니다. 색채 감각과 조합 능력, 시각 문화의 흐름을 분석하여 사람들의 관심을 끌 수 있는 예술 작품을 만드는 것을 좋아한다면 서양학과에 도전해볼 만합니다.

또한 미술에 대한 지식뿐만 아니라 다양한 사회와 문화 현상에 관심을 지니고, 인문학적 교양을 쌓는다면 더욱 좋습니다. 자신의 미적 표현 능력을 적극적으로 발현할 수 있고 예술에 대한 끝없는 탐구욕을 가진 사람에게 적합합니다.

주요 교육 목표

창의적이고 전문성을
갖춘 미술가 양성

삶과 세계에 대한 주체적 인식
및 창의적 표현 능력 함양

뉴미디어 시대를 이끄는
신조형을 창출할 수 있는
인재 양성

글로벌 무대를 주도하는
융합·창의적 미술 인재 양성

세계의 시각 문화와
창의 산업을 선도할
전문 미술인 양성

사회적 요구에 부응하고
새로운 미술 문화를 창조할
예술인 양성

관련 학과는?

미술학과(서양화전공), 미술학부(서양화전공), 조형예술학과(서양화전공), 회화과, 회화전공 등

진출 직업은?

학예사, 큐레이터, 화가, 작가, 강사, 미술평론가, 미술관 디렉터, 출판/디자이너, 일러스트레이터, 미술잡지사 기자

 ## 취득 가능 자격증은?

☑ 박물관 및 미술관 준학예사
☑ 아동미술지도사
☑ 중등학교 2급 정교사(미술)

추천 도서는?

- 처음 읽는 서양 미술사
  (탐나는책, 이케가미 히데히로, 박현지 역)
- 마르크 샤갈, 영혼의 언어를 그리다
  (신아사, 김영운)
- 질문하는 서양미술사(비즈토크북, 이윤형)
- 반 고흐의 마지막 70일
  (아트북스, 마틴 베일리, 박찬원 역)
- 그림 감상도 공부가 필요합니다(북커스, 이명옥)
- 현대미술이란 무엇인가
  (북커스, 오자키 테츠야, 원정선 역)
- 또 다른 현대미술(크루, 뱅자맹 올리벤느, 김정인 역)
- 현대미술 키워드 1(헥사곤, 진휘연 외)
- 예술, 현재진행형(시공아트, 글렌 애덤슨 외)
- 복고와 서양화 사이에서(한양대학교출판부, 서동천)
- 미술관에 간 클래식(믹스커피, 박소현)
- 프랑스 미술산책(미술문화, 김광우)
- 난처한 미술이야기7(사회평론, 양정무)
- 방구석 미술관(블랙피쉬, 조원재)
- 미술관을 빌려드립니다 : 프랑스(더블북, 이창용)
- 오직 나를 위한 미술관(웅진지식하우스, 정여울)
- 북유럽 미술관 여행(상상출판, 이은화)

학과 주요 교과목은?

기초 과목	기초회화, 기초조형, 기초입체, 기초평면, 기초회화실기, 표현기법, 드로잉입문, 디지털미디어, 조형실기, 서양화실기, 사진, 정밀회화실기. 서양미술사(중세, 근대), 디지털드로잉, 서양현대미술사, 설치미술연구 등
심화 과목	회화. 현대조형. 영상연구. 미디어연구. 드로잉심화, 서양화창작실기, 혼합매체, 현대조형, 미술비평론, 미디어연구, 현대회화기법연구, 공간연출연습, 미학, 동시대작가론, 판화제작실습, 과제연구, 복합매체실습, 동시대미술이론, 제작구상과 전시연출, 졸업작품제작 등

졸업 후 진출 분야는?

기업체	방송국, 광고 회사, 컴퓨터 영상 제작업체, 무대 세트 제작업체, 영화사, 문구·완구 업체, 디자인 업체, 광고 기획사, 건축 및 인테리어업체, 게임 및 캐릭터 개발업체, 기업의 홍보부서, 학원 등
연구소	문화 예술 관련 국책 연구소, 한국디자인진흥원 등
정부 및 공공기관	한국문화예술교육진흥원, 예술의 전당 등 예술 관련 공공기관, 미술관, 박물관, 갤러리 등

전공 관련 선택 과목은?

▶ 국어, 영어 교과는 모든 학문의 기초적인 성격을 가진 도구교과로 모든 학과에 이수가 필요하여 생략함.

수능 필수	화법과 언어, 독서와 작문, 문학, 대수, 미적분Ⅰ, 확률과 통계, 영어Ⅰ, 영어Ⅱ, 한국사, 통합사회, 통합과학, 성공적인 직업생활(직업)		
교과군	선택 과목		
	일반 선택	진로 선택	융합 선택
수학, 사회, 과학	세계시민과 지리, 세계사, 사회와 문화, 현대사회와 윤리	동아시아 역사 기행	여행지리, 사회문제 탐구, 융합과학 탐구
체육·예술	미술	미술 창작, 미술 감상과 비평	미술과 매체
기술·가정/정보		인공지능 기초	지식 재산 일반
제2외국어/한문			
교양		교육의 이해, 인간과 철학, 인간과 심리	

학교생활기록부 관리는?

출결 사항	• 미인정 출결 내용이 없도록 관리하세요. 미인정 출결 내용이 있으면 인성, 성실성 영역 등에서 부정적 평가를 받을 가능성이 높아요.
자율·자치활동	• 다양한 교내외 활동에서 자기주도적 참여를 통해서 미술과 예술 분야에 대한 관심과 흥미, 창의적 문제 해결 능력, 의사소통 능력, 협업 능력, 발전 가능성 등이 드러나도록 하세요.
동아리활동	• 미술, 디자인, 예술 등과 관련된 동아리 활동 참여를 통해서 서양화과 전공에 대한 준비를 하세요. • 가입동기, 본인의 역할, 배우고 느낀 점, 서양학과 진학을 위해 기울인 활동과 노력이 나타날 수 있도록 참여하세요. • 미술멘토링 활동, 아동교육 봉사활동, 교내외 환경 개선을 위한 봉사활동에 꾸준히 참여하세요.
진로 활동	• 서양학과와 관련된 직업 정보 탐색 활동을 권장해요. • 미술관, 박물관 탐방, 전시회 관람, 관련 학과 체험 활동이 무척 중요해요. • 미술분야에 대한 적극적 진로 탐색 활동을 통해서 자신의 진로 역량, 전공 적합성, 발전 가능성 등이 나타날 수 있도록 하세요.
교과학습 발달상황	• 국어, 미술, 사회 등과 관련된 교과 성적은 상위권으로 유지시키고, 관련 교과 수업에서 학업 역량, 전공 적합성, 자기주도성, 문제 해결 능력, 창의력, 발전 가능성 등의 역량이 발휘될 수 있도록 수업에 적극 참여하세요. • 미술학, 예술학, 디자인학 분야의 교과 연계 독서활동 내용이 기록되도록 하세요.
독서 활동	• 문학, 철학, 사회학, 논리학, 예술학 등 다양한 분야의 책을 읽으세요. • 다양한 독서 활동을 통해서 미술과 다른 학문을 융합하여 창의적으로 이해하는 태도가 중요해요.
행동 발달 특성 및 종합 의견	• 창의력, 문제 해결 능력, 의사소통 능력, 협업 능력, 리더십, 발전 가능성, 전공 적합성 등이 드러날 수 있도록 하세요. • 자기주도성, 경험의 다양성, 성실성, 나눔과 배려, 학업 태도와 학업 의지에 대한 자신의 장점이 생활기록부에 기록되도록 관리하세요.

Jump Up

네일아티스트에 대해 알아볼까요?

→ 네일아티스트는 고객의 손, 손톱, 발, 발톱의 건강 등 미용 관리, 제모와 관련된 업무를 담당해요. 고객의 건강 상태와 미용 관리 부위에 대한 정보를 파악하여 손, 손톱, 발, 발톱의 미용 관리 및 제모에 대해 구체적으로 계획을 세워요. 손톱미용보조원에게 각종 장비 및 물품을 준비시키고, 고객의 시술 부위를 알코올 등으로 소독해요. 소독된 피부 및 손, 발톱 등 시술 부위에 남아 있는 기존 매니큐어, 광택제 등을 제거해요. 시술 절차에 따라 각종 물품 및 도구를 선택하여 고객의 피부 및 각질에 손상이 가지 않도록 주의하여 시술 해요. 손님을 관리하고 관리법을 지도하며, 전염 및 감염에 대한 예방법을 지도해요. 손발톱을 정돈하고, 고객과 상의한 뒤 원하는 색상이나 문양으로 손발톱을 장식해요.

→ 손, 손톱, 발, 발톱 건강에 대한 지식과 손발톱을 아름답게 손질하고 꾸밀 수 있는 미적 감각이 필요해요. 고객을 직접 상대하는 직업의 특성상 원만한 대인관계 능력과 의사소통 능력이 필요하고, 유행의 흐름을 파악할 수 있는 패션 감각이 있으면 좋아요. 예술형, 현실형의 흥미를 가진 사람에게 적합하며, 남에 대한 배려, 꼼꼼함, 사회성 등의 성격을 가진 사람들에게 유리해요.

피부관리사란?

생활과 소득 수준이 높아지고 건강, 외모 등에 대한 관심이 커지면서 자기 관리를 위해 시간과 비용을 투자하는 사람들이 많아졌습니다. 많은 사람들이 자기 자신에 대한 투자에 정성을 쏟고 있고, 이에 따라 피부와 화장품 관련 산업은 날로 성장하고 있습니다.

현대 사회는 젊은 여성뿐만 아니라 노인층, 심지어는 남성들까지 피부 관리를 하고 화장을 하는 시대가 되었습니다. 남성 전용 화장품은 이미 오래 전에 나왔고, 요즘은 텔레비전뿐만 아니라 길거리에서도 남성들이 색조 화장을 하고 다니는 모습을 종종 볼 수 있습니다. 피부 관리는 더 이상 돈 많은 중년 여성들의 관심사가아니며, 일반 사람들의 외모 가꾸기의 기본이 되어 가정에서도 피부 관리를 할 수 있는 다양한 기구가 히트 상품이 되었습니다.

이런 시대적 흐름에 발맞추어 피부미용사는 더욱 각광받는 직업이 되었습니다. 피부미용사는 얼굴부터 발끝까지 몸 전체의 피부상태를 건강하고 청결하며 탄력 있게 관리하는 일을 합니다. 고객과의 상담을 통해 피부 유형을 파악하고, 개개인에게 적합한 피부관리법을 소개합니다. 또한 피부의 모공 관리, 여드름 관리, 눈썹관리, 주름 및 피부 처짐 방지, 노화 방지, 손상된 피부 회복 등 고객이 집중적으로 원하는 부분을 개선시키는 프로그램을 계획하고 실행합니다.

피부관리사
뷰티케어학과

고객의 피부 관리 서비스를 하면서 피부 유형에 맞는 화장품과 미용 기구, 마사지, 팩 등을 이용해 고객의 피부를 더욱 돋보이게 합니다. 얼굴 마사지뿐만 아니라 이용자의 요구에 따라 몸 전체 피부를 관리해 주기도 하고 손상된 피부를 회복시켜 주기도 합니다.

피부미용사가 되려면 국가 자격증을 취득해야 합니다. 그리고 국제적으로 인정되는 피부 미용 관련 자격증으로는 '국제 CIDESCO(시데스코) 자격증'이 있습니다. 이외에도 건강과 다이어트에 관련된 자격증을 취득하면 일자리를 얻는 데 더욱 도움이 됩니다.

피부미용사가 진출할 수 있는 곳은 다양합니다. 주로 피부 관리실(에스테틱)이나 피부과에 있는 부설 피부 관리실, 화장품 업체나 미용 기기 업체 등으로 진출하기도 하고, 피부 관리실을 직접 경영할 수도 있습니다.

피부관리사는 고객을 직접 대하면서 고객의 요구에 응대하는 서비스 직업입니다. 고객의 불만이 생기지 않도록 조심해야 하고, 고객의 요구 사항에 발 빠르게 대처해야 하므로 자신의 감정을 잘 조절해야 합니다. 자신의 능력이나 경력, 고객의 만족도에 따라 수입이나 대우에 차이가 나기 때문에 항상 최선을 다해 성실하고 책임감 있게 일해야 합니다.

피부관리사가 하는 일은?

피부 미용 고객 상담하기, 피부 분석, 얼굴 관리, 전신 관리, 피부 미용 기구 활용, 피부 미용 화장품 사용, 피부 미용 위생 관리, 피부 미용 샵 경영 관리 등의 업무를 수행합니다.

» 고객과의 상담, 피부 관찰, 건강 상태 파악 등을 통해 고객 카드를 기록하고, 적합한 피부 관리 방법을 결정합니다.
» 클렌징, 세안 등으로 고객의 피부를 청결하게 한 후 각질 및 모공 노폐물 제거, 여드름 관리, 눈썹 정리 등 피부를 정돈 합니다.
» 피부 상태에 적합한 크림 등의 각종 화장품을 바른 후 손이나 미용 보조 기계를 사용하여 주무르거나 두드려서 혈액 순환 및 미용을 돕습니다.
» 피부 표면의 잔털을 제거하고, 기초화장을 합니다.
» 관리를 마친 고객에게 피부 성향에 맞은 화장품을 추천하고, 피부에 적합한 화장법을 조언합니다.
» 고객의 예약 관리 및 사후 관리를 합니다.
» 색조 화장품을 사용하여 화장을 해주기도 합니다.

Jump Up

아로마세러피스트에 대해 알아볼까요?

향기라는 뜻의 아로마(Aroma)와 치료사를 의미하는 세러피스트(Therapist)의 합성어로, 꽃이나 과일, 잎, 종자 따위에서 추출한 100% 천연 에센스 오일을 이용하여 몸과 마음의 평온을 주는 향기 치료 요법을 실시하는 사람을 말해요. 그래서 향기치료사라고도 불러요. 에센스 오일은 주로 치료와 미용 분야에서 활용되는데, 치료 목적으로는 의사나 간호사가, 미용 목적으로는 아로마세러피스트가 이용해요.

유럽에서는 오래 전부터 아로마세러피가 민간요법으로 사용되었어요. 이것이 화학적 치료보다 자연 요법을 선호하는 최근 추세에 힘입어 국내에 도입되어 큰 관심을 끌게 되었어요. 아로마세러피스트는 고객과 상담을 통해 고객에게 알맞은 오일을 추천하고, 제품의 효능에 대해 설명해요. 그리고 고객이 선택한 제품이 피부에 맞는지, 부작용은 없는지 테스트를 한다음 이를 판매하고, 흡입법, 스팀법, 마사지법 등에 대해서도 설명해요.

한국에는 아직 아로마세러피스트와 관련된 공인 자격증은 없어요. 현재 국내에서 활동하고 있는 대부분의 아로마세러피스트는 일부 민간 협회에서 발급하는 자격증을 갖고 있거나 영국, 일본, 미국 등의 사설 기관에서 아로마세러피스트 교육 과정을 수료한 사람들이에요. 최근에 관심이 높아지면서 관련 협회나 단체가 많이 만들어지고 있으며, 이에 관한 교육 과정도 많이 개설되고 있어요.

피부관리사 커리어맵

관련기관
- 대한미용사회 aihair.co.kr
- 한국미용학회 cosmetology.or.kr
- 한국피부미용사회중앙회 www.kocea.org

준비방법
- 미술, 사회 교과 역량 키우기
- 화장품 회사나 관련 학과 탐방 활동
- 피부관리사 직업 체험 활동

적성과 흥미
- 분석력
- 미적 감각
- 긍정적 사고
- 인내심
- 의사소통 능력
- 대인관계 능력
- 배려심
- 적응력
- 꼼꼼함

관련학과
- 미용예술학과
- 뷰티미용학과
- 뷰티보건학과
- 미용과학부
- 뷰티산업학과
- 뷰티케어학과 등

피부관리사

흥미유형
- 예술형
- 현실형

관련교과
- 국어
- 사회
- 과학
- 미술
- 보건

관련자격
- 미용사(피부, 네일)
- 시데스코
- 컬러리스트산업기사

관련직업
- 피부전문관리사
- 화장품제조판매관리사
- 네일아티스트
- 메이크업아티스트
- 아로마세러피스트

피부관리사는 단순히 기술적으로 피부 관리만 하는 직업이 아닙니다. 사람들의 피부 타입, 신체 구조, 성격 등을 잘 파악하고, 그에 대처할 수 있는 분석적 사고 능력과 상황대처 능력, 순발력 등이 필요합니다. 또한 자신의 손이나 신체를 이용해 고객의 얼굴이나 신체를 마사지하게 되므로 손놀림, 손가락의 기능, 시력 등과 같은 신체 조건과 강인한 체력이 요구됩니다.

서비스업의 특징인 고객을 가족같이 생각하는 긍정적인 마음가짐과 인내심도 필요합니다. 또한 많은 사람을 직접 상대해야 하므로 의사소통을 원활하게 하고, 대인 관계를 원만하게 할 수 있는 성격이 적합합니다.

예술형과 현실형의 흥미를 가진 사람에게 적합하며, 남에 대한 배려, 자기 통제 능력, 적응력 등의 성격을 가진 사람들에게 유리합니다. 시대의 흐름에 따른 유행을 잘 파악하고, 세련된 미적 감수성으로 아름다움을 창조할 수 있는 능숙한 기술을 갖추면 더욱 좋습니다.

관련 직업은?

이용사, 미용사, 특수분장사, 이미지컨설턴트, 피부전문관리사, 화장품제조판매관리사, 네일아티스트, 메이크업아티스트,
아로마세러피스트, 목욕관리사 등

Jump Up

피부미용사 자격시험에 대해 알아볼까요?

피부미용사 국가 자격시험은 필기시험과 실기 시험을 모두 봐요. 국가 자격시험으로 매달 4회의 시험 일정이 있어요. 국가 자격증 중 취업률이 높고, 전망도 좋은 편이에요. 합격률은 보통 30~40% 정도예요.

응시 자격	시험 과목	시험 방법	합격 기준
제한 없음	• 필기 : 피부미용학, 피부학 및 해부생리학, 피부미용기기학, 화장품학, 공중위생학 총 5과목 • 실기 : 피부 미용 실무	• 필기 : 객관식 4지 택일형, 60문항 (60분) • 실기 : 작업형 (2시간 45분~3시간)	100점 만점에 60점 이상

진출 방법은?

　피부관리사가 되기 위해서는 미용 관련 특성화 고등학교, 전문 대학 및 대학의 피부 미용 관련 학과에서 피부 미용의 이론과 실무 등 관련 교육을 받는 것이 도움이 됩니다. 대학의 피부 미용 관련 학과에서는 헤어, 피부 관리, 메이크업 부분의 교육 과정도 편성하여 운영하고 있으며, 미용 기술 분야뿐만 아니라 미용학, 보건학, 피부과학, 색채학, 화장품학, 영양학 등 이론 분야도 교육받을 수 있습니다. 재학 중 피부 미용 관련 과목을 이수하면 졸업과 동시에 미용사 면허증을 받을 수 있습니다. 사설 학원에서도 피부관리사가 되는 데 필요한 교육을 받을 수 있습니다. 전국 51개 여성인력개발센터에서는 경력 단절 여성들의 경제 활동 참여를 돕기 위해 기초적인 직업 훈련 및 전문 직업 훈련을 제공하고 있는데, 피부 관리 초급 과정부터 실무 테크닉 전문 고급 과정까지 개설되어 있습니다.

　피부관리사로 활동하려면 미용업(피부) 자격증을 취득해야 합니다. 응시 자격에 제한이 없으며, 필기시험과 실기 시험에 합격해야 합니다.

　피부관리사는 주로 일반 피부관리실, 피부과 부설 피부관리실, 스파 등에서 근무하며 화장품 업체, 미용기기 업체 등으로도 진출할 수 있습니다. 피부관리사로 일을 시작하면, 숙련된 피부관리사를 보조하면서 업무를 익히고, 경력과 실력이 쌓이면 고객을 배정받아 본격적인 일을 하게 됩니다. 이후 일정 시간이 지나면 실장이나 매니저급으로 승진하고, 경영에 대한 준비를 갖춘다면 본인이 직접 창업을 하기도 합니다.

관련 학과 및 자격증은?

→ 관련 학과 : 미용예술학과, 뷰티미용학과, 뷰티보건학과, 미용과학부, 뷰티산업학과, 뷰티케어학과 등

→ 관련 자격증 : 미용사(피부), 이용사 및 미용사면허증, 시데스코(CIDESCO) 등

미래 전망은?

　예전에는 피부에 두드러기, 여드름, 흉터 등의 문제가 있거나, 결혼식과 같이 외모를 가꾸어야 하는 특별한 날에 피부 관리실을 찾았습니다. 그러나 최근에는 더 건강하고 탄력 있는 피부를 위해, 혹은 주름을 없애거나 피부의 톤을 밝게 하기 위해 피부 관리실을 찾는 경우가 늘어나고 있습니다.

　또한 남녀노소 할 것 없이 건강한 피부가 상대방에게 좋은 인상을 준다는 생각이 일반화되면서 면접이나 중요한 미팅 등을 앞두고 피부 관리실을 찾는 경우도 많아졌습니다. 이러한 시대적 추세는 피부관리사의 고용에 긍정적 영향을 미칠 것으로 보입니다. 하지만 피부관리사라는 직업은 경제 상황에 민감하여 그때그때 고용 상태가 다를 것으로 예상되며, 대도시 주변에 활성화되어 있어 피부 관리사의 일자리는 지역별로 차이가 많을 것으로 보입니다. 또한, 대학의 관련 학과, 학원 등에서 배출되는 인력이 매년 꾸준히 늘어나면서 피부관리사의 취업 경쟁은 더욱 치열해질 것으로 예상됩니다.

Jump Up

미용사 자격의 종류에 대해 알아볼까요?

산업 기술의 발달과 함께 미용 재료가 새로이 개발되고, 미용 기술도 발전하면서 미용업은 분야별로 전문화되기 시작하여 오늘날에는 미용업도 미용업(일반), 미용업(피부), 미용업(화장·분장), 미용업(손톱·발톱), 미용업(종합) 등 5종류가 있어요.
이 중에서 미용업(종합)은 헤어, 피부, 메이크업, 네일아트 등 전문 분야에 대한 자격증을 모두 가진 미용사가 할 수 있는 종합적인 미용샵이고, 미용업(일반)은 헤어 미용 자격증을 가진 미용사가 운영하는 미용실을 말해요.

업종	특징	직업명
미용업(일반)	얼굴, 머리를 아름답게 만들기 위해 헤어 및 두피, 메이크업에 적절한 관리법과 기기 및 제품을 사용해 일반 미용을 수행해요.	일반 미용사
미용업(피부)	얼굴 및 신체의 피부를 아름답게 유지·보호·개선·관리하기 위해 각 부위와 유형에 적절한 관리법과 기기 및 제품을 사용해 피부 미용을 수행해요.	피부 미용사
미용업 (화장·분장)	특정한 상황과 목적에 맞는 이미지, 캐릭터 창출을 목적으로 이미지 분석, 디자인, 메이크업, 뷰티코디네이션, 후속 관리 등을 실행함으로써 얼굴과 신체를 표현하는 업무를 수행해요.	메이크업 미용사
미용업 (손톱·발톱)	손발톱을 건강하고 아름답게 만들기 위해 적절한 관리법과 기기 및 제품을 사용해 네일 미용을 수행해요.	미용사
미용업(종합)	미용에 관한 최상급 숙련 기능을 가지고 산업 현장에서 작업 관리, 소속 기능 인력의 지도 및 감독, 현장 훈련, 현장 관리 업무를 수행해요.	

뷰티케어학과

피부관리사 전공 분석

어떤 학과인가?

뷰티케어학과는 제4차 산업혁명이 요구하는 창의적이고 심리적인 예술문화콘텐츠를 이끌어 갈 인재를 양성하는 학과입니다. 헤어디자이너, 피부에스테틱션, 메이크업아티스트, 네일아티스트 등에 대한 전문 지식을 학습하고 뷰티산업 전반에 걸친 각 분야에 대해 공부합니다. 또한 실무 및 현장 중심 교육을 통해 뷰티 전문 인재 육성을 목표로 하여, K-뷰티를 이끌어 나갈 뷰티산업의 리더를 양성하는 학과입니다.

뷰티케어학과에서는 크게 네 분야로 구분하는데, 피부 구조와 기능, 피부 유형, 피부 관리법 및 관리 기기 이용법 등을 익히는 피부관리 분야, 시간이나 장소와 목적에 적합한 화장법, 체형 및 얼굴의 결점을 보완하고 개성 있는 외모를 연출하는 메이크업 분야, 헤어스타일 연출 및 모발 관리와 관련된 기술을 익히는 헤어디자인 분야, 건강한 손톱을 유지하고 인조 손톱 매니큐어 등을 예술적으로 응용하는 네일아트 분야에 대한 이론과 실기를 배우게 됩니다.

교육 목표와 교육 내용은?

건강과 아름다움을 추구하는 현대 사회의 요구에 따라 뷰티케어학과에서는 피부 미용, 헤어 미용, 메이크업 등 토털 미용에 대해 응용력을 갖춘 전문인을 양성하는 데 목표를 두고 있습니다.

» 21세기 미의식을 선도할 뷰티 전문 인재를 양성합니다.
» 미용 실기와 이론의 학문적 체계를 갖춘 미용 분야의 전문 연구 인력을 양성합니다.
» 헤어, 피부 미용, 메이크업, 네일아트 등 피부 및 모발 관리의 이론과 실습을 통해 창의적인 능력을 갖춘 미용인을 양성합니다.
» 현장 실무 능력을 지닌 인재를 양성합니다.
» 다양한 공모전 및 전시회를 통해 자신의 능력을 발전시키는 인재를 양성합니다.
» 글로벌 시대가 요구하는 뷰티스페셜리스트로서의 국제적 감각을 지닌 인재를 양성합니다.
» 뷰티 디자인 이론에 대해 체계적으로 접근하는 인재를 양성합니다.
» 지식과 창의력을 갖춘 유능한 뷰티 디자인 전문가를 양성합니다.

학과에 적합한 인재상은?

뷰티케어학과는 미적 감각이 남다르고, 차별화된 아름다움과 개성을 추구하는 사람에게 적합합니다. 고객을 응대하는 서비스업에 종사하게 되므로 서비스 정신을 갖추고, 사람들과 잘 어울릴 수 있는 대인관계 능력, 의사소통 능력을 지닌 사람에게 적합합니다.

피부와 헤어를 관리하기 위해서는 무슨 일이든 인내심을 가지고 꼼꼼하고, 세심하게 일하는 사람과 손재주 있는 사람에게 적합합니다.

관련 학과는?

미용과학부, 미용예술학과, 메이크업디자인학과, 뷰티미용학과, 뷰티보건학과, 뷰티디자인학과, 뷰티학과, 코스메틱&뷰티테라피학과, 헤어디자인학과 등

주요 교육 목표

미용 이론과 실기의
학문적 체계를 갖춘 인재 양성

- - - - - - - - - - - - - - - - - -

토털 미용과 응용력을
갖춘 전문인 양성

- - - - - - - - - - - - - - - - - -

현장 실무 능력을 갖춘
인재 양성

- - - - - - - - - - - - - - - - - -

창의적 지식과 기술의 전문성을
갖춘 뷰티실무전문가 양성

- - - - - - - - - - - - - - - - - -

독창적·창의적 시각을 지닌
인재 양성

- - - - - - - - - - - - - - - - - -

국제적 감각과 능력을
갖춘 인재 양성

진출 직업은?

피부관리사, 헤어디자이너, 네일아티스트, 다이어트프로그래머, 메이크업아티스트, 이미용강사, 컬러리스트, 특수분장사, 패션코디네이터, 스타일리스트, 웨딩샵 매니저, 아로마테라피스트, 교육강사, 중고등학교 교사, 교수 등

 ### 취득 가능 자격증은?

- ☑ 미용사
- ☑ 피부메이크업
- ☑ 미용실기교사자격증
- ☑ 컬러리스트산업기사
- ☑ 메이크업아티스트
- ☑ 컬러리스트
- ☑ 네일아트 등

추천 도서는?

- 피부미용 몸매관리(메디시언, 김현숙)
- 피부외과학(군자출판사, 대한피부외과학회)
- 피부는 인생이다
  (브론스테인 , 몬티 라이먼, 제효영 역)
- 뷰티인이 앞으로 살아갈 발뷰티 Bio산업
  (위아더컴퍼니 , 오인숙)
- 에스테틱 경영론(중앙경제평론사, 김진구)
- 그토록 바라던 반등의 기회 :
  K-뷰티인차이나(좋은땅, 고병수)
- 화장품학 개론(건강북스, 김일철 외)
- 비싼 화장품 내게도 좋을까?(머메이드, 오경희)
- 매일 피부가 새로워지는 화장품 다이어트
  (라온북, 오필)
- 화장품은 내게 거짓말을 한다(다온북스, 한정선)
- 화장품학(구민사, 현경화)
- 어려지고, 예뻐지는 화장품 A to Z
  (소울컴퍼니, 유민호)
- 화장품이 궁금한 너에게(창비, 최지현)
- 패션 스타일리스트
  (워크룸프레스, 아네 륑에요를렌, 이상미 역)
- 인생을 바꾸는 퍼스널 컬러 이야기(김영사, 팽정은)

학과 주요 교과목은?

기초 과목	기초네일, 메이크업, 미용학개론, 헤어미용, 피부미용, 실용메이크업, 기본피부학, 네일미용, 미용색채학, 뷰티 크리에이티브, 응용메이크업, 응용커트, 공중보건학, 네일케어, 드라이 및 셋팅실습, 인간심리와 의사소통, 조형예술
심화 과목	컬러테라피, 특수무대분장, 네일아트, 미용교과교육론, 미용교육론, 미용문화사, 업스타일, 창작네일, 트렌드 메이크업, 포트폴리오, 메이크업스튜디오, 모발 및 두피 관리, 헤어스튜디오, 현장실습, 헤어미용실용프로젝트

졸업 후 진출 분야는?

일반 기업	국내외 화장품 회사, 화장품 관련 연구 기관, 병원, 미용 학원, 웨딩 관련 업체, 광고 업체, 분장 관련 업체, 방송국, 백화점, 화장품 제조업체
공공 기관	특성화 고등학교, 국립·공립·사립 대학교
기타	창업, 미용 학원 강사 등

전공 관련 선택 과목은?

▶ 국어, 영어 교과는 모든 학문의 기초적인 성격을 가진 도구교과로 모든 학과에 이수가 필요하여 생략함.

수능 필수	화법과 언어, 독서와 작문, 문학, 대수, 미적분Ⅰ, 확률과 통계, 영어Ⅰ, 영어Ⅱ, 한국사, 통합사회, 통합과학, 성공적인 직업생활(식업)		
교과군	선택 과목		
	일반 선택	진로 선택	융합 선택
수학, 사회, 과학	세계사, 사회와 문화, 현대사회와 윤리, 화학, 생명과학		여행지리, 기후변화와 지속가능한 세계, 기후변화와 환경생태, 융합과학 탐구
체육·예술	미술	미술 창작, 미술 감상과 비평	미술과 매체
기술·가정/정보			지시 재산 일반
제2외국어/한문			
교양	생태와 환경	인간과 철학, 인간과 심리, 보건	

학교생활기록부 관리는?

출결 사항	• 미인정 출결 내용이 없도록 관리하세요, 미인정(무단) 결석 등이 있으면 학교생활 충실도나 인성, 성실성 영역에서 부정적인 평가를 받을 가능성이 높아요.
자율·자치활동	• 다양한 교내외 활동을 통해 미적 감수성을 기르고, 창의적이고 세심한 사고력이 드러나도록 하세요. • 미용 분야에 대한 관심과 흥미를 바탕으로 인성, 나눔과 배려, 협동심, 의사 결정 능력, 리더십 등이 드러나도록 하세요.
동아리활동	• 뷰티와 관련된 동아리 활동에 꾸준히 참여하세요. • 동아리 가입 동기, 동아리 내 자신의 역할, 동아리 활동으로 변화된 자신의 모습, 전공과 관련된 자신의 소질 계발 경험 등이 드러나도록 하세요. • 교내외에서 이루어지는 봉사활동(네일 아트, 미용, 헤어 등)에 꾸준하게 참여하여 타인을 배려하는 마음과 나눔의 진정성을 느낄 수 있도록 하세요.
진로 활동	• 뷰티 관련 분야의 직업 정보 탐색 활동을 권장해요. • 뷰티,미용 관련 기관 및 관련 학과 체험 활동이 무척 중요해요. • 뷰티, 미용 분야에 대한 적극적 진로 탐색 활동을 통해서 자신의 진로 역량, 전공 적합성, 발전 가능성 등이 나타날 수 있도록 하세요.
교과학습 발달상황	• 미적 감각을 키울 수 있는 예체능 교과나 기술·가정, 보건 등의 교과에 대해 우수한 학업 성취를 올릴 수 있도록 관리하고, 수업 활동에서 전공 적합성, 자기주도성, 문제 해결 능력, 창의력, 발전 가능성 등의 역량이 발휘될 수 있도록 수업에 적극 참여하세요. • 뷰티 관련 분야의 교과 연계 독서활동 내용이 기록되도록 하세요.
독서 활동	• 인문학, 철학, 심리학 등 다양한 분야의 책을 읽으세요. • 메이크업아티스트, 스타일리스트, 헤어디자이너 등과 관련된 책을 읽으면서 미용과 관련한 기초 소양을 키우도록 하세요.
행동 발달 특성 및 종합 의견	• 창의력, 문제 해결 능력, 협업 능력, 자기주도적 학습 능력 등이 드러날 수 있도록 해요. • 학교생활에서 자기주도성, 경험의 다양성, 성실성, 나눔과 배려, 학업 태도와 학업 의지에 대한 장점이 기록되도록 관리해야 해요.

Jump Up

조감독에 대해 알아볼까요?

➡ 광고를 제작하는 데 있어 조감독은 거의 모든 일을
담당한다고 할 만큼 역할이 커요. 광고 대행사에서
광고에 대한 아이디어가 정해진 상태에서 광고 제
작사로 광고 촬영을 의뢰했다면, 감독의 지시에 따
라 조감독은 광고 촬영을 같이 할 스태프들에게 연
락해 촬영 가능한 스케줄을 확인하고, 촬영을 위한
준비를 해요.

➡ 만약 광고 아이디어가 정해지지 않은 채로 광고 제
작사가 광고 촬영을 의뢰받았다면, 사내외의 CM플
래너와 광고에 대한 아이디어 회의부터 해야 해요.
회의를 통해 아이디어가 정리되면 촬영용 콘티를 그
린 후, 스토리보드아티스트에게 의뢰하여 카메라 앵
글이나 주인공의 동작 등 세부 사항이 구체화된 콘
티를 그려요. 콘티를 광고 대행사에 제시하여 승인
을 받으면 그때부터 본격적으로 촬영 준비를 해요.

CF감독이란?

모든 회사나 단체에서는 자신들이 만든 상품이나 서비스를 어떤 방법으로 대중에게 알릴 것인지를 고민합니다. 여러 방법 중 하나
가 광고이고, 광고가 없이는 수많은 상품에 대한 정보를 알기 힘들 정도입니다. 그래서 텔레비전, 인터넷, 신문, 잡지 등 다양한 매체
에서 하루에도 엄청난 양의 광고가 쏟아져 나오고 있습니다. 그 광고의 성공 여부는 소비자에게 어떤 정보를 얼마만큼 효율적으로 전
달했느냐에 달려 있습니다.

한 편의 광고가 만들어지기까지 광고업계 사람들은 새로운 아이디어를 내기 위해 수많은 회의를 합니다. 그리고 모두가 만족할 만
한 아이디어가 나오면, 이것을 실제 광고로 만들기 위한 작업을 합니다. 아이디어가 독창적이고 기발하다고 하더라도 이것이 광고
로서의 빛을 발하기 위해서는 그 외의 다양한 요소들을 조합하여 연출해야 하는데, 여기에서 가장 중요한 역할을 하는 사람이 CF
감독입니다.

CF감독은 광고의 제작 과정을 책임지고, 광고 전체의 영상을 완성하는 일을 합니다. CF감독은 광고하려는 제품이나 서비스에 관
한 이야기들을 15초 안에 담아내야 합니다. 그러기 위해서는 담당한 제품과 시장 동향, 소비자 심리에 대해 누구보다도 잘 알고 있어
야 합니다. 또한 뛰어난 영상미는 기본이고, 그 위에 비즈니스나 인생에 대한 심도 깊은 이해도 필요합니다. 감독의 예술적 감각과 연

CF감독
영화예술학과

출 능력, 시장에 대한 통찰력에 따라 광고의 성패가 좌우되기 때문입니다.

광고 제작사는 아이디어 회사이므로 장비나 시설은 필요 없고, 작은 사무실과 컴퓨터, 전화 등의 기본 집기와 몇 명의 직원만 있으면 창업이 가능합니다. 대부분의 CF감독은 감독인 동시에 광고 제작사의 대표를 맡아 운영합니다. 반면, 자신의 자유분방한 기질을 살리고 연출에만 전념하기 위해 제작사에 소속되지 않은 채 작업하는 프리랜서 CF감독도 있습니다. 하지만 광고 제작 분야에서는 프리랜서 감독을 선호하지 않아 안정적으로 일을 의뢰받지는 못하는 편입니다.

CF감독이 되기 위해 광고 제작사에 조감독으로 입사하는 것이 일반적입니다. 일정 기간 감독을 보조하면서 업무를 배우다가 적절한 시기에 감독으로 데뷔하거나 광고 대행사에서 PD로 제작 경력을 쌓은 후, 광고 제작사로 이직해 감독이 되기도 합니다. 카피라이터나 아트디렉터로 일하다가 감독으로 이직하는 경우도 있습니다.

예전에는 영화를 전공하였거나 영화 현장에서 일을 배운 후 CF감독이 되는 경우가 많았으나, 최근에는 시각디자인을 전공한 감독의 수가 많아져서 스토리텔링보다는 멋진 화면을 강조하는 광고가 점점 늘고 있는 추세입니다.

CF감독이 하는 일은?

광고는 광고주나 광고 대행사로부터 의뢰받은 콘티 혹은 광고 줄거리를 토대로 촬영 세부 사항 구성, 제작진 조직, 세트 제작, 촬영 장소 헌팅 등의 준비를 거쳐 촬영, 편집, 녹음 등을 하여 완성됩니다. 영화감독이 스토리텔러로서 이야기 구조와 세부적인 연출에 집중한다면, CF감독은 영상 구성과 효과 등 시각 연출에 집중하는 측면이 있습니다. CF감독을 광고 메시지의 전달자로 보는 시각도 있지만, 전략과 아이디어, 연출 등의 업무가 전문화·분업화됨에 따라 최근에는 아이디어를 효율적으로 시각화하는 데 그 역할이 집중되고 있습니다. 즉, CF감독에게 가장 필요한 능력은 대중의 시선을 사로잡을만한 광고 언어를 구성하는 세련성과 감각이라고 할 수 있습니다.

» 상업용 영상물을 형태(동영상, 정지화상)와 목적(광고용, 홍보용 등) 등에 맞게 제작하기 위해 연출 콘티를 작성하거나 콘티 작가에게 기초 작성을 의뢰합니다.
» 제작진과 협의하여 촬영 일정을 계획합니다.
» 촬영감독과 협의하여 촬영하고, 그 결과물을 평가하여 완성합니다.
» 현상 및 텔레시네(telecine, 필름으로 제작된 영상물을 비디오용 포맷으로 변환하는 작업) 작업 의뢰를 지시합니다.
» 음향 효과와 컴퓨터 그래픽 작업을 의뢰하여 최종 영상물을 완성합니다.
» 최종 영상물이 만들어지면 광고주, 광고 대행사 등과 시사회를 갖고, 추가 및 변경 사항 등에 대해 협의합니다.
» 공중파 방송으로 광고를 내보낼 경우 방송 심의를 의뢰합니다.

Jump Up

스토리보드 아티스트에 대해 알아볼까요?

스토리보드는 광고주에게 광고 아이디어를 설명하기 위해 그리는 컬러 그림이에요. 러프 스케치(rough sketch)는 광고주에게 보여 주기 전, 광고 대행사 내부에서 아이디어를 확인하기 위해 대충 그리는 그림인데, 아이디어의 개수대로 여러 편을 그려서 회의를 하고, 최종적으로 하나의 아이디어가 선정되면 컬러 스토리보드로 그려요. 촬영을 위해 더욱 자세하게 그리는 스토리보드는 촬영 콘티라고 하는데, 이것은 전체 제작 과정에서 가장 중요한 그림이에요. 그래서 스토리보드아티스트는 만화가처럼 그림도 잘 그리고, 감독처럼 카메라 앵글에 대해서도 잘 알아야 해요.
광고주가 광고 대행사의 아이디어를 거절하는 횟수가 많을수록 스토리보드아티스트도 새로운 아이디어가 채택될 때까지 다시 그려야 하기 때문에 바빠져요. 힘들긴 해도 그만큼 돈을 더 많이 벌 수 있는 장점은 있어요.

CF감독

커리어맵

관련기관
- 광고정보센터 www.kfaa.org
- 한국광고영상제작사협회 www.koreacf.or.kr
- 한국콘텐츠진흥원 www.kocca.kr

준비방법
- 미술 및 정보 관련 교과 역량 키우기
- 미술, 영상 관련 동아리 활동
- 미술, 영상 관련 교내외 대회 참가
- 광고 회사나 방송국, 학과 탐방 활동
- CF감독 직업 체험 활동
- 미술 및 디자인 소양 키우기

적성과 흥미
- 창의성
- 판단력
- 리더십
- 관찰력
- 의사소통 능력
- 컴퓨터 활용 능력
- 집중력
- 미적 감각

관련학과
- 광고사진영상학과
- 광고홍보학과
- 미디어광고학부
- 미디어영상광고학과
- 미디어영상광고홍보학과
- 미디어영상학과
- 시각디자인과
- 시각영상디자인과
- 영상예술학과
- 영상학과

CF감독

흥미유형
- 예술형
- 사회형

관련교과
- 국어
- 영어
- 사회
- 기술·가정
- 정보
- 음악
- 미술

관련자격
- 시각디자인기사
- 광고도장기능사
- 컴퓨터그래픽스운용기능사
- 웹디자인기능사 등

관련직업
- 게임개발프로듀서
- 광고영상감독
- 방송프로듀서
- 만화영화연출가
- 무대감독
- 미디어콘텐츠창작자
- 방송영상감독
- 영화감독
- 음악감독
- 방송가
- 조연출가
- 촬영감독
- 영화스토리보드작가 등

CF감독에게 무엇보다 중요한 것은 창의성입니다. 항상 사람들의 시선을 끌 수 있는 새로운 광고를 만들어야 하기 때문입니다. 기존에 있는 것보다 자신이 창의적으로 무엇을 만드는 것을 좋아하는 사람에게 유리합니다. 또 광고는 모든 일정을 계획적으로 해야 하기 때문에 상황에 맞게 신속하게 판단하는 능력도 중요합니다. 그러기 위해서는 다양한 현장 경험이 필수입니다.

이런 창의적인 감각, 상황 판단력과 함께 그래픽, 영상, 음악 프로그램 등에 대한 기술적인 지식도 필요합니다. 평소에 사진이나 영상을 찍고 보는 것을 즐겨한다면 큰 도움이 될 수 있습니다.

CF감독은 세상과 소통하는 사람입니다. 그렇기 때문에 시사, 경제, 정치 등 사회의 변화에 관심이 많고, 사람들의 관심사가 무엇인지 늘 연구하는 것을 즐겨하면 좋습니다. 광고 작업은 여러 사람이 함께 진행하기 때문에 리더십이 있어야 하며, 대인관계 능력, 의사소통 능력도 필요합니다.

CF감독
커리어맵

Jump Up

광고제작부장에 대해 알아볼까요?

광고 제작에서 제작부장은 감독과 조감독의 위임을 받아 촬영 현장을 지휘해요. 제작부장은 촬영을 위한 각종 허가와 승인, 촬영 장소 이동, 제작진들을 위한 음식 준비와 숙박 등 여러 문제를 처리하여 촬영이 원활하게 진행될 수 있도록 보이지 않는 곳에서 가장 많이 신경을 써요. 그렇기 때문에 촬영의 각 단계에서 발생하는 문제를 신속하게 해결하는 뛰어난 협상가이자 조정자로서 능력을 갖추는 것이 중요해요. 또 야외 촬영 중에 비가 오거나 바람이 심하게 부는 등 예측 가능한 모든 상황과 돌발 상황에 유연하게 대처하는 순발력이 필요해요.

진출 방법은?

CF감독이 되기 위해서는 영상에 대한 기본 지식이 있어야 합니다. 전공과 학력에는 제한이 없어 광고 학원이나 대학의 광고 동아리에서 실력과 경험을 쌓은 후 CF감독이 되기도 합니다. 영화나 영상, 미술을 전공하지 않았더라도 미적 감각과 영상에 대한 감각이 있으면 감독이 될 수 있는데, 미적 감각은 타고나기도 하지만 꾸준히 훈련을 한다면 키울 수 있는 자질입니다. 그러나 대부분은 광고학, 연극영화학, 신문방송학, 시각디자인 등 영상 및 미술과 관련된 학문을 전공하는 경우가 많습니다.

일반적으로 CF감독이 되기 위해 광고 프로덕션에 조감독으로 입사하여 감독을 보조하면서 업무를 배우고, 경력을 쌓은 후 감독으로 데뷔하게 됩니다.

대학 재학 중에 광고 회사에서 실시하는 프로그램이나 인턴사원 제도에 참여하거나 공모전에 출품하여 입상한 경력이 있다면, CF감독이 되는 데 도움이 될 수 있습니다.

관련 직업은?

광고디자이너, 시각디자이너, 게임개발프로듀서, 광고영상감독,방송프로듀서, 만화영화연출가, 무대감독, 미디어콘텐츠창작자. 방송영상감독, 영화감독, 음악감독, 방송가, 조연출가, 촬영감독, 영화스토리보드작가 등

관련 학과 및 자격증은?

➡ 관련 학과 : 광고사진영상학과, 광고홍보학과, 미디어광고학부, 미디어영상광고학과 미디어영상광고홍보학, 미디어영상학과, 시각디자인과, 시각영상디자인과, 영상학과, 영상예술학과 등

➡ 관련 자격증 : 멀티미디어콘텐츠제작전문가, 시각디자인기사. 광고도장기능사, 컴퓨터그래픽스운용기능사, 웹디자인기능사 등

미래 전망은?

여가 시간의 증가로 사람들의 취미가 다양해졌고, 그에 따른 소비 욕구도 증가하였습니다. 여기에 발맞추어 기업들은 소비자들의 시선을 사로잡는 마케팅 활동을 활발하게 하고 있습니다.

새로운 매체의 출현과 채널의 다양화, 방송 프로그램의 세분화 등으로 광고 매체가 다변화되면서 광고 시장도 더욱 확대되고 있습니다. 방송과 신문, 인터넷 등 미디어 간의 경계가 허물어지고 휴대 전화나 태블릿 등을 이용하여 방송을 시청할 수 있게 되면서, 이에 적합한 광고를 제작하는 일도 중요하게 되었습니다. 따라서 각 기업에서는 소비자의 시선을 사로잡을 수 있는 광고를 원하게 되고, 업계에서 실력 있다고 인정받는 CF감독을 찾는 경우가 많아졌습니다. 일반적으로 광고 산업은 경기의 변동에 민감하게 반응하여 호황일 때와 불황일 때의 차이가 크지만, 광고 없는 현대 사회는 상상할 수 없습니다.

CF감독은 기업이 광고를 하는 한 계속 일자리가 늘어나겠지만, 신입 감독은 실력으로 경쟁에서 살아남아야 일자리를 얻을 수 있을 것으로 보입니다. 각 기업에서 먼저 찾는 CF감독이 되려면 디자인 관련 전문 지식을 지속적으로 쌓고, 항상 시대의 흐름을 연구하며, 새로운 감각을 유지하도록 노력해야 합니다.

영상예술학과
CF감독 전공 분석

어떤 학과인가?

영상예술학과는 연극, 영화, 연출, 제작, 촬영, 편집 등 영상과 관련된 종합 예술을 교육하는 학과입니다. 사진, 영화, 비디오, 컴퓨터 등의 디지털 영상 매체를 새로운 접근 방식으로 연출하고, 여러 미디어를 조화시키는 방법, 연출하는 방법, 제작 요령 등을 연구하며 실용화하는 학문입니다. 멀티미디어 시대에는 미디어를 통해 전달할 영상 콘텐츠를 제작하는 전문가가 꼭 필요합니다. 최근 다매체, 다채널의 멀티미디어 시대가 본격화되면서 사진과 영상을 함께 배우는 융합 학과들도 많이 생겨나고 있으며, 폭넓은 영상 작업을 위해 드론 관련 수업이 진행되기도 합니다.

영상 예술은 과학 기술의 바탕 위에 이루어진 예술 분야로, 예술적인 표현뿐만 아니라 기록, 보도, 광고, 학술 연구, 의료, 항공 사진 측량, 우주 개발, 고고학 연구 등으로 사진 영상의 응용 범위가 넓어지고 있습니다. 따라서 영상예술학과에서도 다양한 분야를 아우르는 사진 촬영 및 편집, 영상 연출, 촬영 등과 관련한 제작 기법과 기획력을 함양합니다.

교육 목표와 교육 내용은?

영상예술학과에서는 대중 예술과 문화의 주축인 텔레비전을 비롯한 여러 영상 매체와 게임, 애니메이션, 음악 등 콘텐츠에 대한 폭넓은 지식을 함양하고, 경험을 축적하도록 하여 차세대 글로벌 인재 양성을 교육 목표로 하고 있습니다. 다양한 교육을 제공하여 나날이 새롭게 변화하는 미디어 환경에 대응할 수 있도록 하고, 특히 실기 중심의 교육 과정을 통해 영상 예술 분야에서 뛰어난 기획력과 전문적인 제작 능력, 창의적 표현 능력을 겸비한 전문가를 양성합니다.

따라서 영상예술학과에서는 디지털 영상 매체 시대를 주도하는 영상 콘텐츠를 기획·제작·유통하는 전문 인력을 육성하기 위해 커뮤니케이션 관점에서 정치, 사회, 문화 현상을 분석하고 비평하는 이론과 사회 문화적 가치와 아이디어를 영상 표현으로 전환시키는 실무를 함께 배웁니다. 미디어 산업의 동향과 전망, 편성과 유통 전략 등을 학습함으로써 영상 시대를 이끄는 리더로서의 자질을 키웁니다.

» 문화자원의 콘텐츠화에 중요한 역할을 하는 스토리텔링 전문가를 양성합니다.
» 인격과 역량을 갖춘 글로벌 영상 엔터테인먼트 전문가를 양성합니다.
» 영상을 중심으로 콘텐츠제작에 활용할 수 있는 전문가를 양성한다.
» 글로벌 시장 환경을 이해하고 영상산업에 대한 세계적인 감각을 지닌 인재를 양성합니다.
» 장르와 매체를 초월하는 K-콘텐츠의 미래스타로 성장할 다재다능한 연기자를 양성합니다.
» 문화 예술의 세계화를 실현할 수 있는 글로벌 감각을 지닌 인재를 양성합니다.

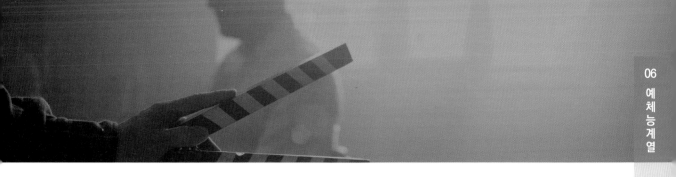

학과에 적합한 인재상은?

영상예술학을 전공하기 위해서는 공연 및 영상 예술에 관심과 흥미가 있어야 합니다. 문제 해결 방식도 외워서 정해진 답을 찾는 것이 아니라 자신만의 독창적인 방식으로 해결하는 사람에게 더 적합합니다.

개성과 창의력, 예술적 감수성이 많이 요구되는 분야인 만큼 무언가를 만들고, 새로운 것을 시도해 보는 성격을 가진 사람에게 적합합니다. 자신의 생각이나 감정을 영상 매체를 통해 표현하기 위해서는 관찰력과 탐구력이 뒷받침되어야 하며, 카메라 조작에 대한 기술적 지식으로 다양한 영상 매체 장비를 잘 다룰 수 있어야 합니다.

학교 방송반이나, 영화 제작반, UCC 제작반, 시나리오 창작반, 영상 콘텐츠 제작반 등의 동아리 활동을 통해 다양한 경험을 쌓을 것을 권장합니다.

관련 학과는?

영상예술디자인학과, AI미디어학과, 공연영상학과, 공연예술학과, 디지털콘텐츠학과, 미디어영상제작학과, 미디어콘텐츠학과, 방송영화영상학과, 영화영상학과, 웹툰영상학과 등

주요 교육 목표

영상 예술계를 주도할
창의적 인재 양성

- - - - - - - - - - - - - - - - -

스토리텔링 전문가 양성

- - - - - - - - - - - - - - - - -

인격과 역량을 갖춘
글로벌 영상 엔터테인먼트
전문가 양성

- - - - - - - - - - - - - - - - -

영상을 중심으로
콘텐츠 제작에 활용할 수 있는
전문가 양성

- - - - - - - - - - - - - - - - -

글로벌 시장 환경을 이해하고
영상 산업에 대한
세계적 감각을 지닌 인재 양성

- - - - - - - - - - - - - - - - -

K-콘텐츠의 미래 스타로 성장할
다재다능한 연기자 양성

진출 직업은?

PD, 영상연출가, 영상제작자, 1인 미디어제작자, 촬영감독, 편집감독, 유튜브편집자, 홍보마케팅기획자, 광고제작기획자, 시나리오(드라마)작가, 방송작가, CF감독, 게임기획자, 연극(뮤지컬)배우, 영화(방송)배우, 아나운서, 이벤트홍보기획자, 음향감독, 조명감독 등

 ### 취득 가능 자격증은?

☑ 멀티미디어콘텐츠제작전문가
☑ 웹디자인기능사
☑ 컴퓨터그래픽스운용기능사 등
☑ 시각디자인기사
☑ 광고도장기사

추천 도서는?

- 나의 백남준:기억, 보존, 확산
  (국립현대미술관, 권인철 외)
- 문학과 영상예술의 이해
  (부산대학교출판문화원, 김려실 외)
- 나혼자 영상만들기(그래서음악, 송택동)
- 이미지로 배우는 영상제작을 위한 연출과 편집
  (구민사, 최상식)
- PPT로 완성하는 영상제작(영진닷컴, 이재현 외)
- 시선을 사로잡는 매력적인 영상 만들기
  (북핀, 강수석)
- 바른 영상 수업(껴안음, 심채윤)
- 이성식의 연기수업(커튼콜북스, 이성식)
- 배우의 말하기훈련(연극과 인간, 안재범)
- 배우의 힘
  (퍼스트북, Ivana Chubbuck, Elise Moon 역)
- 엔터테인먼트 산업론(커뮤니케이션북스, 심상민)
- 엔터테인먼트사의 25가지 업무 비밀
  (민음인. 김진우)
- 1인 방송 시작하는 법(지노, 김기한)
- 픽사스토리텔링(현대 지성, 매튜 룬, 박여진 역)
- 매혹적인 스토리텔링의 탄생
  (파람북, 김태원)

학과 주요 교과목은?

기초 과목	영상콘텐츠산업과 진로탐색, 스토리텔링의 이해, 디지털 스튜디오, 기초연기, 오디션실습기초, 스토리텔링과 영상산업, 영상콘텐츠감상과 분석, 영상스토리텔링. 촬영실습, 편집실습, 포스트프로덕션실습, 영상연기실습, 보이스트레이닝, 신체표현연기 등
심화 과목	소셜엔터테인먼트실습, 드라마제작실습, 영상연출워크숍, 영상콘텐츠구성실습, 영상연기실습, 뮤지컬오디션실습, 스토리개발실습, 단편영화제작실습, 졸업작품제작, 오디션현장실습, 콘텐츠시장과 취업특강 등

졸업 후 진출 분야는?

일반 기업	방송국, 신문사, 영화 제작사, 각 기업 사내 방송국, 이벤트 업체, 애니메이션 제작사, 멀티미디어 제작 업체, 게임 소프트웨어 개발 업체, 제작프로덕션, 광고제작사, 광고기획사, MCN관련업체, 엔터테인먼트기업, 온라인뉴스매체사, 극단, 예술문화재단, 영상미디어센터, 축제 및 전시기획사 등
정부 및 공공 기관	한국방송공사, 한국콘텐츠진흥원, 국제방송교류재단, 영화진흥위원회 , 한국문화예술위원회, 영상자료원, 국회방송 등
연구 기관	한국영화교육원, 한국언론진흥재단 등
기타	예체능 강사, 광고 및 홍보전문가 등

전공 관련 선택 과목은?

▶ 국어, 영어 교과는 모든 학문의 기초적인 성격을 가진 도구교과로 모든 학과에 이수가 필요하여 생략함.

수능 필수	화법과 언어, 독서와 작문, 문학, 대수, 미적분Ⅰ, 확률과 통계, 영어Ⅰ, 영어Ⅱ, 한국사, 통합사회, 통합과학, 성공적인 식업생활(직업)		
교과군	선택 과목		
	일반 선택	진로 선택	융합 선택
수학, 사회, 과학	세계사, 사회와 문화, 현대사회와 윤리	인문학과 윤리	여행지리, 사회문제 탐구
체육·예술	음악, 미술, 연극	음악 연주와 창작, 음악 감상과 비평, 미술 창작, 미술 감상과 비평	음악과 미디어, 미술과 매체
기술·가정/정보	정보	생활과학 탐구	지식 재산 일반
제2외국어/한문			
교양		인간과 철학, 인간과 심리	

학교생활기록부 관리는?

출결 사항	• 미인정(무단) 출결 사항이 없도록 관리하세요. 미인정(무단) 결석 등이 있으면 학교생활 충실도나 인성, 성실성 영역에서 부정적인 평가를 받을 가능성이 높아요.
자율·자치활동	• 영상과 관련한 다양한 교내외 활동을 통해 창의적이고, 독창성 있는 사고력이 드러나도록 하세요. • 영상 분야에 대한 관심과 흥미를 바탕으로 인성, 나눔과 배려, 협동심, 의사 결정 능력, 리더십 등이 드러나도록 하세요.
동아리활동	• 영상제작, 방송, 콘텐츠기획, 영화제작, 미술, 광고관련 동아리 활동 참여를 통해서 영상예술전공에 대한 준비를 하세요. • 가입동기, 본인의 역할, 배우고 느낀 점, 영상예술학과 진학을 위해 기울인 활동과 노력이 나타날 수 있도록 참여하세요. • 교내외에서 자신의 전공 적합성이 드러날 수 있는 봉사 활동(공익을 위한 광고 만들기 등)에 적극 참여하세요.
진로 활동	• 광고감독, 기타 영상 관련 직업 및 학과에 대한 정보 탐색 활동을 권장해요. • 방송국, 광고 회사나 영상 관련 학과에 대한 체험 활동을 권장해요. • 공익 광고 만들기, UCC 만들기, 영상 공모전 등에 참여하여 자신의 진로 역량이 드러날 수 있도록 하세요.
교과학습 발달상황	• 영상과 관련 있는 미술, 음악, 기술 등의 교과에서 우수한 학업 성취를 올릴 수 있도록 관리하고, 수업 활동에서 자기주도성, 문제 해결 능력, 창의력, 발전 가능성 등의 역량이 발휘될 수 있도록 수업에 적극 참여하세요. • 영상예술학 관련 분야의 교과 연계 독서 활동 내용이 기록되도록 하세요.
독서 활동	• 디자인, 인문학, 철학, 심리학 등 다양한 분야의 책을 읽으세요. • 영상제작, 스토리텔링, 엔터테인 관련 분야의 독서 활동을 통해서 영상예술인의 기본적인 지식을 쌓는 것이 중요해요.
행동 발달 특성 및 종합 의견	• 창의력, 문제 해결 능력, 의사소통 능력, 협업 능력, 리더십, 발전 가능성, 전공 적합성 등이 드러날 수 있도록 하세요. • 학교생활에서 자기주도성, 경험의 다양성, 성실성, 나눔과 배려, 학업 태도와 학업 의지에 대한 장점이 기록되도록 관리해야 해요.

참고 문헌 및 참고 사이트

- "2015 개정 교육과정 시행에 따른 학생부종합전형 준비를 위한 선택교과목 가이드북", 명지대학교, 국민대학교, 서울여자대학교, 숭실대학교(2019).
- "2015 개정 교육과정에 따른 선택 과목 안내서", 교육청교육연구정보원서울특별시(2024).
- "2024 이후 학생부위주전형 모집단위별 인재상 및 권장과목", 부산대학교(2024).
- "2024 진로연계 과목 선택을 위한 학과안내서", 부산광역시교육청(2024).
- "2024학년도 서울대 권장 이수과목 목록", 서울대학교(2024).
- "고등학교 교과목 안내", 충청남도교육청(2019).
- "대학 전공 선택 길라잡이", 전라남도교육청(2024).
- "전공 적성 개발 길라잡이", 세종특별시자치교육청(2024).
- "진로 연계 과목 선택을 위한 학과 안내서", 광주광역시교육정보원(2024).
- "청소년을 사로잡는 진로디자인5", 부산광역시교육청(2024).
- "학생 진로진학과 연계한 과목 선택 가이드북", 교육부(2019).

- 커리어넷 www.career.go.kr
- 메이저맵 www.majormap.net
- 대입정보포털 어디가 www.adiga.kr
- 고용24 www.work24.go.kr
- 전국 각 대학 홈페이지

나만의 진로 가이드북 :
예체능계열 (2022 개정 교육과정 적용)

1판 1쇄 찍음　2024년 12월 2일

출판	(주)캠토
저자	하 희

총괄기획	민하늘(sky@camtor.co.kr)
책임편집	이사라
디자인	북커북

R&D	오승훈·김예솔·박민아·최미화·강덕우·송지원·국희진·양채림·윤혜원·송나래·황건주
미디어사업	이동준·박지원
교육사업	문태준·박흥수·정훈모·송정민·변민혜
브랜드사업	윤영재·박선경·이경태·신숙진·이동훈·김지수·조용근·김연정
경영지원	김동욱·지재우·임철규·최영혜·이석기·노경희
발행인	안광배

주소	서울시 서초구 강남대로 557(잠원동, 성한빌딩) 9F
출판등록	제2012-000207
구입문의	(02) 333-5966
팩스	(02) 3785-0901
홈페이지	www.campusmentor.co.kr (교구몰)

ISBN 979-11-92382-38-8 (44080)
ISBN 979-11-92382-04-3 (세트)

ⓒ 하 희 2024

· 이 책은 ㈜캠토가 저작권자와의 계약에 따라 발행한 것이므로 본사의 서면 허락 없이는
  이 책의 일부 또는 전부를 무단 복제 · 전재 · 발췌할 수 없습니다.
· 잘못된 책은 구입하신 곳에서 바꾸어 드립니다.